四川大学哲学社会科学出版基金资助
感谢四川大学“中国语言文学与中华文化全球传播”双一流学科群
与教育部人文社科重点基地四川大学中国俗文化研究所支持

符号与传媒
Semiotics & Media

中国符号学丛书 ◎ 丛书主编 陆正兰 胡易容

切近人类生活中无可替代的要素
澄清游戏学与符号学之间本质的关联
整理学术史中二者共同积累下的成果
突入当代游戏现象陆离的纵深

游戏符号学文集

Semiotics of Games: An Anthology

宗 争 董明来 主编

四川大学出版社

项目策划：徐　燕
责任编辑：陈　蓉
责任校对：吴近宇
封面设计：墨创文化
责任印制：王　炜

图书在版编目（CIP）数据

游戏符号学文集 / 宗争，董明来主编．— 成都：四川大学出版社，2020.5
（中国符号学丛书）
ISBN 978-7-5690-3734-0

Ⅰ．①游… Ⅱ．①宗… ②董… Ⅲ．①游戏－符号学－文集 Ⅳ．①G898-53

中国版本图书馆CIP数据核字（2020）第087470号

书名　游戏符号学文集
Youxi Fuhaoxue Wenji

主　　编	宗　争　董明来
出　　版	四川大学出版社
地　　址	成都市一环路南一段24号（610065）
发　　行	四川大学出版社
书　　号	ISBN 978-7-5690-3734-0
印前制作	四川胜翔数码印务设计有限公司
印　　刷	郫县犀浦印刷厂
成品尺寸	170mm×240mm
插　　页	1
印　　张	17.25
字　　数	302千字
版　　次	2020年6月第1版
印　　次	2020年6月第1次印刷
定　　价	69.00元

扫码加入读者圈

◆ 读者邮购本书，请与本社发行科联系。
电话：(028)85408408/(028)85401670/
(028)86408023　邮政编码：610065
◆ 本社图书如有印装质量问题，请寄回出版社调换。
◆ 网址：http://press.scu.edu.cn

四川大学出版社
微信公众号

前　言

宗　争　董明来

游戏伴随人类已经数千年，它的出现，甚至比以文字为标志的人类文明更早，更重要的是，它没有像其他文化现象一样，随时间流逝而消亡。在这个意义上，今天蔚为大观的游戏产业（包括电子竞技产业、体育产业等），其实只是一个古老传统的延续，并不是什么值得夸耀的奇迹。

游戏本身的历史，超越了一切学科的历史。关于游戏的记述和讨论，出现在各种重要的文学、历史、哲学著作中，然而，吊诡的是，直到 21 世纪初，学者们才开始讨论，是不是有必要建立一门以游戏为研究对象的“游戏学”来进行专门性的研究——这是游戏研究领域最大的诉求——建立一门独立的学科。

西方学者希望以“电子游戏”为突破口，建立独立的“游戏学”。2001 年 3 月，在丹麦首都哥本哈根，第一届游戏研究国际学术会议召开。同年 7 月，“游戏研究网”（www. gamestudies. org）正式运行，这也标志着游戏研究的专门性学术刊物《游戏研究》（*Game Studies*）的诞生。有趣的是，也许是为了与传统学术界“划清界限”，这本刊物宣布将一直以“网络期刊”的形式在“游戏研究网”上呈现。

也恰恰是在这一年，美国高校正式为“电子游戏研究”提供正规的课程和独立学位。这标志着游戏研究不再依附于“新媒体与数字研究”这样的学科，其独立性得到了高等教育界和学术界的认可。“国际游戏开发者协会”（IGDA）甚至为当今的大学电子游戏教学提出了系统的课程结构，列出了其应该涉及的 9 个核心主题：游戏评论、分析和历史，游戏与社会，游戏系统与游戏设计，工艺技术、程序与算法，视觉设计，音效设计，对话编辑、写作与脚本，游戏产业，人员和进程管理。

2003年与2006年，马克·沃尔夫（Mark J. P. Wolf）与伯纳德·佩伦（Bernard Perron）相继合作主编了两卷《电子游戏理论读本》（*The Video Game Theory Reader 1，2*），收录了各国电子游戏理论研究的最新成果。不难看出，近二十年来，游戏研究一直在为争取自己的“独立性”而努力。

自然，游戏绝不仅指电子游戏。因此，在本书的概念中，游戏至少还包含除电子游戏之外的儿童游戏、体育竞技、休闲游戏和智力游戏等。乍看之下，这一分类似乎缺乏必要的划分依据，显得凌乱而缺乏系统性。而这也是我们不得不遗憾地承认的事实。的确如此，游戏研究在长期的历史进程中，一直被体育学、儿童教育学、传播学等各个学科瓜分，而如今试图在尊重历史的前提下，再将它们重新融合在一起，绝非易事——十分现实的情况是，当青年学者们挑灯夜战，完成了他们的论文后，常常因为不知道将其投向哪个专业类别的刊物而犯愁。

但我们也欣喜地发现，在缺少学界理解和支持的情况下，还是有相当一批学者（大部分是年青人）正在这条路上踽踽独行。他们的声音或许微弱，却十分顽强，这是我们编纂本书的初衷——让更多的人听到他们的声音。

本书名为《游戏符号学文集》，一方面是由于本书的编辑团队自身的学科背景与符号学有莫大的渊源；另一方面，也是由于符号学在传统游戏研究与电子游戏研究中，常常作为一种可靠的方法论而被使用。而游戏学领域比较重要的问题，比如西方学者比较关注的“游戏与叙事”的问题，又恰恰与符号学（及其衍生并独立出来的叙述学）有着直接的对应关系。我们不难看到，符号学与叙述学，确实能够为游戏研究提供一种比较切实可行的方法论支撑，恰如一切自然科学研究都在使用“数学”这一工具，而“数学”本身却并没有褫夺其他学科的主体地位。

根据论文的研究对象和着眼点的差异，本书将所辑录的论文大致分为三个部分，即游戏符号学理论研究、游戏叙述学研究和游戏文化研究。不过，我们要事先声明的是，这种划分只是权宜之计，由于文集本身的体例限制，不似专著具有某种内在的逻辑统一性，所以辑选论文中所涉及的内容可能会逾越我们的版块划分，出现交融杂糅的情况。此外，有些论文与符号学和叙述学理论可能并不存在显而易见的相关性，但与符号学的相关论域又有内在的关联，出于试图为游戏学研究提供一个宽泛意义上的学科位置这一目的，我们也酌情选录了几篇。

在以上原则的基础上，我们选取了宏观上对游戏学研究具有启发意义的数篇论文，它们或是能够高屋建瓴地面对游戏现象，提出自己对于游戏研究的整体构想；或是能够从某个对象本身出发，展现出“解剖麻雀”的卓越能力；又或是独辟蹊径，以一种静观的态度来审视游戏以及与其相关的种种复杂文化现象的勾连，析取其背后的文化逻辑……

第一部分为“游戏符号学理论”。理论建构的艰难，理论资源的匮乏，一直是游戏研究所面临的尴尬窘境之一。面对一门历史悠久却一直在为自己的独立性努力的学科，试图为其构建理论大厦的人，都是敢于攀登顶峰的勇者。

众所周知，在通往独立的游戏研究的艰难途中，文学理论、美学和艺术哲学一直投下了巨大却充满启发性的阴影。正如吴玲玲在其《从文学理论到游戏学、艺术哲学——欧美国家电子游戏审美研究历程综述》中所展示的那样，把游戏当作一种广义的叙述、一种全新类型的艺术，乃是研究者们极为自然的反应。而在以上这些内涵丰富的学科中，符号学和叙述学的传统，或许对于游戏研究者而言有着天然的亲近性。通过《游玩与阅读——游戏符号学初探》，董明来向我们展示了符号学-叙述学传统的形式主义倾向能够如何厘清游戏概念本身的界限。而白承国、赵永升的《游戏的文化符号学研究》则让我们看到，在分析作为文化产品的游戏时，经典的结构主义理论仍然葆有强韧的生命力。宗争的《游戏符号学的基础——“游戏文本”与“游戏表意”问题探索》一文，则是国内学者较早将游戏研究与符号学理论进行有机融合的探索，在游戏符号学领域具有奠基意义。我们特别选录了魏伟的《体育符号研究的发展述评》一文，借此再次强调我们对游戏概念外延本身所持有的包容态度：体育，无疑也是游戏“家族树”上的一个分支。作者详细梳理了国内外体育符号学研究的历史与现状，令我们无不欣慰地看到，在体育领域已经有诸多非常有益的尝试和颇为丰富的研究成果，我们也非常期待体育符号学研究的诞生。

第二部分为“游戏叙述问题研究”，我们专门辑录了一批国内外学者的论文。游戏叙述问题是国内外游戏研究共同关注的问题，几乎也是游戏研究中最重要的课题。这部分文章皆对这一问题展开了有针对性的思考和论辩。

恭扎罗·弗拉斯卡（Gonzalo Frasca）是当代最早对游戏叙述问题提出质

疑的学者，值得一提的是，“游戏学”（ludology）一词也是由他重新提出的。他在论文中，将游戏与传统叙事做了截然的区分，并试图告诉我们，至少在电子游戏的游玩过程中，无论它们被装点得多么像一个“故事”，玩家都不可能获得与阅读一本小说类似的体验，而这种全新的体验是由游戏设计中的“拟真”系统决定的。自然，当代游戏研究对符号学-叙述学传统的态度，并不总是如孔鲤过庭般亦步亦趋——在一系列的研究中，我们见到的往往是温和的“俄狄浦斯们”，在智性领域投出带有英雄气质的标枪。其中，丹麦学者杰斯伯·尤尔（Jesper Juul）的《游戏讲故事？——浅论游戏与叙事》从游戏文本的内部向经典叙述学范式提出了挑战：根据他的研究，游戏本身形成了一个特有的存在者场域。在此场域中，作为主体的游戏者所面对的时间与空间，都无法被角色-故事的模板简单囊括。而国内学者张新军的《故事与游戏：走向数字叙事学》一文，重新梳理了这一课题的脉络，并提出了构建“数字叙事学”的宏大愿景。甘锋、李坤的《从文本分析到过程研究：数字叙事理论的生成与流变》一文，则可以视为这一构建的延伸。程丽蓉的《跨媒体叙事对符号叙述学理论的挑战》则从“外部”入手，试图描述作为跨媒介文本游戏的特殊之处：她注意到，被游戏卷入的游玩者，以一种开放的方式参与到了游戏文本的再生产与再传播之中，使主体间产生了一种新的，结成游玩社群的可能性。宗争的《游戏（与体育）的广义叙述学理论基础》则向我们展示了这个问题的另一种解决方式，即引入叙述学自身的理论发展，从“广义叙述学”的视角重新观照争论的焦点——争论烟消云散，获得了更宏观意义上的和解。苏世昌的《兼容传统与后现代：论电子游戏艺术性的确立》则确立了游戏建基于叙述的艺术性基础以及游戏作为艺术自身的流变。

第三部分为“游戏文化研究”，篇幅最长，辑录了众多以广义游戏文化本身为研究对象的论文。其中一部分论文的研究对象相当微观，它们为我们提供了游戏研究进行具体对象性分析的样本。

众所周知，当代符号学研究本身具有一种重要的内在倾向，即朝向广义的传播领域突进。而作为通俗文化的代表，尤其是当代文化工业中的典型产品，游戏和游戏性本身，都自然而然地吸引了研究者们的目光。

在《后互联网时代的传播游戏化及其表征——一种符号学视角》一文中，作者敏锐地注意到了当代传播机制本身所带有的互动性、开放性等“游戏性”

机制。诸葛达维将目光投向了游戏玩者这一特殊的群体以及他们因之所具有的种种特质。李俊欣则特别关注了游戏当中非常特殊的一种类型——“新闻游戏”。任文、魏伟的《奇观体育与体育奇观：罗兰·巴尔特的符号体育观》为我们展现了符号学大师罗兰·巴尔特在体育领域才华横溢的学术舞蹈。宗争的《射何以成道——游戏文化机制的符号学研究》则又将视线拉回到传统射艺中，他试图通过对从“射箭”到“射礼”的演变，勾勒出游戏文化衍生的基本逻辑。而他的《游戏“沉迷”的文化符号学解读》则颇具勇气地直面了当今游戏所面临的最大问题——沉迷，展示出游戏研究积极入世的一面。

一本文集，通常会宣称所辑录的论文只是沧海一粟，供学者管中窥豹云云。然而，令本书编者感到遗憾的是，我们并没有这种底气，在游戏研究领域，论文的数量和质量都远远构不成汪洋大海的级别。反之，令我们感到欣慰的是，我们也有理由相信，本书所甄选辑录的论文，应该能够代表游戏符号学-叙述学研究的前沿状态，或者至少代表了学者们最大程度上的努力。

目　录

第一部分　游戏符号学理论

从文学理论到游戏学、艺术哲学

——欧美国家电子游戏审美研究历程综述 …………………… 吴玲玲（3）

游玩与阅读

——游戏符号学初探 …………………………………………… 董明来（14）

游戏符号学的基础

——“游戏文本”与“游戏表意”问题探索 ………………… 宗　争（33）

体育符号研究的发展述评 …………………………………………… 魏　伟（42）

游戏的文化符号学研究 ………………………………… 白承国　赵永升（54）

第二部分　游戏叙述问题研究

拟真还是叙述：游戏学导论………… 恭扎罗·弗拉斯卡 文　宗　争译（67）

游戏讲故事？

——浅论游戏与叙事………………… 杰斯伯·尤尔 文　关萍萍译（84）

故事与游戏：走向数字叙事学 ……………………………………… 张新军（99）

跨媒体叙事对符号叙述学理论的挑战 ……………………………… 程丽蓉（108）

游戏（与体育）的广义叙述学理论基础 …………………………… 宗　争（122）

从文本分析到过程研究：数字叙事理论的生成与流变

……………………………………………………………… 甘　锋　李　坤（133）

兼容传统与后现代：论电子游戏艺术性的确立 …………………… 苏世昌（149）

第三部分　游戏文化研究

后互联网时代的传播游戏化及其表征
——一种符号学视角 ……………………………… 蒋晓丽　贾瑞琪（159）
游戏社群情感团结与文化认同的动力机制研究 ……………… 诸葛达维（173）
试论网络游戏玩家的“游戏内传播”：格雷马斯方阵视角下的游戏价值论
…………………………………………………………………… 关萍萍（190）
电子游戏中的互动传播
——游戏中的游戏者分析 ………………………………… 孟　伟（198）
符号叙述学视角下的新闻游戏及其伦理反思 …………………… 李俊欣（207）
电子游戏审美研究的困境与游戏诗学的建构 …………………… 吴玲玲（220）
射何以成道
——游戏文化机制的符号学研究 ………………………… 宗　争（227）
奇观体育与体育奇观：罗兰·巴尔特的符号体育观 … 任　文　魏　伟（236）
游戏“沉迷”的文化符号学解读 ………………………………… 宗　争（256）

第一部分
游戏符号学理论

从文学理论到游戏学、艺术哲学

——欧美国家电子游戏审美研究历程综述

◎吴玲玲[①]

电子游戏产生至今已有50多年，其文化传播与教育的功能已为人们所认识，并作为一种新的艺术门类开始为人们所认可。在欧美国家，自1985年第一篇以电子游戏为论题的博士论文问世以来，电子游戏审美研究经过30多年的发展，随着一批在电子游戏的陪伴下成长起来的学者的出现，以及学界对数字化媒介和电子游戏审美特性认识的加深，已获得正式的学术研究地位，进入了硕士、博士教育体系之中。同时，电子游戏的审美研究亦由“电子游戏是否是艺术”的争论，进入“电子游戏是什么类型的艺术”的本体论探讨，其理论取向和研究进路大致可分为三个维度：其一，从文学理论上，以戏剧理论、叙述学以及大文学理论视野对电子游戏进行审美探讨；其二，通过与叙述学的论争，创立游戏学，把电子游戏当作一个独立的审美领域进行研究；其三，从艺术哲学角度，以多种理论视域考察电子游戏的艺术性，并以电子游戏为中介，思考传统哲学、美学在数字化时代所面临的挑战。对欧美国家电子游戏审美研究历程与进路的梳理以及主要代表人物研究观点的综述，或许能给我国电子游戏及新媒介艺术研究带来一些启示和更广阔的研究视野。

文学理论与电子游戏

对电子游戏进行严肃的审美关注始于借用文学理论对电子游戏进行探讨，

---

① 吴玲玲，成都广播电视大学文法学院副教授。

原因有四。一是对电子游戏进行审美研究的学者大都有文学研究的背景，如1985年，第一部以电子游戏为论题的博士学位论文《交互小说：电脑故事游戏“冒险游戏”》的作者巴克斯·玛丽·安（Buckles Mary Ann）[①] 就是一位德国文学的研究者；二是文学理论本身具有较强的兼容性，可以延伸到电影、电视等各艺术研究领域；三是由于早期的电脑游戏以文字游戏为主，如《午后》等一批经典之作，巴克斯就是从文学的视野，把文字冒险游戏当成玩家能在其中担当角色的互动小说进行研究的；四是“游戏”本身就是美学、哲学领域中的一个重要范畴。以康德、席勒、伽达默尔等人为代表，形成了具有文化经典意味的“艺术游戏说”，这些理论资源对电子游戏进行“审美研究”的合法性给予支持。用文学理论对电子游戏进行研究主要从以下三个角度切入。

一是从戏剧角度对电子游戏的审美特征进行研究。1986年，劳雷尔（Brenda Laure）在其博士论文《基于计算机的交互性幻想系统设计初探》中，构思了一种基于亚里士多德《诗学》戏剧理论的“交互性幻想系统”——让用户作为人物参与实时交互的数码交互戏剧。[②] 在《星际奇兵：小规模世界中的戏剧交互》一章中，作者明确地把电脑游戏《星际奇兵》作为交互戏剧，分析了交互戏剧的戏剧诗学结构特点。他认为交互戏剧是一个通过把电脑系统生成的素材，包括人为设计的（human-author）、系统生成的（computer-generated）、人机交互时产生的（contributed by the user-character）素材组合成一个有机的戏剧性整体而形成的幻想系统，用户在这一幻想系统中担任积极的角色——戏剧代理。1993年他在《作为戏剧的电脑》一书中借用亚里士多德《诗学》的基本观念分析了人机交互，认为人机交互就像戏剧，为用户提供了一个表演环境，用户既是表演者又是观众。人机交互和戏剧一样可以从情节、性格、思想、言语、格调（唱段）、场景六个戏剧构成因素对活动进行设计与分析。由于劳雷尔关注的是从总体上论述人机交互软件的设计，因此他并没有对电子游戏的审美特征作深入的探讨。但其电子游戏作为“交互戏剧”的概念及其“亚里士多德诗学”的研究进路却直接影响了默里（Janet Murray）对游戏的研究。在其1997年出版的《全景操作平台上的哈姆雷特：赛博空间

---

① Buckles Mary Ann. *Interactive Fiction: The Computer Storygame "Adventure"*, PhD Dissertation, University of California, San Diego, 1985.

② Brenda Laure, *Computer as Theater*, New York: Addison-Wesley Professional, 1993.

叙述的未来》一书中，她从亚里士多德戏剧理论出发，认为“沉浸”（immersion）、“代入”（agency）、“转换”（transformation）是电子游戏的三个基本审美特征。[①] 劳雷尔认为基于“数字环境”（digital environment）程序的（procedural）、参与式的（participatory）特征的交互性，参与者能“代入”游戏中，按自己的意志选择和参与活动，并产生实际的效果。而其空间的（space）、信息全面的（encyclopedic）特征能使游戏者主动创建信任（create belief），产生沉浸的审美感受。在游戏过程中，游戏者能在不同情节与角色之间自由转换，并在这种转换过程中改变参与者的自身认同。

劳雷尔和默里对电子游戏的审美特征的认识，几乎影响到了所有对游戏甚至虚拟现实的审美认识，而后来游戏学派对电子游戏审美的重新认识也是从对“沉浸”与“代入”的反思开始的。2001 年游戏学创始人弗兰斯卡（Gonzalo Frasca）在其由默里指导完成的硕士学位论文《被压迫者的视频游戏：视频游戏作为批判性思考与论争的方法》和《反思沉浸与代入：视频游戏与自我意识的提升》中，对劳雷尔和默里的“亚里士多德诗学”的研究方法与“沉浸”“代入”的审美认识进行了反思，借用贝托尔特·布莱希特和奥古斯都·波瓦的戏剧理论，探讨了在保持游戏性的同时，通过电子游戏对意识形态问题与社会冲突进行严肃思考，对社会进行反思与批判的可能性。[②③]

二是从叙述学角度对电子游戏的媒介特征进行探讨。麦克卢汉在《理解媒介》一书中，把游戏也看作一种媒介。随着数字技术的发展，尤其是进入 20 世纪 90 年代以后，电子游戏成为一种集文学、音乐、戏剧、电影等元素于一体的综合艺术，不仅在“人的延伸”意义上是一种媒介，而且在文化承载与创造的意义上成为当代一种重要的文化媒介与大众媒体。电子游戏作为交互媒体与小说、电影、电视等传统线性媒介相比有何异同？对这一问题的回答既是认识电子游戏本体存在，也是进一步发掘电子游戏文化与审美表现潜力所需。叙

① Janet Murray, *Hamlet on the Holodeck: The Future of Narrative in Cyberspace*, New York: Free Press, 1997.

② Gonzalo Frasca, “Videogame of the Oppressed: Videogames as a Means for Critical Thinking and Debate”, MA thesis, Georgia Institute of Technology, School of Literature, Communication and Culture.

③ Gonzalo Frasca, “Rethinking agency and immersion: playing with videogame characters”, presented at Siggraph, 2001, http://www.ludolgy.org.

述学研究在积累了相当的理论资源后，也开始进入“后经典叙述学”时期，其研究对象由“语言符号组成的”本文扩展到关于“叙述、叙述本文、形象、事象、事件以及讲述故事的文化产品的理论”，并产生了电子叙述学，成为电子游戏研究重要理论资源。

从叙述学角度对电子游戏进行研究，首先要论证其是否“讲故事”，是不是一种叙述媒介。默里在《全景操作平台上的哈姆雷特：赛博空间叙述的未来》中以电视剧《星际旅行》（*Star Trek*）所描绘的名为“全息面板”的交互性娱乐装置为引子，分别以“叙事新媒体”“媒体美学”和“程序化的作者身份”为题，对数字媒介叙事的前景作了全面思考，认为数字媒介的发展为新的叙述类型的出现做好了准备。通过对自文艺复兴以来出现的戏剧、小说、电影等叙事体裁的比较研究，全书展示了从莎士比亚《暴风雨》到由兰德·米勒（Rand Miller）设计的电子游戏《神秘岛》（*Myst*）的叙述发展全景图，而后者则是数字时代交互叙述的典型。作者在书中指出：当小说、剧本与故事之类线性模式向多形式与参与性转变时，电子空间已经发展出自己的叙事模式，具有戏剧因素的电子游戏就是明证。

其次是要探讨电子游戏与线性媒介相比，其叙述有何独特之处。不同的媒介如小说、电影、口头故事、戏剧等有不同的叙述方式，这在线性文本与互动文本之间就更为明显。因此，相较于用已有的成熟叙述学概念，如人物、故事、视点等，对电子游戏的叙述性进行论证，发掘其叙述的独特之处，并为其创造新的表达术语显然更为重要。交互与叙述如何融合，这种融合产生了什么样的新的叙述结构，是研究者关注的重点。

亨利·詹金斯（Henry Jenkins）在充分意识到电子游戏互动本质的前提下，从游戏设计的角度提出突破经典叙述学结构，引入了环境叙述（environmental storytelling）、嵌入式叙述（embedded narrative）、微少叙述（micronarrative）、自生性叙述（emerngent narrative）等叙述概念。[①] 玛丽-劳尔·瑞安（Marie-Laure Ryan）认为对于数字媒介而言，“使用者输入”

① Henry Jenkins, “Game Design as Narrative Architecture”, in *First Person: New Media as Story, Performance, and Game*, edited by Pat Harrington and Noah Wardrip-Fruin, Cambridge: MIT Press, 2003.

(Users' Input) 策略的不同，会产生不同的文本，不同文本的叙述策略也不相同。[①] 根据输入策略的不同，人与媒介的互动被分为两组四种：内部互动 (internal interativity) 指使用者通过认同虚拟世界中的化身，或是以第一人称视野来理解虚拟世界并把自己当成虚拟世界中的一员；外部互动 (external interactivity) 指外在于虚拟世界对其进行操作；探索型互动 (exploratory interactivity) 指用户可以在虚拟世界中自由探索，但不会改变虚拟世界；本体型互动 (ontological interactivity) 指用户与虚拟世界的每一次互动都会影响到虚拟世界。这四种互动形式可以组成外部探索型，以经典超文本为代表；内部探索型，有解谜游戏如《神秘岛》、空间叙述如电脑游戏《童话仙境》(*The Manhole*) 等五种类型；外部本体型，电子游戏中的模拟游戏如《模拟人生》(*The Simlife*)、《模拟城市》(*The Simcity*) 是这一类型的典型；内部本体型，以电子游戏中的动作类和冒险类游戏为代表。此外，马克·斯蒂芬·梅多 (Mark Stephen Meadow)、雅克布·马雅维斯基 (Jakub Majewski) 等也都从叙述的角度对电子游戏的叙述结构有过探讨。

西方学者提出的众多叙述结构和术语，大都停留在概念预设与现象总结的层面上，缺乏对叙述结构本身和叙述结构所具有的文化意义的精细理论阐述。但这些基于游戏现象做出的论述，可以把在游戏产业中自发形成的“设计成规”改造成更富理论性的自觉的审美话语，在电子游戏与其他的文化类型之间建立一个交流的平台，扩大对电子游戏审美可能性的想象，催生出新的游戏叙述。同时，对电子游戏形式结构的关注，在一定程度上可以避免讨论电子游戏承受的关于色情、暴力等的道德谴责，专注于对电子游戏艺术形态的研究。

三是从大文学视野对电子游戏进行研究，以库克里奇 (Julian Kucklich) 为代表。库克里奇认为，玩游戏与阅读小说一样是一个符号阐释和符号交互的过程，这构成文学与电子游戏之间的基本相似之处，也是把电子游戏当作文学作品进行研究的出发点。[②] 库克里奇同样认为电子游戏应该被视为传统叙述文学的一部分，同时强调研究者不仅应该注意到电子游戏文本之中的内容，更应

---

① Ryan Marie-Laure, “Beyond Myth and Metaphor : The Case of Narrative in Digital Media”, *Game Studies*, 2001, 1 (01), http://www.gamestudies.org/0101/ryan/.

② Julian Kucklich, “Video Games and Configurative Performances”, in *The Video Game Theory Reader*, edited by Mark J. P. Wolf and Bernard Perron, New York: Routledge, 2003.

该注意到电子游戏意义生产过程也是一个与其所处文化环境的符号交互过程。因此，他强调对电子游戏的研究应强调超越叙述学，把电子游戏当成一个虚拟作品，从大文学视野，包括小说理论、诗学、现象学、美学等对电子游戏进行研究。

从文学理论对电子游戏进行审美观照，在电子游戏审美研究无论是理论范式还研究方法都缺乏的情势下，可以借用文学术语与理论资源把电子游戏纳入现有的审美话语体系之中。研究者在各文学类型与电子游戏之间所做的具体的比附与比较的工作，是从深度、广度与视界进一步推进电子游戏审美研究与对电子游戏本体认识的基础工作。但是这也存在两个不足，首先是一定程度上的概念先行，游戏文本成为附着在理论之“皮”上的“毛”。就像弗兰斯卡在评价劳雷尔和默里时所说的，用亚里士多德诗学对电子游戏进行研究，实际上就是用亚里士多德在两千年以前为悲剧所定下的审美标准对电子游戏进行框定。其次是造成了研究的碎片化，各学者都从自己的视野出发对游戏的某一方面进行研究，不利于对游戏作为一个独立审美研究领域的发展。

游戏学的创立

随着对电子游戏审美研究的深入，游戏研究面临的理论困境开始显现，需要在理论上作出回应与总结。作为互动媒介的电子游戏，有着与线性文本（文学、戏剧、电影等）不同的审美特性；电子游戏审美研究需要作为一个独立的研究领域来获得自身合法性，需要拥有自己的研究方法与理论术语。1997 年弗兰斯卡游戏学（ludology）的提出与发展既是对媒介特性认识深入的必然产物，也是对这一理论需求的回应。

最早注意到电子游戏艺术媒介特性的是美国人克里斯·克拉福德（Chris Craford），他在未出版的著作《计算机游戏设计艺术》中列举了电子游戏的四个审美特点：表现、交互、冲突、安全，其中表现与交互的提出是基于对电子游戏作为交互虚拟媒介的深刻观察。1985 年巴克斯在把电子游戏比拟成文学作品进行研究之时就曾指出，电子游戏并不是完全能以文学的方法进行研究的。[①] 1992 年兰道（George P. Landow）的《超文本：当代批评理论荟萃与技术》一书出版，超文本成为互动文本研究的重要范式。但是基于文字互动文本建立的超文本理论并不能直接应用于图形游戏的研究。1995 年，弗莱德曼（Ted Friedman）认为超文本理论对制动文本的研究具有局限性，提出要建立“软件理论”（software theory）来对交互软件（interactive software）进行专门的研究。[②] 弗莱德曼认为，“软件”在读者与文本之间发展了一种全然不同的关系，需要用新的研究范式来检验。虽然超文本通过读者的路径选择，可以产生无限多的叙述，但读者航行于超文本之中，就像读者在传统文本之中随意翻阅一样，而电脑游戏则是一个读者不断熟悉某一个符号结构的过程。“软件理论”的建立首先从对游戏的研究开始。后来弗莱德曼多次强调建立一套游戏的批评术语，摆脱现有的关于游戏认识的、带有偏见的“游戏语言牢笼”，是进行游戏批评和游戏研究的前提。同年，阿塞斯（Aaresth Espen）在其博士论文《赛博文本：遍历文学透视》中主张将超文本与赛博文本（cybertext）区分开来，认为超文本是从文学理论的角度提出来的，而赛博文本的含义则广阔得多，不仅包括平面文本，还包括电报、计算机游戏等，并提出“遍历”（erogdic）概念，根据使用者对文本的介入方式，把使用者的功能分为“诠释”（interpretative）、“探索”（explorative）、“设定”（configurative）、“互动书写”（textonic）。[③] 同时认为冒险游戏本身就是一个独立的审美领域，它的使用者不仅要发挥所有文本生产意义所必需的“诠释功能”和超文本所需的“探索功能”，还必须“设定”自己的角色甚至参与“互动书写”。游戏的研究必须摆脱文学理论、文化研究“理论帝国主义”的殖民。阿塞斯的研究为电子游戏作为一个独立的审美研究领域的提出做了研究方法和概念上的准备。

受阿塞斯的影响，一批学者开始将电子游戏作为一个独立的审美领域进行

① Chris Craford, “The Art of Computer Game Desigm”, http://www.vancouver.wsu.edu/fac/Peabody/game—book/Coverpage.html.

② Ted Friedman. “Making Dense of Software: Computer Games and Interactive”, in Cyber Society: Computer-Mediated Communication and Community, edited by Steven G. Jones, Thousand Oaks: Sage Publications, 1995.

③ Espen J. Aarseth, *Cybertext: Perspectives on Ergodic Literature*, Baltimore: Johns Hopkins University Press, 1997.

研究。这一批人主要包括艾斯克林（Markku Eskelinen）、弗兰斯卡、尤尔（Jesper Juul）等。1997 年，弗兰斯卡依据拉丁语“Ludus”创造了“Ludology”（游戏学）一词，来命名一个专注于研究游戏尤其是视频游戏的学科，并开办了游戏学网站，形成游戏学研究学派。“游戏学”的提出可以整合不同学科如心理学、社会学、人类学、经济学等有关电子游戏的研究力量，在一个大的范式下对电子游戏进行探讨；同时也是为了标榜一种不同于文学理论与叙述学的研究视野，主张从游戏角度出发研究游戏，重视传统游戏理论如赫伊津哈（Huizinga）和凯洛依斯（Roger Caillois）等人的理论，建立具有独立的审美范畴与研究方法的电子游戏理论。与叙述学重视对电子游戏文本（符号体系）的研究相比，游戏学更注重文本背后的规则，认为规则是游戏的本体存在。

游戏学是在与叙述学的论战中发展起来的。弗兰斯卡在《游戏学遭遇叙事学：（视频）游戏与叙述的异同》一文中，引入凯洛依斯用来描述游戏的两个术语“paidia”和“ludus”，作为游戏学的两个基本研究概念，“paidia”指没有规则的完全自由的游戏，“ludus”指“有组织的游戏”。[①] 通过把“ludus”“开始—发展—结果”的过程与叙述学家布雷蒙（Bremond）提出的接受任务—接受转向行动（或放弃）—任务失败或完成的叙事逻辑相比较，认为尽管两者在结构上有相似之处，但存在本体论上的差别。“ludus”代表游戏的可能性，而布雷蒙的模式代表的则是叙述发展的必然性。游戏可以产生叙述，但不以叙述为目的。

游戏学的论战对象主要是经典叙述学，事实上，从叙述学视野对电子游戏进行研究的学者也并不囿于经典叙述理论，而是主张根据游戏媒介的特征与游戏现象发展新的叙述理论与概念，玛丽-劳尔·瑞安关于人机互动的四种类型的提出就直接受到阿塞斯之使用者功能说的影响。游戏学在初期对叙述学所抱的激进态度，很大程度上是一种学术建制策略，通过与经典叙述学的论战，逐渐摆脱文学理论的影响，使文学研究方法和术语为游戏研究所用，而不是成为游戏研究领域的“理论殖民者”。随着游戏研究学术地位的确立，游戏学研究

---

① Gonzalo Frasca，Ludology Meets Narratology：Similitude and Differences Between（Video）Games and Narrative，1999，http://ludology.org.

也开始走向成熟。

首先表现为与叙述学论争的停止，开始梳理与游戏学相关的概念。弗兰斯卡对游戏学、游戏学家（ludologist）、叙述学家（narratoligist）和“narrativist”概念进行了梳理。游戏学指应用包括叙述学在内的各种学科理论对游戏尤其是视频游戏进行研究的学科。游戏学家指研究游戏的学者，无论他的学术出发点是游戏学的还是叙述学的。叙述学家指对叙述理论进行研究的学者，如托多罗夫（Tzvetan Todorov）、热奈特（Gérard Genette）、格雷马斯（Algirdas J. Greimas）、普林斯（Gerald Prince）等，这些学者并没有研究过游戏。从叙述学角度对游戏进行研究的研究者中，除玛丽－劳勒·莱恩外，其他的如亨利· 詹金斯、默里等人，并不是叙述学家，只是游戏研究领域中的“Narrativist”。[①] 通过这种概念上的梳理，弗兰斯卡把叙述学纳入游戏研究领域之中，既解决了两者的争论所导致的游戏研究概念上的模糊问题，也为游戏学引入更多的理论视野开辟了道路。

其次明确了游戏学是关于游戏的形式主义诗学，其研究目的在于通过游戏诗学概念的建构，更好地把握电子游戏媒介的独特性，发掘其审美潜力，并开始建构与游戏相关的诗学概念。弗兰斯卡认为，在数字时代，“模拟”（simulation）成为一种与“再现”和“叙述”同样重要的文化表现手段。“模拟”是电子游戏也是互动媒介的主要诗学结构。模拟指以相对简化的系统 B 仿拟系统 A，并保留 A 的一些原初特征，其特点是规则。在模拟中可以应用再现和叙述，同样可以传递信息、情感和严肃主题。再现与叙述描述的是已发生过的和“可能发生的事”（弗兰斯卡引用亚里士多德语），而模拟则表达“我们所能作出的改变”，通过文本使用者对规则的操纵、接受、拒绝、质疑，激起比文本本身所含的更多的思想。[②] 模拟所具有的这种政治性审美内涵，为游戏者通过电子游戏反思与批判社会提供了可能性，也直接挑战了有关电子游戏的审美特征为“沉浸”“代入”的认识。

最后是研究方法的日渐成熟。2001 年阿塞斯在《游戏研究》（*Game*

---

① Gonzalo Frasca，“Ludologist Love Stories，Too：Notes from a Debate that Never Took place”，2003，http：//ludology. org.

② Gonzalo Frasca，“Simulation 101：Simulation versus Representation”，2001，http：//www. ludology. org.

Studies）创刊号上曾指出，审美研究需要借鉴多学科的理论，社会学、心理学、人类学、符号美学、电影理论、文学理论……更重要的是在这些传统学科的激发下创立一个专门研究电子游戏的学科。[①] 比较有代表性的是居尔的博士论文《虚幻的真实：现实法则与虚构世界夹缝间的视频游戏》（2004 年），该论文充分利用了文学、电影、传统游戏理论、心理学、计算机科学，探讨了什么是视频游戏、视频游戏与传统游戏的关系、游戏者如何学会使用游戏以及他们如何想象游戏世界等一系列的问题。简·麦戈尼格尔（Jane McGonigal）的博士论文《这可能是游戏：21 世纪之交的普适玩耍与表现》（2006 年）[②]，以赫伊津哈和凯洛依斯的游戏理论为理论基础，同时以视觉主义的方法借用技术哲学、后现代主义、文化理论、文学理论等多种理论资源，探讨了“普适计算”（ubiquitous computing）与游戏相结合产生的实验性电子游戏对日常生活在技术、形式、社会限制上的重设。麦戈尼格尔的研究突破了单纯就游戏谈游戏的局限，把电子游戏当成数字化社会的一个基本因素，探讨了电子游戏在日常生活中的存在形态、审美特征。

艺术哲学

进入 21 世纪后，随着游戏研究学术地位的确立以及电子游戏与艺术界限的模糊，哲学与美学界也开始关注电子游戏，主要表现在两个方面。

一是把电子游戏置于新媒介艺术领域，从艺术哲学的角度为电子游戏作为一门新艺术形态立论。关于电子游戏是否是艺术的争论一直存在。反对者认为电子游戏的商业性、游戏方式对审美距离的消解、游戏内容深度的缺失（如游戏中的暴力等）、游戏带来的社会问题（如游戏沉迷等），使得电子游戏即使拥有了完美的视觉呈现也不能成为一种艺术，支持者则认为电子游戏是一种新的艺术表达形式。

奥地利电子艺术中心艺术总监史塔克（Gerfried Stocker）认为“电子游

① Espen Aarseth，“Computer Game Studies，Year one”，*Game Studies*，2001，1（1），http://www.gamestudies.org/0101/editorial.html.

② Jane McGonigal，“This Might Be a Game：Ubiquitous Play and Performance at the Turn of the Twenty-First Century”，PhD Dissertation，University of California，Berkeley，2006.

戏表现了众多（艺术理论）的最终实现”“电子游戏是虚拟实现的一种”，通过它诞生了“新的思想与新的叙事及表现形式”。[①] 亨利·詹金斯以吉尔伯特·塞尔兹（Gilbert Seldes）的理论为依据，认为电子游戏是一种新的流行艺术，尚处于类似于电影发展初期的状况，电子游戏艺术形态的成熟有赖于研究者建立游戏批评话语和批评体系。[②] 曼诺维奇（Lev Manovich）把新媒介（数字媒介）置于视觉文化史中，探讨新旧媒介（旧媒介指数字媒介之前的包括电影、电视、摄影、绘画等在内的模拟媒介）在视觉文化审美上的差异，而电脑游戏与虚拟现实（VR）就是新媒介语言的代表；与传统现实主义相比，电脑游戏与虚拟现实是一种“关于未来的现实主义”。[③] 亚伦·斯马茨（Aaron Smuts）主张同时从多种艺术定义出发对电子游戏的艺术合法性进行论证，艺术哲学要回答的问题是游戏是什么样的艺术，哪些游戏是艺术而哪些不是，同时还要考察电子游戏对艺术哲学体系的挑战。[④]

二是以电子游戏为中介思考哲学、美学在数字化时代面临的问题，以及借用传统哲学、美学的术语思考由于游戏日渐增长的社会文化影响而引起的相关哲学与美学问题。这一新趋势在 2007 年 1 月于意大利召开的“游戏哲学——跨学科会议”（The Philosophy of Computer Games an Interdisciplinary Conference）所提交的论文中有较突出的表现，以游戏为中心，涉及的学科有哲学、游戏理论、符号学、美学、社会学、心理学以及人类学等学科。

（原文发表于《贵州社会科学》2007 年第 8 期：87—92）

---

① 格弗里德·史塔克 2001 年 9 月在奥地利林兹艺术中心举办的电子艺术节上的发言。

② Henry Jenkins，“Game，The New Lively Art”，In *Handbook of Computer Game Studies*，edited by Joost Raessens and Jeffrey Goldstein，Cambridge：MIT Press，2005.

③ Lev Manovich，*The Language of New Media*，Cambridge：MIT Press 2001.

④ Aaron Smuts. “Are Video Games Art?” *Contemporary Aesthetic*，2005，11（02），http://www.contempaesthetics.org.

游玩与阅读

——游戏符号学初探

◎董明来[①]

本文尝试在符号学的视域内解释游戏现象。在日常的经验中，这一现象有两种通常的呈现方式：被游玩与被观看。

今天，现代人面对着无数“可观看”的游戏，以及实际上已经“被观看”（watched）的游戏，从较为“传统”的足球比赛（football games），到“新生”的电子游戏比赛［比如世界电子竞技大赛（World Cyber Games，简称WCG），比如各类电子竞技联赛］。这些被观看的东西，显然是符号文本，正如被观看的电视剧是文本一样。但在这里，在本文中，我并不想讨论，或者并不想主要地讨论这些被观看的游戏——当然，这并非因为这类游戏不重要，而是因为对于它们的符号学分析，显然可以从电影、电视文本的符号学分析那里接收一大笔丰富的遗产；而后者，乃是已然开展的领域。已然开展的领域需要的是进一步精深的耕耘，而非笨拙的初步探索。作为后者的一个例证，本文承担的任务是：把被游玩（played）的游戏带入符号学的领域，让它们的文本特性映入分析者眼帘。

顺应这一总任务，我将把后面的文章分成三个主要的部分，讨论三个互相勾连的论题：

1. 一个被游玩的游戏（played game）何以居然是一个符号文本？

2. 如果被游玩的游戏确实是一类文本，那么根据皮尔斯的分类，构

---

① 董明来，四川大学符号学—传媒学研究所研究员。

成此文本的符号（sign）与其对象（object）之间，是一种怎样的关系？

3. 与构成性的符号本身的特性相应，被游玩的游戏本身，又有哪些与之相关的特点？

另外，为了行文的方便，我将在后面的文本中径直把“被游玩的游戏”称作“游戏”，而用“被观看的游戏”来指称另一种游戏事实。游戏即使在被单纯地游玩时，也是一个文本——这虽然是一个尚待检审的声明，却必须始终被惦记，被携带。

游玩之为阅读，游戏之为文本

一个玩游戏的人，是在阅读一个文本吗？在电子游戏方面，这或许是一个无须饶舌的事实：《博德之门》的玩家，确实可以说是在“阅读”着谋杀之神巴尔的子嗣之一、葛立安的养子的冒险生涯，虽然事实上，这位神之子其实是由玩家“扮演”的角色，而与玩家处在一种远比“阅读与被阅读”复杂的关系之中。对于这种复杂的关系，我将在后面详细论述，而在这里，我首先要提出的论点是：广义而言，所有的玩家均是一种读解者，所有的游戏（games）均是文本，无论这一游戏是《暗黑破坏神》、篮球，还是象棋。

显然，我的论点必须接受一个质询：如果我说，在面对保罗·皮尔斯时，科比·布莱恩特是在阅读一个文本，那么我的意思岂非是，当面对赫克托耳时，阿基琉斯是在阅读一个文本？

不得不说，这个质询在表面上是有力的。在体育游戏中，人们的对抗确乎是直接的，并且是在场的；这些在场的对抗在另外的文本中被不在场的对象意指，比如在 *NBA Live* 系列，或是实况足球系列游戏中。问题在于，这样的质询在实质上也如此有力吗？

首先，体育游戏在电子游戏中被意指的事实，并不能直接否定体育本身的文本性。我们知道，一个符号/能指本身在意指一个对象/所指时，也可以被另一种符号/能指意指——用罗兰·巴尔特的术语说，后一种意指关系乃是一个涵指层面的事实[1]，或者用皮尔斯传统的术语来说，是一种衍义。因此，实况

---

[1] 见罗兰·巴尔特：《符号学原理》，李幼蒸译，北京：中国人民大学出版社，2008年版，第68页。

足球系列游戏最多只能说明，足球游戏是可以被意指的；但是这被意指的东西是否本身也是一个符号文本，就不能单纯由它被意指这一事实证明，或者证伪。要论证这个论题，我们需要更明确、直接的证据。

我们知道，一个事实是否是符号，最关键的一个标尺在于：这一事实是否关涉某个不在场的他者（无论这里的“不在场”是单纯的“不在这里”，还是“不存在”）？在体育游戏中，这个问题的答案是明确的：体育游戏起源于军队的训练以及军人的闲暇；古希腊运动员们的奔跑、投掷、驾驭马车等行为，直接地关涉甚至是像似于另一种行为，那就是军事斗争。事实上，即使到了游戏类型空前丰富的今天（甚至连“恋爱养成”类型的电子游戏都已经毫不新鲜），仍然有数量惊人的游戏关涉这样或那样的人类凶杀行为：从 *Street Fighter* 和 *King of Fight* 等电子游戏所关涉的格斗家之间的武斗，到象棋、围棋所关涉的军团规模的战争。虽然现代绝大多数体育游戏并非直接起源于军事行动（所谓三大球都不是），但是它们与早先产生的体育游戏之间的渊源，却是难以否认的——在这个意义上，体育游戏总是以直接或间接的方式，处在与军事行为的关系之中。

更重要的是：在这种体育与军事的关系之中，后者永远是不在场的，无论二者的行为多么像似。体育比赛不能让其参与者遭受死亡——这是关键的差别。在游戏中，行动的结果乃是输与赢，它们必须被视作幸存与死亡的符号——对于亲身参与活动的人来说，自己的死亡永远无法到场；死亡乃是人类最根本，同时也是最本己的可能性：“每一此在向来都必须自己接受自己的死。只要死亡‘存在’，它依其本性就向来都必须接受自己的死亡。”[①] 也就是说，对于任何一个经验着、体验着行动的个人来说，死亡作为一个事实，就只能是他人的死亡，而如果他们自己的行动与那种会造成参与者死亡的行动相仿，却不会以他们本己的死亡告终，那么事情就只能是：他们的行动，乃是另一种行动的符号，他们自己在场的行动意指了另一种。即使在棋类游戏中，棋手的智力运动其实也只是主帅智力运动的符号——许银川不会因为输掉一盘棋而身死，但是指挥着一支由骑兵、炮兵与士卒等组成的军团的统帅，却必须实在地

① 马丁·海德格尔：《存在与时间》，修订译本，陈嘉映、王庆节译，北京：生活·读书·新知三联书店，2006 年版，第 276 页。

面对这一可能性。这就可以预防一个似乎有理的误解：棋手似乎是在“看着”一支与自己无关的军队厮杀，而运动员则是自己在对抗敌手。事情的实质不过是：前者的活动是智力活动，而后者则必然卷入身体。当然，和任何其他事情一样，游戏行为和真正的凶杀行为之间，有着一些模糊的边界。一个著名的边界事例就是古罗马的角斗士。我想，对于角斗士本人来说，他绝对不是在阅读文本：死亡对于他来说，乃是赤裸裸地在场的；但是，对于看台上的罗马贵族来说，他们面对的凶杀，又是否是一种符号呢？要知道，这些贵族的行为，乃是实实在在的观看。与此像似，甚至更为尖锐的现象，乃是被直播、被观看的海湾战争。不过，对边缘的细致探索，显然不是一次初步探索的题中应有之义：在此，我们只要意识到边界的存在，也就够了。

也就是说，任何游戏都是一种作为符号的行为，而其对象则是另一种行为。对于玩家和观众来说，这一点其实是一致的。而且，一般而言，符号与对象之间的关系是一种极端的像似性。对于观众和电子游戏玩家来说，这一事实是明显的：在这里，作为符号的行动，以他人的身体、棋子虚拟的搏杀，以及动画或计算机动画（Computer Graphics，简称 CG）作为载体；而体育游戏作为文本的事实之所以不易理解，也正是因为，对于体育游戏的参与者来说，行动的媒介乃是自己的身体与心智。

这就导入了下面的问题。我们都记得，根据皮尔斯，一个符号事实上包含三个方面，亦即符号、对象与解释项：

> 一个符号，或者表象，乃是在某个方面，或者某种能力上指向某人或某物的东西。它对某人言说，也就是说，它在这个人的心智中制造一个同等的符号，或者，一个更为完善的符号。这个它制造的符号，我称之为第一个符号的解释项。符号指向某物：它的对象。①

在这里，第三者乃是必不可少的；一个没有读者的文本，乃是不完整的：“尤其音乐必须鸣响”，当然也就是说，“尤其游戏必须被游玩”。那么，在游戏

---

① Charles Peirce, *The Collected Papers of Charles Sanders Peirce*, Vols I—VI, ed., Charles Hartshore and Paul Weiss, Cambridge: Harvard University Press, 1931—1935, vol. 2, para. 230. 按照皮尔斯学界的国际惯例，本文对此书的引用均按照“CP 卷数. 段落”的格式进行，如此引用就应为 CP 2.230.

之中，这个解释项的情况是怎样的？此前的分析已经表明：一个玩家所阅读的文本的对象乃是一个行动，而文本，则是自己身体的运作。

进而，问题也就可以变成：对由自己身体与智力构成之符号的阅读，让玩家产生了怎样一种解释项？当然，在讨论这个问题时，我们仍然必须记住，这让我们感到如此困扰的体育游戏，只是游戏中的一个子类，虽然或许是最古老也最重要的子类。

首先必须排除一个误识。我们不能认为，一个运动员在赛场上是在“冷静地审视”自己的动作。在体育赛场上，身体动作以及其对于个人所产生的影响，乃是直接被给予的。一个运动员当然可以“审视”自己的行为，比如可以看自己的比赛录像。但是，这种观看与任何一个其他观众的观看并没有什么本质上的区别。在这里，运动员观看的比赛录像和现场直播以及运动电子游戏一样，都只是游戏文本的涵指文本；在这里，符号并非运动员自己的身体，而是电视屏幕上的像素。游戏文本的直指层面，乃是“运动员·读者—运动员·文本—战士·斗争”的三重关系。

在上述三重关系之中，文本与对象之间的像似关系乃是双重的。在电子游戏中，各种声画要素作为符号，只能表达对象的外在部分，比如格斗家挥拳的姿态、击中目标时的声响，以及靠摇动手柄有限地表达出来的触觉。但是在体育游戏中，符号本身作为对抗的直接性，使对象行动的体验也能够被表达。在一次凶杀行动中，参与其中的人物有着复杂的体验：从身体上感受到的压力、疼痛、呼吸急促、疲劳，到紧张、恐惧、昂扬等心理体验，以至于预期、算计、欺骗以及与同伴的交流、合作等智力要素。自然，对象的这些要素不可能“完全”被符号表达，但是在体育游戏中，表达的触角确实延伸到了内在体验（包括心理与智力要素）的领域；而在电子游戏中只能部分地被表达的身体体验，在这里则几乎是完全被复制了下来。因此，体育游戏的玩家作为阅读者所得到的解释项，也就和符号一样，乃是军事/凶杀行为参与者从“内”到“外”的各种体验，虽然这些体验不可能真正完整地到场（比如，对于死亡的恐惧这一体验就不可能被表达）。在这里，一种有意识的“自我分裂”起到了关键作用：正如皮尔斯所说的，一个符号的解释项乃是一个符号在读解者心智领域中的产物；而体育游戏作为文本之所以如此难以被理解，正是因为，在这里符号就是读解者自己的身体，甚至是他自己的心智。另外，在被观看的游戏以及非体育的游戏中，还存在一种体验渠道的转换：本来，格斗主要通过触觉对格斗家产生影响，但是在电子游戏中，玩家得到的格斗行为的符号，却通过视觉渠道传达；而在体育游戏里，这种转换与变化并不存在——这种渠道的同一性，也是让人们对体育游戏的文本性质产生怀疑的原因之一。在这两个意义上，体育游戏几乎可以说是一种比镜像还要彻底的绝似符号（absolute icon）。

像似与规约：游戏符号的类型

至此，我想我可以安全地做出如下的论断：一个游戏乃是一个文本，它表达的是一个不在场的行动；这种符号的接受者是玩家，玩家得到的解释项，乃是那个不在场的行动者的体验。

既然游戏作为文本的事实已经得到了认定，那么本节所要面对的问题也就自然地浮现出来。我们知道，皮尔斯把符号分为三种类型：像似符（icon）、指示符（index）以及规约符/象征符（symbol）① ——那么，构成了游戏文本的符号，在这个三重区分的体系中，又属于哪一种呢？在前面，我似乎已经不止一次地提前回答了这个问题：游戏文本的符号与其对象之间，乃是一种像似关系。当然，这显然不是一个单凭我个人的意指就能改变的专断；但问题在于，像似关系是否能够完全地解释游戏符号？游戏，甚至主要是体育游戏的那种像似关系，是它独有的东西吗？

如果我敢那样宣称，就等于我无视了人类最古老的艺术门类之一：戏剧。当然，关于戏剧作为被观看的文本的讨论，几乎和戏剧本身一样古老；但是被表演的戏剧（played dramas）作为一个文本，却几乎未在解释学和符号学的视野内被注意过。对这一现象进行简单的考察就会发现，被表演的戏剧的对象-符号-解释项关系，在其作为像似符文本的意义上，几乎和游戏文本完全相同。作为符号的演员乃是双重的像似符：被意指的人物乃是一个由各类体验构成的存在者；对于观众来说，演员通过视觉渠道像似了人物，而对于演员自己来说，他/她面对的，作为符号的身体、智力与心智体验，则并未经过那种渠道的转变。当然，戏剧文本与游戏文本所指向的对象要素，并非重合，正如前

① Charles Sanders Peirce，CP 2. 247.

面所说，游戏玩家并不能得到关于“恐惧死亡”这类体验的解释项，而这对于扮演麦克白的演员来说，却是可能的（虽然并非必须）；但另一方面，对于体育运动来说乃是理所当然的一些身体体验，却并不必然地包含在戏剧文本的解释项之中——一个人只要不把拳击比赛和京剧《三岔口》搞混，他就能理解这种区分。同时，和游戏一样，无论戏剧演员作为解释项的体验与其对象多么像似，他毕竟不能完全地等同于后者：在这里，体验的真实结果也并不包含在文本和解释项之中。无论一个少女演员能多么“真实”地感受奥菲莉亚的悲伤，她都不会因为这份悲伤而疯癫，正如在拳击作为运动的界限内，拳手不能真的置对手于死地一样（因为拳击而死亡的实例，乃是“意外”，也就是说，是一个溢出了文本的事实）。

事实上，在有的理论家那里，戏剧从根本上就被归入了广义的游戏之中。但是即使在这样的理论家那里，我们前面所讨论的游戏和戏剧作为“游戏”，也还存在差异：用这些理论家的术语来说，前者乃是“竞玩”，而后者乃是“嬉玩”。无论我们是用“游戏/戏剧”还是“竞玩/嬉玩”的术语，两种事实之间存在某种区别，总是确定无疑的。当然，后一对术语倒是给予了我们一些启示：游戏和戏剧之间的重要区别之一岂非正是“竞争性”的有无，也就是“输赢”概念的在场与否？

确实，这一现象是富有启发性的。事实上，我认为“竞争性”概念可以帮助我们厘清游戏文本的两个问题：除了游戏符号的分类问题，它还可以让游戏作为叙述文本的时间向度和叙述者特色变得清晰可见。关于后者，我将在下面一节说明，而现在，我们不妨继续叩问游戏符号的类型。

一场游戏要分出胜负，必须有比分。当然，这里“比分”一词并不单纯地指向篮球或足球比赛的那种比分。不只是电子游戏中的体力值或者生命值(HP)，或者围棋中的目数，就连象棋，其实也有比分：只不过在这里，帅或者国王就是唯一的“分”（point)。粗略而言，游戏胜负与比分之间的关系，可以分成两大类。

第一类乃是田径比赛，以及足球、篮球等比赛的类型：

设胜利者的比分是 x，失利者的比分是 y，游戏时间为 n，故有

当 $n=0$ 时，$x>y$

第二类乃是击剑、乒乓球、排球等游戏的类型：

设胜利所需比分为 n，胜利者的比分为 x，失利者的比分为 y，故有

当 $x=n$ 时，$y<n$

从这里，我们看到了什么？没错，我在前面已经提示过：游戏中的输赢，乃是战斗中生与死的符号。在戏剧中，生与死也被符号意指，并且是以像似符的形式被意指；但是在体育游戏中，没有哪个运动员会像哈姆雷特那样说："我死了"，然后扭头倒地。在游戏中，意指死亡的，乃是比分牌上比对方少的数字，或是对方比分牌上的"25"，甚至是自己为"0"的 HP 值。

在游戏中，除了像似符号，还有这么一类数字文本，它们以数学公式的形式，表达了作为对象的行为，行为关涉的各类要素，以及这些要素之间的相互关系。这就是"比分"概念的实质，同时也是游戏与戏剧、竞玩与嬉玩的分水岭。事实上，刚才我列出的两组公式，完全可以以另一种形态出现。

公式一：

设胜利者本来有 x_1 座城堡，在战争中夺取了 y_1 处；失利者本来有 x_2 座城堡，在战争中夺取了 y_2 处；战争时间为 n。故有

当 $n=0$ 时，$x_1+y_1>x_2+y_2$

公式二：

设在战争中，一个战士身受 n 处伤，则死亡；设在争斗中，生存者受了 x 处伤，死亡者受了 y 处。故有

当 $y=0$ 时，$x<0$

可以看到，公式二其实也适用于各类电子游戏，只要我们把其中的 n 设为人物的 HP 即可。在游戏中，这类数学文本乃是普遍存在的，它们确实意指了某些对象的要素。

那么，游戏中的这类数学文本，又是什么符号呢？在皮尔斯的理论中，代数公式乃是一种像似符，一种图表式的像似符。

但是我想，皮尔斯的说法，似乎只适用于科学，或者准科学的代数公式；而游戏文本中的数学公式，并不是他说的这种图表式的像似符。在科学中，符号严格地表达了事物之间的关系，这是皮尔斯自己也发现的事实；而严格性的对应物，是唯一性：直角三角形三边长度之间，只有一种关系，从而表达这种关系的公式，也就是唯一的——虽然公式本身作为对象，可以被不同的语言符号在涵指层上表达。但是在游戏文本中，情况极为复杂。首先，在这里，同一

个事实，可以由不同的变量决定。比如，在《龙与地下城》3.0版的规则中，一个战士对敌人的命中率与人物的“力量”有关；在这里，如果我们设命中为y，则有$y=f(x)$，$x=str$；但是在《暗黑破坏神Ⅱ》中，战士的命中却与任务的“敏捷”有关，也就是说，在这款游戏中，当命中为y，且$y=f(x)$时，$x=dex$。其次，即使决定性的变量相同，变量起决定作用的方式，亦即公式的具体形态，也可以令人惊异地不同。比如，同为3DO公司出品的游戏，《魔法门之英雄无敌Ⅲ》与《魔法门之英雄无敌Ⅳ》中，一个生物对另一个生物造成的攻击伤害，均与攻击方的伤害值、攻击力与被攻击者的防御值有关，也就是说，若伤害为a，则$a=f(x, y, z)$，其中x为伤害，y为攻击，z为防御。但是，在这两款游戏中，由x、y、z构成的函数，事实上却极为不同（因为两组公式都颇为复杂，在此我就不将它们一一列出了）。一个更明显的例子，乃是我在前面已经提到过的“恋爱养成”类电子游戏：在这类游戏中，玩家与虚拟女性之间的恋爱成功与否，完全由一个叫作“好感度”的变量决定，也就是说，恋爱成功与否被纳入了一组函数关系之中，而恋爱事实，似乎并不能被“科学地”把握。

由此，游戏中的数学文本与对象之间的关系，事实上乃是任意与规约的。在这里，更重要的并非符号与对象之间的像似性，而是文本系统本身的自恰与平衡。游戏公司经常会对已经发布的游戏进行调整，并发布版本补丁；但是，调整的目的绝非让数学公式“更像”它的对象（在游戏里，只要CG画得比较“像”其对象就可以了），而是让符号与符号之间的关系更清晰，同时，尽量减少系统中的冗余成分，让每个符号要素在文本中都显得不可或缺。虽然真正的“完全平衡”可能不会有任何游戏能做到，但是游戏公司和玩家都不会希望看到一款只要掌握一两个要素就能玩好的游戏——玩家不会想玩这样没有耐玩性的作品，而商家恐怕更不会想去发行卖不掉的东西。

任意性与系统性，乃是规约符号的特征，而游戏文本中的数学公式，事实上正是这样一种东西。我想，“数学规约符”应当是对它们恰当的称呼。但是，一个游戏文本不可能只有数学规约符，因为那样，它将无法与程序员写的程序相区别，正如假如只有像似符，它将和戏剧变成一种东西一样。

那么，在一个游戏中，上述两种符号又处在怎样的一种关系之中呢？

首先，在游戏中，数学规约符与像似符之间，经常分工协作。也就是说，游戏对象的不同要素，由不同类型的符号加以表达。两种符号各自都无法表达全部的内容，只有同时运作，才能覆盖对象的全域。在体育运动中，对象行为的过程由像似符来表达，而其结果则是数字规约符的领域。但这并非单一的分配模式。比如，在击剑运动中，剑客是否击中对手，乃是由两个选手身体的像似符来表现的，但是在《龙与地下城》3.0 版中，它们则被交付给了如下的公式：

设击中者的攻击检定值为 n，则有

$n = x + AB + Bonus - AC > 0$

其中，x 为攻击者投 20 面骰的结果，AB 为角色的“基础攻击值”，Bonus 为人物通过属性、装备、状态等获得的加值（可能为负数），而 AC 则是被攻击者的“装甲等级”（Armor Class）。①

事实上，不只是像“攻击与闪避”这样被包含在体育游戏全域内，由像似符表达的要素，甚至是根本不存在于体育游戏全域内的对象内容，在电子游戏中也可以由数字规约符来表达。比如，“中毒”与“抵抗毒素”这对概念，不存在于任何体育游戏中，因为我们几乎难以用“像似”的方式去给对手“下毒”（或许 1997 年 NBA 总决赛时，犹他爵士队球迷在迈克尔·乔丹的食物里动手脚算是个仅有的例外）。但是，在游戏中，毒素却经常出场。让我们再次以《龙与地下城》3.0 版为例子：

设中毒者的强韧检定值为 n，则有

$n = x + Bonus - DC < 0$

其中，x 为玩家所投的 20 面骰的数值，Bonus 为体质加值，而 DC（difficult class）则是通过具体毒素检定所需要的“难度值”②。

在《龙与地下城》3.0 版之后的规则中，除了“中毒/抵抗毒素”，举凡哄骗、说服、魅惑等不可能被包含在体育游戏全域中的要素，均可以用数学规约符表达。

进一步的，在不同的游戏中，数学规约符与像似符之间的比重，也就可以

① Wizards of the coast：《龙与地下城玩家手册》，北京：万方数据电子出版社，2001 年版，第 124 页。

② Wizards of the coast：《龙与地下城玩家手册》，北京：万方数据电子出版社，2001 年版，第 126 页。

完全不同。游戏文本滑动于纯数学规约符文本（程序）与纯像似符文本（戏剧）之间。而随着规约性的增强，文本对对象的像似性，自然相应地减少：在体育中，对象的绝大部分都被像似地表达了出来，甚至不曾改变其影响读者的渠道；而到了像《魔兽争霸》《暗黑破坏神》这样带有运动成分的电子游戏里，触觉渠道的像似性已经大大减少，玩家只通过手指的动作，来模仿作为对象的全身运动；最后，到了《英雄无敌》这样的战棋游戏、《博德之门》这种可以暂停的游戏、《仙剑奇侠传》这类回合制角色扮演游戏以及棋类游戏中，被像似地表达了的东西，则几乎只有对象的心智活动了。

除了上面所说的“分工协作”，游戏中的数字规约符与像似符之间，还有另一种关系，那就是层次性的关系。在很多情况下，游戏对行动的表达并不会终止于数字，这在电子游戏和棋类游戏中，都极为明显：在象棋中，“骑兵踩死了小卒”这个事实，其实首先被数学规约符表达（骑兵的伤害为 x，小卒的生命为 y，$x=y$），但是“我的马吃了你的卒”这样的像似行为，也是需要的，无论这里“马”和“卒”的像似性多么简陋；在作为桌面游戏的《龙与地下城》实践（跑团）中，“人物前进了 30 尺”这样的行为，也必须在桌面上由棋子和格子表达出来。而同时，“龙与地下城”作为一套规则，也被许多游戏运用：在《无冬之夜》中，前面说到的，由骰子面值产生的“游侠击中了狗头人”这样的结果，再次被三维动画表现。在这里，电脑屏幕上的像似图形，其实是对数学公式结果的表达，也就是说，是后者的涵指文本。

需要注意的是：涵指层面的像似文本所像似的，乃是直指层面中的对象，而非符号。作为像似符，图像仍然只能“像”被两组符号共同意指的对象行为与外形。事实上，电子游戏中的涵指符号、直指符号与对象之间的关系，可以类比于汉字、汉语与对象之间的关系。我们知道，作为一种系统性的规约符号，汉语中的语音-对象关系和所有其他语言一样，乃是任意的。而另一方面，作为语言本身的符号，汉字确实是一种理据性的东西——它的理据性所指向的，并非语音，而是对象。“马”这个汉字，像似的绝非“mǎ”这个读音，而是这个读音同样意指的那种动物。同样的，在《暗黑破坏神Ⅱ》中的动画，也并非在像似一组数字，而是一个每秒触手 6 次的健壮男子（即使这个男子在地球上并不存在）。从而，电脑游戏的涵指符号与作为对象的直指符号之间存在的，仍然是一种任意的关系，虽然在这里，规约的变量是对象，而非符号。

在游戏文本中，上面所说的分工协作与分层的关系，可以不同时出现，但是无论如何，两种符号都必然存在。在第一种情况下，缺少了任何一种符号，游戏都不能覆盖其全域；而在第二种情况下，两种符号可以各自覆盖相同的全域，但是游戏如果不想自身成为单纯的程序或者动画，那么它就必须对两种符号一视同仁。

但是，游戏玩家并不会一碗水端平。对于玩家来说，一个游戏文本中的数字规约符和像似符，并非一直都是同等重要的。在不同的游戏体裁中，会出现不同的主导性符号。

各种棋类游戏乃是绝对的“数字规约符主导”游戏。在象棋里，棋子可以是精巧的象牙，刻上粗糙汉字的石头，或者是电脑屏幕上足可乱真的三维战马；而在围棋中，棋子可以是紫葡萄和青葡萄。但是，对于棋手（读解者）来说，这些都不会造成什么区别。对于围棋手来说，在沙地棋盘上的两目，和意念中的两目几乎没有任何区别。

而“恋爱养成”游戏，则与棋类完全相反。如前所述，这类游戏将恋爱事实纳入了一个函数之中，玩家在对话与“行动”上的不同选择，将对变量 x（好感度）产生不同的影响，当最终 f（x）的值大于一个规定的量时，则恋爱成功。在这个层面上，其实并不存在什么与恋爱事实之间的理据；玩家的选择，与选择所造成的变化之间，也没有什么必然的联系。从理论上讲，只要程序员愿意，他可以让品质完全相反的两句话使程序中的“女主角”产生相同的“心理”效果；甚至，如果画师愿意，他也可以让这个由二进制数字构成的美女人格拥有一副苏格拉底式的尊容。但是，对于游戏玩家来说，这种数字规约符的任意性，却是应当被流放到意识地平线之外的。对于玩家来说，像似性在游戏中显然是最主要的部分：即使玩家能够忍受大哲人风格的凸眼眶和塌鼻子，这位阿尔喀比亚德[①]也绝对不会愿意看到，自己最粗俗无耻的回答为自己赢得了“苏格拉底”的爱，谦逊与理智却让爱人离自己而去。当然，绝大多数情况下，恋爱游戏的玩家希望看到的，恐怕还是一个可人的少女吧。

当然，这并非说游戏中数字规约符和像似符就不可能有同样的重要性。在

① 传说，政客、军人、美男子阿尔喀比亚德是苏格拉底的爱人，见柏拉图《阿尔喀比亚德》103a 以下，《会饮》212d 以下。

体育运动中，像似符表达了绝大部分全域，但是对于玩家（运动员）来说，比分却至少与过程同样重要。即使在无限接近表演行为（也就是戏剧）的 NBA 全明星赛中，胜负也绝非一种冗余：2003 年，科比·布莱恩特和凯文·加内特共同靠常规时刻最后的两次罚球和加时赛中的得分，破坏了迈克尔·乔丹“预料中的完美谢幕”，因为对于前两者来说，篮球乃是胜负攸关的体育游戏，而非结果已定的王权交接仪式。

第二人称叙述与未来性：游戏的文本特性

在上一节我曾经说过，在游戏中，比分现象可以澄清两个问题。其中一个，是游戏文本的符号分类。现在，我们已经知道，游戏中还存在一类数学规约符，它与像似符共同构成了游戏文本，二者缺一不可。而另一个有待于通过比分来说明的现象，则是游戏文本本身作为叙述文本的特性。

作为一个叙述文本，被表演的戏剧的叙述者就是人物自身，再无其他，其结构几乎完全等同于乔伊斯式的体验流再现。但在游戏文本中，除了“人物”这个叙述者，还经常会有另一个叙述者向读者-玩家交代一些信息；这些信息其实不是别的，正是比分一类的数学规约符要素。在体育游戏中，裁判会告诉球员：你得分了，你的进球无效，你犯规了（失去了这次得分的机会）；而在电子游戏中，电脑告诉玩家：你击中了面前的骷髅，你对沙弗洛克造成了 5 点伤害……或者干脆是，“你挂了，杀死你的是墨菲斯托”。而在舞台上，绝对不会出现一个声音对哈姆雷特说，你因为毒剑造成的小小伤口而死去；也不会有人对麦克白说，你的短剑刺进了邓肯的胸膛。

在叙述学领域内，这个叙述者的特征有这么几个：

首先，明显的是，这个叙述者一般以第二人称的口吻说话；有的时候，这种第二人称口吻似乎并没有采取一个明显的语法形式，但实质上，它仍然存在。比如，对于球员和教练来说，足球场两边看台上方的大型电子屏幕其实一直在说：现在，你的得分是多少，而你对手的得分又是多少——在电子游戏中，人物状态栏等要素，也是这样的例子。

其次，这个叙述者乃是一个显身的而且是全知的叙述者。在某种意义上，他和托尔斯泰小说的叙述者拥有相同的地位，所不同的，只在于他们说话的听者：前者对处在主叙述层中的人物说话，而后者则对与自己同处超叙述层的“读者”说话。在这里，叙述者其实掌握着极大的自由；在电脑游戏中，它甚至可以和那些主叙述层中的人物抢夺叙述权。比如，关于游戏“开始之前”发生了什么，《暗黑破坏神Ⅱ》安排了几个人物来交代：游戏一开场，商人瓦瑞夫就告诉玩家，一个黑暗游荡者经过了修女们的教堂，恶魔与死亡紧跟着他；而后来，智者迪卡·凯恩又告诉玩家，那个黑暗游荡者很可能是曾经在崔斯特罗姆打败了暗黑破坏神的英雄，然而很可能，现在他已经被他曾经的手下败将附体了。但是，在同时代的《博德之门Ⅱ》中，故事的“背景”则由一个显身的第二人称叙述者说了出来。这个声音对玩家说：

> 你在图书馆之城烛堡度过了少年时代，由大法师葛立安养大；葛立安有一天被人谋杀，而这杀人犯却是你的兄弟沙弗洛克——你们都是一位神祇，谋杀之主巴尔的儿子，他生下你们，是因为他预见了自己的死亡，而想用自己的孩子们作为自己复活的燃料；自然，沙弗洛克的目的是成为下一个谋杀之主，但是你毁灭了他的野心，把他送回了巴尔身边——你成了英雄，人们却开始因为你的血统而惧怕你，于是你只能离开，开始下一段冒险……

《博德之门Ⅱ》在叙述上之所以采取这样一种似乎非常“19世纪”的风格，乃是因为作为一款使用了《龙与地下城》2.0版规则以及其中的“费伦大陆”模组的游戏，它想要尽量保持自己与纸上《龙与地下城》游戏的渊源。但是，这个事实至少清楚地说明了游戏中这个“第二人称叙述者”的权能。

当然，关于上面提到的第二种信息，对于它的文本所指向的对象而言，乃是外部的东西。在体育游戏中，这些“故事背景”甚至可以不被纳入文本所覆盖的全域：没有人会傻到去问两个拳击运动员或是他们的裁判，这两个壮汉所意指的战士相互殴打的原因是什么。在一个游戏文本中，只能由裁判/电脑式的叙述者说出来的信息，就是其中由数字规约符组成的部分。原因似乎很简单：在游戏中，主叙述层中的人物乃是像似符的对象，他所知道的，只能是主叙述层之内的东西；而“某人受到了5点伤害”这样的信息，则是一个文本，它一般只能被超叙述层中的叙述者-受述者知晓——至少，我本人至今没有发现有一个“回旋分层”式的游戏文本。

但是，裁判/电脑式叙述者的任务却不能回答这样一个问题：为什么这个叙述者在许多场景下乃是显身的？要知道，这并非一个必然的要求。比如说，在篮球玩家的斗牛单挑中，并没有裁判——这里，比分并未缺席，但是把比分告诉玩家的叙述者却隐身了。在街头或公园的棋局里，也存在这样的情况。也就是说，从本质上，裁判式的叙述者在游戏文本中可以是隐身的。那么，究竟是什么动力，在许多文本中将这个叙述者推向前台呢？

我认为，对这个问题的回答，基于游戏的时间向度。与戏剧不同，游戏乃是一个向未来敞开的文本；而在传统上，叙述文本大多是过去式的：史诗（包括《大雅·公刘》这样的叙事诗）、历史、语录（在西方，就是对话录）以及戏剧。亚里士多德的洞见在今天也是正确的：戏剧“是对于一个严肃、完整、有一定长度的行动的模仿”[①]。但是在此，我必须指出一个现象：从解释的角度来说，戏剧（以及电影电视等）并非在任何时候都是封闭的。罗兰·巴尔特说：“我完全知晓俄狄浦斯将被揭穿，丹东（Danton）将被送上断头台，可依然……”[②] 严格来说，这个公式对于观众来说，并不完全正确。因为确实存在这样一些观众（而且一定为数众多），他们对于戏剧的体验乃是：“我不知道谁是凶手，所以我可以……”这个公式只对于另一类戏剧的读者完全适用，那就是演员。如果一个演员不知道自己所演的人物究竟是什么结局，戏就很难演下去。动画片《没头脑和不高兴》中，“不高兴”成年后成了一名京剧演员，但是在演《武松打虎》的桥段时，他却对自己扮演的角色——老虎——的结局表示了“不高兴”；也就是说，他拒绝让老虎被打死。结果显而易见：戏失败了。

因此，对于一个扮演着角色的戏剧读者而言，文本乃是一个封闭的过程，它并不向未来敞开。与此相反，游戏则必须拥有这种敞开性。就像前面已经提及的那样，就连NBA全明星赛，对于运动员而言，也不可能是封闭的，即使观众们热切地希望某些比赛呈现为一种“封闭的仪式”。“冷门”这一事件最彻底地凸现了游戏的敞开性：2004年欧洲足球锦标赛的结果对于参赛的所有球队来说，均是未知的；唯有当游戏本身的叙述结束，作为对象进入另外一个文本时，我们才能合法地说，2004年夏天的希腊，是足球神话剧的舞台。当然，

① 亚里士多德：《诗学》，《罗念生全集》第一卷，罗念生译，上海：上海人民出版社，2007年版，1449b，第36页。

② 罗兰·巴特：《文之悦》，屠友祥译，上海：上海人民出版社，2004年版，第59页。

这里我们也一如既往地遇见了边缘性：在被称为“视觉小说”的文字冒险类游戏，或者角色扮演类游戏（RPG）中，剧本乃是既定的，即使这是一款像 *Fate/ Stay Night* 或《穿越时空》那样结局数量庞大的作品。

游戏文本对未来的敞开性，并非孤立地起作用。这类文本还有一个对读解者的要求，那就是读解的客观性。任何一次游戏阅读，都不可能只由一个人或者一个读解者完成。即使是单机电脑游戏，电脑作为共同的读解者（对手）也不可或缺。在这里，“客观”一词的意思是：对于不同读者呈现的相同意义。一个游戏文本的意义必须由复数的读者同时决定；没有对手，对游戏的阅读也就不存在——这也就意味着，作为完整意义上的符号文本的游戏，并不存在。

故而，一个游戏文本必须保证：同时阅读它的读解者，在一次共同的读解中对意义保持一致。而我们知道，一个文本可能拥有的解释项，在本质上乃是无限多的。游戏文本中的像似符号同样无法排除衍义的存在。如前所述，一个符号对于其对象的表达，总是不完全的；这种不完全性的结果是，对于一个具体语境中的像似符，读解者可以认为它在此语境中已经可以代表其对象，但他也可以认为，这符号的像似度不够，而要求像似符表达对象的更多方面。在游戏中，像似符的这种尴尬也存在着。《论语·八佾》：

> 子曰：“射不主皮，为力不同科，古之道也。”

朱熹夫子注云：

> 古者射以观德，但主于中，而不主于贯革，盖以人之力有强弱，不同等也。

孔子认为，对于射箭这一游戏文本来说，射中皮革所在就已经可以表示射中了目标。但是他同代的许多人却认为，命中鹄的并不能作为射中目标的符号——它还需要贯穿皮革的力量。显然，射中且贯穿皮革仍然是不完整的：在这里，箭命中的，毕竟不是敌人，而只是抽象的目标。我们可以看到：只要体育运动不失去自己的本性而成为凶杀，这种解释的链条就可以无限地延伸，只要没有什么东西把它拦腰斩断。

而斩断或终止这无限衍义的要素，正是裁判/电脑式的叙述者。这个叙述者并不参与文本的解释，却能够为所有的读解者找到一个共同的解释定点。远在体育运动刚刚起源的时代，这个叙述者就已经有了这样的功能：

他们立即跳起来本会作第三次较量，
若不是阿基琉斯亲自站起来劝阻：
“你们已经摔够，切不可造成伤害，
两人胜利均等，都过来领奖退下，
让其他阿开奥斯人有机会继续竞赛。”①

阿基琉斯阻止了奥德修斯与埃阿斯，不让他们继续比赛，因为那样会“造成伤害”。“伤害”本是体育运动中不在场的东西，是远在彼方的对象；但是，依照解释的本质，若不是阿基琉斯及时出面干预，两位英雄必将因为歧义而让衍义之藤蔓疯长，直到撞上分开文本与对象之间的鲜血之墙。

进一步的，甚至连游戏中的数字规约符部分，也必须面对无限衍义与无歧义性之间的张力。虽然在一个游戏里，数学规约符作为公式，在一定意义上可以说是确定的，但是它必须面对两种可能的歧义。首先，在具体的游戏阅读行为中，公式必须被填入具体的数字，而这数字如果不被强制地决定，就将是无理的：凭什么“杀死”一个花剑剑客需要 15 剑而不是 11 剑；又凭什么要躲过太古红龙的喷吐，一个人物反射豁免中 DC 这个变量，必须被设为 35，而不是 36？其次，因为数字规约符和像似符可能处在分工协作的关系之中，二者的边界也就成为争论滋生的土壤；前面举过的，孔子所说的射箭行为，就是这样的例子：孔子认为，射中鹄的这一像似符可以成为数学规约符中的一个“1”，而他的同代人却认为，只有力量也到位的射中，才有资格进入规约符的边界。这些事实，也只能由裁判/电脑给予一个强制性的解答。

所以说，裁判/电脑式叙述者的功能，就是为游戏文本的读解者们寻找共同的意义定点。本质上，任何现实的文本读解，都会要求这样一个定点，而不是任由衍义不受节制地繁殖。这一任务，乃是元语言的任务。即使在读解者互不相同的读解中，他们也都各自携带了这种或那种元语言，并把解释项的落点定在一个确定的位置：所不同的，只是这些位置，而非“有位置”事实本身。把《关雎》理解为对“后妃之德”的赞颂，与把它理解为情诗，都只是为解释找到了一个个别的落点而已。对于游戏的读者来说，这套元语言也必须存在；

① 荷马：《伊利亚特》，《罗念生全集》第五卷，罗念生译，上海：上海人民出版社，2007 年版，第 23 卷第 735～737 行，第 594 页。

更重要的是，这套元语言必须是复数的读解者们所共有的。至少在一次共同的读解中，读解者们必须如此：穆里尼奥可以在比赛结束后，大骂当值主裁判是蠢驴，但是在比赛中，他必须服从主裁判用红牌将他请上看台这一判罚。

在绝大多数情况下，元语言都是隐而不彰的。它并不以清晰的句法形式，以组合轴的方式形成文本，它只在另一个被读解、被完成的文本中“垂帘听政”，或者充当“摄政王”。在前面提到的斗牛、街头棋局等游戏文本中，我们也可以看到元语言这种通常的运作方式。而在电脑游戏中，因为电脑AI本身的特性，玩家若想和电脑玩下去，就必须和电脑对手共享它那套二进制元语言。完全取消信息栏等要素的游戏，其实是可能的：就算把《半条命之反恐精英》中的血量、杀敌数等信息栏全部隐蔽，它也是一款游戏，而不是别的什么东西。

问题在于，歧义的可能性以及读解者使用不同元语言的可能性，本身就深深根植于解释行为的本质之中。在某种意义上，这一可能性有时几乎是必然性；游戏运动对复数读解者的要求并不能让可能性减少，倒是可能让元语言的冲突以一种更直接的方式呈现。在篮球比赛的最后关头，双方运动员可能因为一个出界球球权的归属而产生激烈的争论就是一个明显的例子。社会学、心理学甚至是政治学/政治哲学可能对这种冲突有着更深刻的解释，但冲突的危险是任何读解行为都必须面对的。对游戏的游玩，也并没有得到治外法权。在这个意义上，游戏中裁判/电脑式叙述者的真身，终于清晰地跃入了我们的眼帘。这个叙述者不是别的，正是元语言的组合轴。它让元语言以明确的组合形式，甚至是一个断言命令的句式向玩家/读者呈现出来。它命令读者，把某个数字规约符公式中的n设为1，而不是2；命令跆拳道运动员把踢中对方的头部视为1，而把踢中对方的手臂视为0。

结　语

至此，我已经差不多厘清了本文一开始提出的三个论题。至少此刻，我可以颇有信心地作出如下的论述：

首先，被游玩的游戏乃是一类文本，其对象乃是不在场的行动；对象以各种不同的方式在读解者的体验中形成解释项，而在体育游戏中，其方式乃是极端的像似性，甚至不曾改变其作用渠道。

其次，游戏文本中存在两种类型的符号：像似符与数字规约符；后者乃是体育游戏中的“比分”，以及电子游戏中“程序算法”的实质。在游戏中，这两种符号以分工协作或分层的方式互相作用。

最后，“比分”这一信息在游戏中，由一个全能的第二人称叙述者交代出来。这一叙述者经常以显身的方式出现，因为游戏是面对未来敞开的文本，而为了保证不同读者对这一敞开文本作出相同读解，这一叙述者必须以元语言的组合轴形式显身，从而为叙述者们提供一套共同的元语言，以排除歧义的实在。

但是显然，我的论述相对于游戏符号文本的现象而言，乃是过于有限的东西。即使在我受制于论述本身的行文中，我也已经触及了一些游戏现象的边缘事实；更重要的是，我在文本中轻易地撇在一边的游戏现象，其实可能是养料肥厚的黑土地。比如说，游戏文本中的像似符，并不只有一种，它们包括了通过各种渠道传达的各种不同的媒介；这些媒介怎样互相作用，怎样关涉对象，在具体的游戏体裁甚至作品中怎样与数字规约符相关，等等，都是尚待解决，甚至尚待被投下第一批问题的领域。归根结底，游戏乃是一种空前复杂的文本，它不但有着比电影更多的媒介，更在叙述时态等领域中，与传统的文本有着或继承或否定的关系……

因此，虽然我在本文中只能讨论极为有限的论题，但是我希望，本文不是一个结果，而是一个开端。套用《博德之门Ⅱ·巴尔王座》中的一句话：

“只要游戏的大门还对新的游玩敞开，探索就不会终结。”①

（原文发表于《符号与传媒》2011 年第 1 期：227—246）

① 原话出现在《博德之门Ⅱ：巴尔王座》片头动画的结尾：“只要巴尔血腥的王座还空着，混乱就不会终结。”

游戏符号学的基础

——“游戏文本”与“游戏表意”问题探索

◎宗　争①

“游戏”是历史最古老的人类活动之一，是迄今仍然活跃的、意义最深远的人类活动，也是参与人数最多、影响力最大的人类活动之一。游戏作为人类社会一种不可或缺的娱乐形式和文化现象，已经被学术界纳入研究视野，从计算机理论、教育学、心理学、哲学、文化社会学等角度展开的游戏研究已经颇具气候，甚至学术界已然出现了专门以电子游戏为对象的研究——“游戏学”(ludology)。

然而，无法理清自己的研究对象——这一现象普遍存在于各种维度的游戏研究中。游戏首先是一种人类活动，其次，每种游戏都包含了固定的游戏形式，经由人类参与的游玩过程，形成了具有特色的游戏样态，并且，由于观看者的介入，许多游戏拥有了传播效果。我们不难发现，从宏观的游戏活动到具体的游戏过程，产生了诸多层面的文本。因而，我们要问：

游戏文本是什么？

我们将游戏研究者容易混淆的研究对象做了大致的梳理，通常，游玩事实、游戏文本、游戏规则易被混为一谈。出现这一问题的原因可想而知：游戏既是一种需要主体参与的活动，又是拥有明确规则的形式，从不同的定义和角

---

① 宗争，文学博士，成都体育学院新闻与传播学院副教授，主要从事游戏学、体育文化传播、符号哲学研究。

度对游戏进行分析，必然会有对游戏文本不同的划分方法。笔者将游戏定义为有规则的、指向不确定结局的、虚拟作假的竞争活动。① 由此，我们可以对游戏文本进行规定和划分。对于游戏活动而言，大致可以分为这样几个层面。

其一，游玩事实：游戏者参与游戏活动的具体事实。对于游戏者而言，游戏过程往往是不完整的，如棋类游戏允许游戏者投子认输；在体育比赛中，除有机会争夺冠亚季军的名列前茅者，其他竞技者均被淘汰出局；而对于电子游戏而言，玩家可以随时退出游戏甚至删除游戏程序……每个参与游戏的主体都能构成一个游玩事实，因此，游玩事实因人而异，对于游戏胜利者而言，它相对来说是完整的；而对于失败者，它是破碎的、不完整的，只是整个游戏过程某个片段的呈现。游玩事实说明，游戏具有竞争性与偶然性的特征。但作为游戏研究的对象性样本，游玩事实因其易变性并不适宜，只能作为辅助的材料。

其二，游戏文本：游戏文本就是全部游戏事实之合，它包含了完整或不完整的游戏事实，是游戏形式的具体展示之合。但是，游戏文本并不是从具体的游戏者出发（因为同一游戏的参与者可能会很多），而是从完整的游戏形式出发所下的定义。游戏文本不是对一个游戏者玩耍游戏的经历的记录，而是所有游戏者（包括中途退出者）无数次地玩耍游戏的事实总和。游戏文本包含了所有的游玩事实，它承认游戏展示方式和结果的多种可能性，其关注点在于完整的游戏活动形式。

需要注意的是，一个没有人参与/玩的游戏，绝对称不上游戏，游戏文本的概念本身就包含了游戏者的参与和活动。与文学阅读不同，游戏者不是一个固定文本的阅读者，而是游戏文本的一个有机因素，他直接参与了游戏文本最终状态的形成。

狭义的游戏文本包含了：游戏者的行动（这一点在智力游戏研究中经常被忽视，但在电子游戏研究中作为“交互行为”屡屡被提及）、游戏规则、游戏进程以及游戏结果/效果（如胜负、体育竞技获得的荣誉和奖励、赌博游戏所赢取的钱物等）。

通常，游戏文本是通过其他媒介进行或具体或抽象的记录的，如棋类游戏的“棋谱”，竞技体育比赛的影像资料等，但这些记录只是部分地展现了游戏，

---

① 参见宗争：《游戏概念的符号学探索》，略有改动，《中外文化与文论》2011年第20辑。

是残缺的游戏文本。世界杯、奥运会之所以会吸引数以亿计的观众，就是因为它们将即时性的游戏文本展示给观众看。站在观看者的角度，一场足球比赛与一场他从未看过的电影没有本质的区别，结局都是未知的；但对于游戏者来说，与演员不同，他们的参与没有事先写好的剧本，绝对不是“表演”，游戏的结局对于他们来讲是开放的。

与文学或戏剧文本不同，除了少数具有观赏性的竞技游戏，如足球、拳击比赛等，大多数游戏文本并不需要“读者”，除了游戏者自己也许会回顾自己的游戏经历（而且只能是游戏后回顾，在游戏中审视游戏，其实“阅读”的只是游戏内文本），游戏研究者可能是最标准的游戏文本读者。

其三，游戏内文本：如果说游戏研究者“阅读”的是游戏文本，那么游戏中的游戏者“阅读”的是什么？

游戏通过规则等将游戏参与者设定为符号构成，继而取用或改造这些符号构成，形成“游戏者”这一符号身份。因而，“游戏者”不是一个有血有肉的组成，它指代的是一种特殊的身份。人参与游戏，就是一个自愿被符号化，并继而以符号化的身份在一定规则的指引下运作的过程。而参与者阅读和遵守游戏规则，就是一个将自己符号化为“游戏者”的过程。

游戏者“阅读”的是什么呢？

相比读者或观众，游戏者更类似于导演与演员的混合体，是推动游戏行进的具体执行者，能够左右游戏的最终结果。因而，在游戏文本中，游戏者是不可或缺的一部分。而在具体的文本分析中，游戏者的动作则是非常直接的符号，只有通过这一转换（动作—符号），游戏才可能进行下去。游戏者进入游戏场景，遵循游戏规则而进入游戏进程，在这一过程中，游戏者首先阅读的是游戏规则，他同意将自己的部分行为作为符号整合进游戏文本，继而他阅读的是“游戏者”（包括他自己和所有的参与者）的行为及其产生的效果，而在电子游戏中，游戏者还可能会进一步阅读游戏场景、游戏中的叙述等。游戏内文本即所有这些相关文本的集合。

游戏内文本是游戏文本的一部分，它决定了游戏进程和游戏展开的样态。引入这一新的概念主要是针对电子游戏研究中混乱的局面。

我们发现，传统游戏的内文本是非常简单的，在很大程度上，它们的“内文本”是由游戏规则构成的。我们以棋类游戏为例，不管我们使用何种材质的棋子，只要标明了具体的名称，我们就可以进行对弈，甚至还可以不依靠棋盘、棋子来下盲棋。不过，规则在这些游戏中大都是隐藏的，是以口授或书面的方式预先给定，游戏者在熟悉游戏规则后方可参与游戏。

在当下的部分电子游戏中，游戏内文本的形成则没有那么简单，主要原因在于，规则不再是形成游戏内文本最重要的因素。在许多电子游戏中，规则是伴随着游戏进程逐步呈现的，如大型网络游戏《魔兽世界》中，玩家进入游戏后，游戏才会提示玩家如何进行操作，如何完成游戏中给定的任务等。规则是游戏“虚拟作假”最重要的因素之一，明确的规则就是告知参与者：你即将进入一个与你所在的世界不同的世界，你要遵守不同的法则！简言之，电子游戏容许游戏者在游戏过程中逐渐熟悉游戏规则，而传统游戏则要求游戏者在掌握规则之后才能进行游戏。因而，游戏规则不再是形成游戏内文本的唯一因素，而只是因素之一。

当今的大型电子游戏一般都由专业的游戏公司出品，游戏作为产品拥有独立的产权，必须具有不可替代性。游戏公司在制作游戏时，除了对游戏规则进行数字化的设定，还有专门的部门负责书写游戏脚本或剧本，简言之，就是为新游戏设定独特的叙述背景，使之具有不可复制的叙述内容。如经典的角色扮演游戏（role playing game，简称 RPG）《暗黑破坏神》系列、《仙剑奇侠传》系列、大型网络游戏《魔兽世界》，都具有史诗般的游戏故事背景。然而，毕竟不同于电影剧本，游戏剧本只是设定游戏场景、故事背景、角色关系等，游戏者在游戏中扮演重要的角色，在某些推动游戏情节发展的地方，他必须做出选择。角色的行为直接影响游戏进程，游戏者参与游戏就是同时“阅读”和制造游戏内文本的过程，游戏剧本在游戏中数字化、影像化的具体呈现也会形成游戏内文本。总体上，电子游戏内文本的丰富性是传统游戏不可比拟的。

对于同一游戏来说，游戏内文本具有相对的稳定性，尤其是电子单机游戏中，“任务”的设置是推动游戏进程的关键因素，无论玩家在相互衔接的“任务”之间选择什么样的方式游玩（他可以疯狂地挑战游戏中的怪兽，以此来获取“经验值”，也可以在游戏世界中四处游逛，观看“风景”），他最终要将游戏进行下去，因而，只要游戏者决定将游戏进行到底，完成“任务”，那么，不同游戏者游玩同一游戏所形成的“内文本”就可能大同小异。这也是许多研究者试图使用电影理论来阐释游戏的一个原因。

那么，电子游戏是否只是电影的“影子”呢？

游戏学的创立者恭扎罗·弗拉斯卡（Gonzalo Frasca）也曾对此问题进行申辩，他认为，游戏不是“叙事”而是“拟真”，以此来反驳将游戏与文学、电影混为一谈的观点。事实上，如果我们简化对游戏内文本的叙述，游戏看起来可能会索然无味，无非是某人取胜而另一些人失败而已。游戏不同于电影的地方恰恰在于，取胜的不总是一个人，一个人不能永远取胜，而在电影或戏剧中，哈姆雷特的父亲总是要被毒死，倘若他死而复生为自己报仇，那就是另外一出戏了。之所以会出现将游戏与戏剧、电影混同，正是将游戏内文本当作游戏文本审视的结果。

其四，游戏元文本：关于游戏文本的文本就是游戏元文本。游戏测评、游戏攻略、游戏评论等皆是游戏元文本。如同流行书籍上的“腰封”（经常宣传此书由某某人推荐），电影上映之前诸多媒体和电影评论人的“造势”活动，电子游戏的元文本也通常是在游戏发售之前出现的。专业的游戏玩家或游戏网站给出游戏测评，继而玩家选择是否购买该游戏。

游戏文本何以是个符号文本？

赵毅衡先生曾指出，“符号文本”的判定需满足如下两个条件：“1. 一些符号被组织进一个符号组合中。2. 此符号链可以被接受者理解为具有合一的时间和意义向度。”[①]

游戏完全符合这两个条件。首先，游戏是游戏设计者（对于很多传统游戏而言，其设计者是谁已经无从考证，并且对于大多数游戏而言，游戏设计者并非一人，但这不妨碍我们从逻辑上以此来设定游戏文本的编码者）将多种符号锚定在具体形式上的结果。以国际象棋为例，可能会得到一个非常具有启发性的结论。国际象棋的棋子通常雕刻出马头、皇冠等样态，以此来表明不同的棋子具有不同的“值”。符号学家皮尔斯将符号分为三种：像似符号（icon）、指示符号（index）以及规约符号（symbol）[②]。从棋子形态及其被规定的运行方

① 赵毅衡：《符号学：原理与推演》，南京：南京大学出版社，2011年版，第43页。

② Charles S. Peirce, “Logic as Semiotics: The Theory of Signs”, in Rober E. Innis, ed. *Semiotics: An Introductory Anthology*, Indiana University Press, 1985, pp. 9-19.

式（“马走日、象斜行、车直行”）来看，它们似乎是像似符号，但我们同时又会有这样的疑问，倘若是像似，为何“王”如此“谨小慎微”（“王”每步限走一格），而“后”却“横行霸道”（“后”是威力最大的子）？我们很难得到满意的解释。退一步讲，假如不用具体雕刻的棋子，只标示棋子的名称，也并不影响棋手对弈。事实上，棋子的形态并不是规则的一部分，对棋子的“值”的规定才是规则使然。

前文提到游戏规则，如我们所能见到的游戏规则几乎都是标准的“规约符号”，规则（规定的是棋子的意义和运行）是游戏设计者强制编码的产物。中国象棋也有以动物或器物来命名的棋子，但棋子的“值”和运行方式皆是规则设计的产物，也许起初它们是以“像似符号”登上历史舞台的，但如今，其像似性已经所剩无几。既然是“规约”，就体现着编码者的意图，游戏规则最大的特点就是力求公平，确保参与者都有取胜的机会，因而，在今天，游戏规则的设计大都交给了计算机，凭借其精密的运算来实现各种游戏角色之间的平衡。象棋中不同的棋子称谓和运行规则是保证象棋游戏正常运行的关键因素，是非常鲜明的符号例证。

其次，游戏可以被审视、理解，游戏形式可以被移植、模仿。荷兰人约翰·赫伊津哈的著作《游戏的人》认为，游戏先于人类文明产生，故而并不是具体文化的表征。作为一种与原始生产生活活动并生的人类活动，游戏直接或间接推动了人类文明的产生和发展，诸多论证都表明，游戏对于法律、艺术、哲学、宗教等的发展成熟都具有不可替代的重要作用。众多关于游戏或借以游戏进行的阐述都间接说明，游戏能够被理解，并且可以得到诸多阐释。

游戏表意吗？

基于此，我们称游戏是个符号文本。既然是符号文本，就必然涉及表意问题。一般来说，对于一个符号表意过程，存在三种“意义”：发送者的“意图意义”，符号文本携带的“文本意义”和接受者的“解释意义”。[1]

严格来说，游戏文本并没有所谓的意义“发送者”，游戏是需要主体参与

① 赵毅衡：《符号学：原理与推演》，南京：南京大学出版社，2011年版，第50页。

的活动，同一游戏不同的游戏者来参与，其形态可能大相径庭，比如足球比赛中就存在所谓的巴西足球风格、荷兰足球风格和德国足球风格，没有人可以预先设定游戏的具体形态，游戏的特殊之处在于，游戏者也参与了游戏文本的形成。不过，我们可以说，游戏设计者是游戏文本“底本”的制造者，同一游戏，无论怎么变，总要遵循游戏最初的规则设定，因而，游戏设计者对于游戏文本的形成最有发言权，在这个意义上可以被看作意义的“发送者”。

对于那些流传已久的游戏，其游戏设计者已无从考证，只能从文献记载中窥知其“意图意义”。柏拉图在《法篇》中假托“雅典人”之口说：“我们要在玩游戏中度过我们的一生……由此获得上苍的恩宠，并且在我们不得不与敌人战斗时，驱逐敌人和征服敌人。”[①] 由此，他明确指出游戏的设计意图是培养对共同体或城邦有益的人才，通过游戏竞技的方式锻炼身心，“既有利于国家又有利于家庭”[②]。我们也不难看出，古希腊的各种竞技体育游戏在设计上与格斗、战争关系密切。

中国象棋也是一例，如北宋晁补之在《广象戏格·序》中写道：“象戏兵戏也，黄帝之战驱猛兽以为阵；象，兽之雄也，故戏兵以象戏名之。”[③] 中国象棋的起源是演练兵法，因而才有“车、马、炮”等作战单位的设计。

值得庆幸的是，今天我们能够十分清楚地知晓游戏的设计者是谁——电子游戏开发公司就是游戏意图意义的发送者，尤其是一些小游戏，几乎完全出自一二人之手，他们对自己的“作品”拥有绝对的发言权。但出于对产品的保护和营销上的策略，游戏上市出品之前，开发公司对此总是讳莫如深。

2009 年至 2010 年最炙手可热的小游戏《植物大战僵尸》的制作者约翰·维奇（John Vechey）在接受媒体采访时说：“这是一个关于僵尸的游戏，但都是些笨笨的卡通僵尸，所以不会有恐怖的感觉”，“做这个游戏只是出于个人喜好而已。我不会把游戏设计看得过于严肃，但也不会随意迎合玩家的低级趣味。所以当我开始创作《植物大战僵尸》时，我确定它能在主题和趣味上达到真正的平衡。在游戏中你能拥有这些娇媚的植物，但僵尸的存在能使整个游戏

---

① 柏拉图：《柏拉图全集》第三卷，王晓朝译，北京：人民出版社，2003 年版，第 561 页。

② 柏拉图：《柏拉图全集》第三卷，王晓朝译，北京：人民出版社，2003 年版，第 552 页。

③ 马端临：《文献通考》卷二二九，经籍五六，杂艺术，北京：商务印书馆，2006 年版，第 1833 页。

画面不会过于甜蜜”①。显然，他对这一游戏文本的解释相当简单明确，这是个以打僵尸为主题的小游戏，创作它就是“个人喜好”。

游戏文本自身能否表意，或者说携带比较明确的文本意义呢？我们只能在一些特殊的游戏上看到游戏自身表意的例子。如广告游戏、军事模拟游戏、驾驶模拟游戏等。在这些例子中，游戏被赋予了明确的意图，这些意图首先是游戏设计者赋予的，其次在游戏中也有明确的体现，成为游戏的“文本意义”。不过，在这类游戏中，文本意义是否能够抵达游戏者呢？值得怀疑。军事模拟游戏本意是用来训练士兵团队作战的，一旦流入寻常百姓家，就变成了纯粹的娱乐消遣，文本意义不再有效。而一个普通人可能一辈子都没有机会开飞机，他去玩耍模拟飞行驾驶游戏，也就只能说是体验一下冲上云霄的感觉。游戏的文本意义究竟为何？恐怕很难说清楚。

文本意义最终还要看接收者的态度。游戏文本的接收者是谁？前文已经有所提示，游戏者只是“游戏内文本”的接收者，游戏者本身就参与了游戏文本的构成，而研究者才是游戏文本的真正解读者。首先，存在大量游戏研究文献这一事实即表明，游戏文本存在意义，只是意义太过庞杂，无法使用统一的口径去解读。事实上，这正是游戏研究的意义所在。其次，“所有的符号文本，都是文本与伴随文本的结合体”②。对游戏文本的阐释无法回避各种“伴随文本”的携带意义，故而，从历史、文化批评、社会学、软件设计等多个角度进行的游戏研究均有其特殊的意义。

综上所述，我们可以这么说，游戏文本自身很难明确表意，从皮尔斯的“符号三元原则”来看，游戏文本并没有十分明确的“符号－对象”的意义向度，却提供了几乎无所不包的“解释项”。由此，游戏学研究才可以无止境地延续下去。而以符号学对游戏文本进行穿透，其意义首先正在于对这一状况进行梳理和廓清，以期规范有效地解读游戏意义。

结　语

为何我要用很长的篇幅对游戏文本进行阐述呢？因为在游戏研究领域，长

① 转引自：http://www.gamersky.com/news/201103/171881.shtml。

② 赵毅衡：《符号学：原理与推演》，南京：南京大学出版社，2011年版，第144页。

期存在对游玩事实、游戏文本、游戏内文本的混用。大部分的电子游戏研究者也同时是游戏设计者和玩家，他们会以游戏者的角度来审视整个游戏，因而，他们所解读的更多的是“游戏内文本”；而与此同时，研究者又常常会跳出游戏，对“游戏文本”进行审视，如对人机交互方式提出见解。两种论述杂糅，无疑使论述变得极为混乱。使用符号学理论重新廓清游戏可以让我们认清研究的不同维度，清晰明确地解决这一问题。

显然，游戏符号学拥有强大的理论优势，此文只是“小荷才露尖尖角”而已。

（原文发表于《中外文化与文论》2011 年第 1 期：202—212）

体育符号研究的发展述评

◎魏　伟①

符号学研究肇始于20世纪初，在欧美几乎同时分别由瑞士语言学家费尔迪南·德·索绪尔和美国哲学家查尔斯·桑德斯·皮尔斯创立。随着第二代和第三代符号学家的努力，体育符号研究逐渐起步。到20世纪70年代以后，体育符号研究已经成为体育人文社会学学者不可多得的研究利器。虽然“体育符号学”这个提法恐怕还有待学理的进一步论证，但体育学与符号学的有机结合是不可阻挡的。

今天，体育符号研究日益成为符号学研究的热点。从事体育符号研究的学者遍布社会学、体育学、传播学、文化研究等领域。当下的体育符号研究主要集中在身体文化、竞技体育、体育神话在奇观赛事中的建构以及各类体育形象的符号意义等，运用的主要研究方法不外乎双轴关系、无限衍义、符号方阵、符指过程分析等传统的符号学研究方法。由于至今尚无具有深远影响力的专著问世，因此很难说体育符号学已建构起成型的学科体系。但体育文化现象，尤其是体育“奇观”作为重要的媒介事件使体育正在从当代文化的边缘走向核心。第二代符号学研究者中的代表人物敏锐地洞察到这一嬗变历程，他们纷纷以体育文化和体育社会现状为研究对象展开论述。可以说，这些符号学先驱推动了体育符号研究的发展，使其有不得不向前拓展之势。

---

① 魏伟，北京外国语大学国际新闻与传播学院教授，国际体育传播与外交研究中心主任，佛罗里达州立大学传播学博士后，博士生导师。

1. 符号学先驱的体育符号思想理论

当前体育符号研究的逻辑起点大都肇始于罗兰·巴尔特、让·波德里亚、皮埃尔·布尔迪厄和翁贝托·艾柯等第二代和第三代符号学家的早期符号学研究。虽然他们在体育符号领域的研究不成体系，多呈现散文体和碎片化的特征，但有些精辟独到的观点依然能够成为后续研究者重要的理论依据。

1.1 罗兰·巴尔特的体育符号思想

在众多的符号学家的研究中，法国符号学家罗兰·巴尔特对体育符号的研究相对更呈体系化和规模化。在《神话学》这本早期著作中，《摔角世界》成为开篇之作，是所有神话论述中篇幅最大的，也被巴尔特认为是最重要的一篇论述。[①] 由于这里列举的摔角有别于竞技比赛中的摔跤项目，因此罗兰·巴尔特在此构建的应当被更准确地定义为“体育游戏的符号学分析……在这里，巴尔特随心所欲地构建起一个复杂的身体符号系统，在这个系统中的每个元素几乎都直接或间接地服务于他对于摔角手的刻画”[②]。文章从摔角运动员的着装、神情、动作和比赛中各种行为等一系列符码对摔角作出了由表及里的符号学论述，从微观——摔角运动中的“苦难”呈现，到中观——有关摔角之于古罗马斗兽场表演的隐喻，再到宏观——摔角在西方娱乐工业中所处的特殊地位。巴尔特通过对摔角手的身型符号与痛苦消费、摔角比赛中能指与所指的脱节和摔角比赛共时系统与聚合轴的分析，“让体育符号研究分析有了较为明确的研究范式和框架”[③]。

《神话学》法语原著中的另一篇重要作品《作为史诗的环法大赛》没有被英文版辑录，但它是罗兰·巴尔特符号研究的重要内容，甚至可以被称为“体

---

① Barthes, R. “Le Monde où l'on Catche”. *Mythologies*. Paris: Seuil, 1957, pp. 13—23.

② 任文，魏伟：《奇观体育与体育奇观：罗兰·巴尔特的符号学体育赛事观》，《体育科学》，2011年第11期。

③ 任文，魏伟：《奇观体育与体育奇观：罗兰·巴尔特的符号学体育赛事观》，《体育科学》，2011年第11期。

育符号研究的奠基作品”[①]。这篇文章以 1955 年史诗般的环法自行车赛为对象，通过对运动员的符义学研究视角的挖掘，对环法大赛自然符号的书写，对体育运动“领先、跟随、逃避和崩溃”四种行为符码的勾勒，提出了体育道德的符号悖论，指出“在用于牺牲的悲剧伦理与现代竞技的现实主义需求之间，在理想之一的悲剧伦理与现代竞技的现实主义需求之间，是体育道德的混杂与悖论”[②]。因此，这篇文章建构了一套比较清晰的体育符号分析系统，足以成为后续研究的范本。

1960 年，巴尔特受加拿大魁北克电视台之邀为体育纪录片《人类的体育》撰写解说词。纪录片里包含西班牙式斗牛、F－1 赛车、环法自行车赛、加拿大冰球、英格兰足球等多个男性特征明显的运动项目，后来被集结成《什么是体育》一书出版。[③] 巴尔特通过“死亡的悲喜剧”“多重悖论”“体育的力量”“跨越”以及“体育的实质”等章节的书写，令“体育运动中的各种社会意指变得丰富多彩，开始打破结构主义符号学中能指与所指之间传统的二元对立，符号传递意义的能力被重新定义”[④]。自此，巴尔特构建起了体育符号研究的基本路径和方法，这成为后续研究者从事体育符号微观研究的宝典。

1.2 皮埃尔·布尔迪厄的体育符号思想

法国社会学家皮埃尔·布尔迪厄对体育现象的兴趣更浓。他在多部论著中通过对体育现象的论述发展了他的体育符号思想。在《男性统治》一书中，布尔迪厄就身体的社会构造、男性气概与暴力等问题进行了精辟的阐释，其中不少意指过程和表述运用了经典的符号学研究方法。[⑤]

布尔迪厄于 1983 年 7 月在“体育、社会阶层与亚文化”国际社会科学会议上宣讲的论文《体育社会学计划》被公认为法国体育社会学的开篇之作。前

---

① Barthes, R. “Le Tour de France Comme Épopée”. *Mythologies*. Paris: Seuil, 1957, pp. 103－113.

② 任文，魏伟：《奇观体育与体育奇观：罗兰·巴尔特的符号学体育赛事观》，《体育科学》，2011 年第 11 期。

③ Barthes, R. *What is Sport*? Translated by Howard, R. New Haven: Yale University Press, 2007.

④ 任文，魏伟：《奇观体育与体育奇观：罗兰·巴尔特的符号学体育赛事观》，《体育科学》，2011 年第 11 期。

⑤ Bourdieu, P. *La Domination Masculine*. Paris: Seuil, 1998.

期受艾米利·涂尔干结构主义影响深厚的布尔迪厄在论文中运用自己之前提出的场域论，提出了体育社会学的构架，指出："在一个场域中，各种因素和各种机制是以多种不同力量的形式，在一个建构性的规则下和一定的游戏空间中，处于相互角力的过程。在场域中支配方已有办法消除抵抗和对支配权的质疑。"① 布尔迪厄的这一研究几乎成为法国体育社会学的代名词。

此外，布尔迪厄还在多部著作中论及体育与权力、经济的关系，例如他于1992年10月2日在柏林参加"体育的哲学社会学年会"时的发言文章《奥林匹克——日程分析》，通过能指与所指、外延与内涵的关系，对电视呈现的奥林匹克运动会进行了符号学分析。他指出："隐含的所指，是电视录制并播出的情景，是展现在赛场上看上去没有什么民族差异的片段经过各国处理后的结果。这是个双重掩藏的客体，一是谁也无法得窥全貌，二是谁也无法瞥见它是否被瞥见，因为每个观众都误以为自己看到了真正的奥运盛会。"② 布尔迪厄的"场域论"和"习性"理论对体育社会学的影响相当深远，运用这一理论进行的实证研究在全球范围内有百个以上。

1.3 让·波德里亚的体育符号思想

法国后现代主义的标志性人物让·波德里亚在自己的多部著作中论及了当代体育文化的重要影响和符号意义。在著名的旅游传记《美国》中，他先后对流行于美国的慢跑、纽约马拉松赛、霹雳舞等体育和娱乐运动展开了巴尔特《神话学》式的符号学解析。"马拉松是一种表演式的自杀形式，一种广告体的自杀形式。跑步是为了证明自己有能力超越自己的极限，为了证明自己有能力达到终点。"③《美国》当中论述的恰好是欧洲体育中不常见的运动项目。

波德里亚对体育社会现象的描述大都运用到了反讽的修辞手法。例如在《冷记忆4》中，他有力地讽刺了1996年在亚特兰大举行的百年奥运盛典。尤其是在提到随后进行的残奥会时，他指出"剩下的只有把性也作为奥运会的一个比赛项目：性奥运会。如同在亚特兰大那样，为性障碍者举行同样的一个运

① Bourdieu, P. "Programme Pour une Sociologie du Sport". *Chosés Dites* Paris: de Munuit, 1987, p. 208.

② Bourdieu, P. *Sur la Télévision*. Paris: Liber, 1996, p. 80.

③ Baudrillard, J. *Amérique*. Paris: Grasset & Fasquelle, 1986, p. 46.

动会”①。在这里，波德里亚清楚地提出了体育在当代社会中起到的去符号化功能。“体育运动中的暴力不属于真实的冲突，它通过对想象暴力的分流来消除真实的冲突……因为足球和世界杯，体育偷走了属于政治的民族凝聚力，整个政治进入了体育运动场——如同拜占庭帝国的命运进入了赛马场的赛马中那样。”②

让·波德里亚在其重要著作《符号政治经济学批判》中将体育与“失利”联结起来。波德里亚在此论述了价值与符号的矛盾关系。“在比赛中获得胜利，运动员就激活了完整的价值体系，由此他也换来了个人的名誉地位。”③ 但在现实的符号世界中，欲望是无法通过幽灵般的构造来满足的，反而可能会引来由欲望带来的可耻的失败。

此外，波德里亚在《拟仿物与仿像》《邪恶的透明性》《致命的策略》《消失的屏幕》等十余部代表作品中多次论及，当代体育文化，尤其是作为现代文化中“超现实”代表的体育媒介文化正在扮演着不可忽视的重要作用。

在波德里亚生前的最后一部著作《嘉年华与食人族》中，他探讨了2006年世界杯上齐达内头顶马特拉齐事件。④ 他摒弃了自己在《海湾战争不曾发生》中提出的“当战争进入新闻，已经不再是一场实在的战争，而变成一场虚拟的战争”⑤ 的观点，不仅明确了这一事件是客观存在的，而且认为这是一起不折不扣的“恐怖事件”。他对齐达内这一令人瞠目的举动的描述反讽到了极致，认为是齐达内“让整个决赛从表演的高潮达到功能障碍的高潮，他以华丽的举动来反对美好的事物，瞬间在全球化的中心突出地证明了虚无”⑥。波德里亚的体育符号思想贯穿于他的许多著作中，深刻影响着后续的体育符号研究者。

1.4 翁贝托·艾柯的体育符号思想

意大利符号学家翁贝托·艾柯持典型的消极体育观，他对意大利人最关注

① Baudrillard, J. *Cool Memeries IV*: 1995－2000. Paris: Galilée, 2000, p. 52.
② Baudrillard, J. *Cool Memeries IV*: 1995－2000. Paris: Galilée, 2000, p. 52.
③ Baudrillard, J. *L'échange Symbolique et la Mort*. Paris: Gallimard, 1976, p. 121.
④ Baudrillard, J. *Carnaval & Cannibale*, *Le Mal Ventriloque*. Paris: L'Herne, 2008, pp. 68－82.
⑤ Baudrillard, J. *La Guerre du Golfe N'a pas eu Lieu*. Paris: Galilée, 1991, pp. 66－70.
⑥ Baudrillard, J. *Carnaval & Cannibale*, *Le Mal Ventriloque*. Paris: L'Herne, 2008, pp. 68－82.

的足球比赛给予了较多的关注。在《游走于超现实之中》一书中，他对世界杯这项“奇观”赛事带来的特殊社会现象展开了研究，以《体育闲谈》和《世界杯与壮观景象》两篇文章，通过无限衍义等符号学原理，清楚地阐释了他的消极体育观：“体育运动是被‘废物’的观点统治的，所有的体育运动都是做无用功……足球运动员就是一群怪物，是上帝也耻笑的人，他们用类似艺伎一般裹过的压缩和退化了的脚来实现全盘机械化。”① 虽然他极尽作家之能事地批判了一切与足球相关的事物，文章实质上却反映出身为符号学家的他无时无刻不在关注社会上的各种体育文化现象。

这些符号学先哲在经意或不经意之间充盈着体育符号研究的一个个空白点，使之成为后续研究的基础理论。在这些体育符号思想的影响下，体育符号研究的发展逐渐勃兴。

2. 国内体育符号研究的发展历程

国内体育符号的研究起步较晚，在 2000 年以前几乎没有多少相关研究。进入 21 世纪以后，国内不少体育和文化学者纷纷使用符号学或相关领域的基本原理对体育文化现象展开研究，取得了不容小觑的进展。周二三运用罗兰·巴尔特的能指、所指关系对体育活动进行宏观的符号学解读，提出体育是竞技、健康、交往和休闲娱乐的符号。② 但其运用的法国经典符号理论停留在符号学研究的初级层面，对体育符号本质的研究有待深化。杨文运、马国强通过无限衍义和像似符号的意指过程分析对体育明星的符号属性、符号结构、符号类型、符号学界定和象征意义展开解读。③ 该研究注重运用符号学基本原理展开个案分析，是国内早期研究的代表性研究之一。何平香的《体育非语言符号探讨》对体育竞技赛事中包括手势和体态语在内的各类符号进行解读④，主要是从语言学的研究维度展开研究，对体育的挖掘尚待提升。张欢华提出，体育不仅是身体的实践，更是符号的实践。当代体育是一种社会神话，是由大众媒

---

① Eco，U. *Il Costume di Casa*. Milan：Fabri－Bompiani，1973，pp. 89－112.

② 周二三：《当代体育活动的符号学解读》，《天津体育学院学报》，2006 年第 6 期。

③ 杨文运，马国强：《体育明星的符号学解读》，《体育学刊》，2007 年第 8 期。

④ 何平香：《体育非语言符号探讨》，《体育文化导刊》，2009 年第 1 期。

介产生的。[①] 他的研究是从较为宏观的层面对体育的符号实践意义进行阐释，几乎没有涉及符号学的理论。张永军从符号消费的视角出发，对体育商品的符号象征性以及体育消费的异化进行了阐释[②]；杨韵对体育消费的符号化现象问题进行了考察，并对体育消费的符号价值进行了分析[③]；类似的研究还有张建会和钟秉枢有关高尔夫运动的符号消费研究。[④] 张宇等在此基础上对体育消费中的符号消费以及体育消费的分层等进行了论述。[⑤] 这些研究的路径基本上是从消费文化的语境出发，与符号学的关系并不明显。任冀军等从符号与体育的关系出发，对体育符号进行了分类，对体育符号的生产展开研究，指出体育符号在人文社会研究领域的适用范围。[⑥] 但该研究更多的是从体育符号现象倒推出学理基础，其研究的路径基本上没有涉及符号学领域。陈伟和郝勤从信息符号理论的角度探讨了体育传播学的学科特征和研究现状，指出非语言符号是体育传播研究的重要内容[⑦]，依然没有运用到符号学研究的常规路径。黎红专、孙德朝试图对"体育强国"进行文化符号学的解析[⑧]，其研究的起点是恩斯特·卡西尔的"人是符号的动物"，其研究中更多探讨的是体育强国的泛符号化而非符号性，因此"文化符号学"的视角也就无从谈起。常先厚从符号和文化哲学出发，对现代中国的体育传播进行了考察，得出"尚力精神"是中国当代体育重要符号的结论。[⑨] 该研究为展开体育符号的国内史学研究提供了一种路径。魏伟的《解读神话：南非世界杯电视转播的符号学研究》运用了符号的双轴关系和罗兰·巴尔特的神话学解读方法，对南非世界杯官方转播机构

---

① 张欢华：《作为符号实践的体育》，《社会》，2003 年第 5 期。

② 张永军：《试论符号消费视角中的体育消费》，《成都体育学院学报》，2006 年第 1 期。

③ 杨韵：《体育消费的符号化现象及其价值分析》，《南京体育学院学报》，2011 年第 3 期。

④ 张建会，钟秉枢：《高尔夫运动的符号消费》，《体育学刊》，2009 年第 9 期。

⑤ 张宇，罗雯，李艳翎：《体育消费中的符号消费及体育消费分层》，《体育与科学》，2012 年第 1 期。

⑥ 任冀军，杨文运，宋旭敏：《体育领域中的符号现象分析》，《武汉体育学院学报》，2011 年第 1 期。

⑦ 陈伟，郝勤：《体育传播学的学科特征与研究现状——兼论体育的传播特征及其信息符号理论》，《体育科学》，2006 年第 6 期。

⑧ 黎红专，孙德朝：《对中国"体育强国"的文化符号学审视》，《南京体育学院学报》，2010 年第 6 期。

⑨ 常先厚：《尚力精神——论现代体育的文化符号价值》，《体育与科学》，2005 年第 2 期。

HBS的影像、同期声、解说、特技和三层神话进行了解读。[①] 他之前对网络体育传播也进行了符号学的研究，运用了无限衍义和格雷马斯述真方阵等符号学研究方法。[②] 这些研究基本上是从微观层面，运用经典符号学原理来阐释的，并无太多的创新点。

总体而言，国内学者的体育符号研究大都停留在为体育研究贴上一个“符号学”标签的层面，较少利用国际学术界公认的经典符号学原理，有的研究甚至根本没有符号学的印迹。体育符号研究的现有成果大多较为零散杂乱，未能形成比较系统的研究体系，但还是为后续研究提供了一定的现实依据。

3. 国外体育符号研究的发展历程

国外的体育符号研究起步较早，研究人员众多，已经取得了一定的成果。《国际体育社会学评论》杂志是早期介入体育符号研究的重要期刊之一。俄罗斯学者萨拉夫发表于1977年第2期的《体育活动中的符号学符码》从大众传播系统中的体育、体育发展中的符号功能、大众文化系统中的体育和体育的再现功能对体育符号进行了探索性的研究[③]，揭开了体育符号研究的序幕。随后，法国学者米歇尔·布埃用经典符号学理论对奥林匹克现象进行了宏观和中观的解读[④]，这是奥林匹克符号研究的开始。匈牙利学者佐尔坦·科维塞斯对体育符义学进行了开拓式的探索。[⑤] 20世纪70年代体育符号研究的另一项成果是英国学者爱德华·巴斯康姆比编辑的《电视中的足球》，书中对1974年德国世界杯的文化和电视符号进行了研究。[⑥] 尽管在今天看来，当时展开的这一系列研究比较粗浅，研究的领域过于宏观，在理论上显得空洞无物，但仍不失为体育符号早期研究代表作品之一。

---

① 魏伟：《解读神话：南非世界杯电视转播的符号学研究》，《中国体育科技》，2011年第2期。

② 魏伟：《网络体育传播的符号学透视》，载张玉田：《新媒体时代的体育新闻传播与教育》，北京：北京体育大学出版社，2010年版。

③ Saraf，M. “Semiotic Signs in Sports Activity”. *International Review for Sociology of Sport*. 1977，12（2），pp. 89—101.

④ Bouet，M. “The Significance of the Olympic Phenomenon：A Preliminary Attempt at Systematic and Semiotic Analysis”. *International Review for Sociology of Sport*. 1977，12（3），pp. 5—21.

⑤ Kövecses，Z. “Toward the Semantics of Sport”. *Semiotica*. 1976，18（4），pp. 313—338.

⑥ Buscombe，E. *Football on Television*. London：British Film Institute，1975.

波兰学者兹比纽·克拉兹克是运用符号学进行体育文化研究的先行者之一。他在20世纪80年代初率先运用符号学方法解读体育与文化之间的关系。① 而后，他将这一成果系统化地呈现在他的专著中。② 到了90年代，他对体育符号的研究进入微观层面，对体育行为的符号学考察成为他的研究重点。③

1997年，德语版《符号学杂志》第4期推出了《体育符号学》专辑，旨在推动体育符号研究的发展。芒德·海茨格的《作为符号学对象的体育》从体育研究的诸多视域展开了符号学探究，是这一系列研究的开篇之作。④ 乔治·弗雷德里希等的《从符号学视域看体育作为一种文化碎片》以宏观的视角来审视体育的文化符号功能。⑤ 托马斯·阿尔克梅耶尔对体育社会表现的符号结构进行了分析，他的研究较为宏观，充满了辩证的色彩。⑥ 莫妮卡·蒂埃勒分析了德国不莱梅体操训练中心的符号价值的意义，进而推广到体育建筑的符号。⑦ 雷纳特·杜尔等对体育运动图示符号的实用性和灵活性进行了研究⑧，主要运用的是康德和皮尔斯的理论。此外，海茨格还对体育活动中的身体表现进行了符号学研究。⑨ 以上这些研究虽然在方法和视域上并无多少创新之处，但也为呼之欲出的体育符号学学科奠定了一定的理论基础。

20世纪80年代中期到90年代后期的体育符号研究延续了之前研究的特

① Krawczyk, Z. "Sport and Culture". *International Review for Sociology of Sport*. 1980, 15 (3-4), pp. 7-18.

② Krawczyk, Z. *Sport I Kultura*. Warsaw: Polish Scientific Publishers, 1981.

③ Krawczyk, Z. "Sport as Symbol". *International Review for Sociology of Sport*. 1996, 31 (4), pp. 429-436.

④ Hietzge, M. "Sport as a Semiotic Object". *Zeitschrift für Semiotik*. 1997, 19 (4), pp. 1-18.

⑤ Friedrich, G. Hildenbrandt, E. "Sport as a Culture Segment from a Semiotic Perspectives". *Zeitschrift für Semiotik*. 1997, 19 (4), pp. 19-42.

⑥ Alkemeyer, T. "Sport a Mimesis of Society: Social Performance in the Symbolic Framework of Sport". *Zeitschrift für Semiotik*. 1997, 19 (4), pp. 43-66.

⑦ Thiele, M. "Signs in Sport Architecture". *Zeitschrift für Semiotik*. 1997, 19 (4), pp. 89-112.

⑧ Dürr, R. Lenk, H. "Functionality and Flexibility of Signs: the Schematization of movements in Sport". *Zeitschrift für Semiotik*. 1997, 19 (4), pp. 113-140.

⑨ Hietzge, M. "Semiotics Processes in the Performance of the Body in Sport". *Zeitschrift für Semiotik*. 1997, 19 (4), pp. 67-88.

点，在类型和视野上不断开拓。比利时学者威伦·赫斯灵对电视体育的图像进行了系统的符号学研究，他以足球、网球和自行车三项受到西欧人喜爱的体育项目为例，运用法国符号学家克里斯蒂安·梅茨的电影符号学理论，探讨了电视体育符号的类型和意义①，其研究较之以往宏大的研究有一定的推进。芬兰学者索雷·维若拉从性别视角对混合团队运动展开了符号学的分析。② 法国体育社会学者帕斯卡尔·杜雷和马里昂·沃尔夫对《队报》中登载过的 21 个冠军进行了体育英雄主义的符号学分析，运用巴尔特和格雷马斯的符号学理论进行了细致的分类。③ 丹麦学者汉斯·邦德从 90 年代起连续运用符号学的方法来研究丹麦体操的历史发展和体操历史上的标志性人物尼尔·布克。④ 美国学者爱德华·阿姆斯特朗运用巴尔特、波德里亚和艾柯的理论，对作为能指的 23 号球衣和作为所指的迈克尔·乔丹进行了符号学研究，在 7 个层面上进行了对比研究。⑤ 这些研究大都开始进入微观层面，研究范式趋于成熟，但理论的原创性似有不足。

进入 21 世纪以后，体育符号研究进入了高度发展的轨道，运用符号学进行体育研究的论文和著作显著增多。英国学者艾利恩·肯尼迪对电视体育中的男性统治进行了符号学和叙述学的探究⑥，而后他在与劳拉·希尔斯编著的《体育、媒介与社会》一书中大量运用了符号学方法，尤其是巴尔特的神话符号学分析方法，对当代社会的体育传播现象展开分析。⑦ 朗·白肖普从波德里亚、德波和詹姆逊的理论出发，运用符号学的方法，对职业体育运动的标识展

---

① Hesling, W. "The Pictorial Representation of Sports on Television". *International Review for Sociology of Sport*. 1986, 21 (2-3), pp. 173-192.

② Viejola, S. "Metaphors of Mixed Team Play". *International Review for Sociology of Sport*. 1994, 29 (1), pp. 31-48.

③ Duret, P. Wolff, M. "The Semiotics of Sport Heroism". *International Review for Sociology of Sport*. 1994, 29 (2), pp. 135-146.

④ Bonde, H. "Farmer's Gymnastics in Denmark in the Late Nineteenth and Early Twentieth Centuries: A Semiotic Analysis of Exercise on Moral Action". *The International Journal of the History of Sport*. 1993, 10 (2), pp. 193-214.

⑤ Armstrong, E. "The Commodified 23, or, Michael Jordan as Text". *Sociology of Sport Journal*. 1996, 13 (4), pp. 325-343.

⑥ Kennedy, E. "Bad Boys and Gentlemen: Gendered Narrative in Televised Sport". *International Review for Sociology of Sport*. 2000, 35 (1), pp. 59-73.

⑦ Kennedy, E. Hills, L. *Sport, Media and Society*. Oxford: Berg, 2009.

开研究。[①] 这是有关体育标识符号研究的一篇比较重要的研究成果。英国学者安东尼·金运用巴尔特的经典符号学阐释，对1992年改革后的欧洲足球进行了符号学分析。[②] 希腊学者克里斯托斯·卡西梅里斯在分析欧洲足球的符号身份时，运用了“足球符指过程”这一提法，他的著作中有多种符号学研究方法。[③] 美国学者乔舒亚·纽曼通过后现代理论结构和符号学的方法，对密西西比大学队吉祥物的符号价值进行了研究，发现这一吉祥物与族群间的差异有着密切的联系。[④] 意大利学者毛利西奥·贝蒂尼对古希腊的体育运动展开了符号学和人类学的分析，这是为数极少的对古代体育运动进行的符号学研究。[⑤] 法国学者大卫·勒·布雷顿对极限运动进行了符号学的分析，尤其是对这项运动“死亡”的符号性进行了比较深入的阐释。[⑥] 吉姆·丹尼森和皮克·马库拉运用巴尔特的符号学方法对埃塞俄比亚田径运动员格布雷希拉西耶的新闻发布会进行了符号分析，其微观之处与巴尔特的《摔角世界》有异曲同工之妙。[⑦]

这一系列研究虽然无法完全构建起体育符号学的学科体系，但体育符号研究已经在视角和广度上迈出了重要的步伐，亟待比较严密的学理论证。

结　语

冷战后，竞技体育成为和平时期国家、地区、民族之间战争的隐喻，因此它受到的关注度大大提升。类似奥运会、足球世界杯这样的“奇观”赛事成为

---

① Bishop, R. “Stealing the Signs: A Semiotic Analysis of the Changing Nature of Professional Sports Logos”. *Social Semiotics*. 2001, 11 (1), pp. 23—41.

② King, A. “The New Symbols of European Football”. *International Review for Sociology of Sport*. 2004, 39 (3), pp. 323—336.

③ Kassimeris, C. *Football Comes Home: Symbolic Identities in European Football*. Lanham: Lexington Books, 2010.

④ Newman, J. “Army of Whiteness? Colonel Reb and the Sporting South’s Cultural and Corporate Symbolic”. *Journal of Sport & Social Issues*. 2007, 31 (4), pp. 315—339.

⑤ Bettini, M. “Signs and Sports in the Ancient World”. *Semiotica*. 2002, 139 (4), pp. 297—309.

⑥ Le Breton, D. “Playing Symbolically with Death in Extreme Sports”. *Body & Society*. 2000, 6 (1), pp. 1—11.

⑦ Denison, J. Markula, P. “The Press Conference as a Performance: Representing Haile Gebrselassie”. *Sociology of Sport Journal*. 2005, 22 (3), pp. 311—335.

联系全人类的纽带。所以，当下体育符号学的研究主要还是围绕着竞技体育展开。对体育明星、体育广告、体育吉祥物和各种体育传播现象展开符号学研究是体育符号学初期发展阶段的重要内容。随着研究的逐渐深入，体育本质、身体文化的形式、群众体育等内容也将逐渐成为研究的热点和重点。

在最近几次体育社会学国际学术会议和奥林匹克科学大会上，运用符号学理论进行体育研究的学术论著显著增多，学术质量也有所提升。尤其可喜的是，部分相关研究开始逐渐摆脱传统符号学的影响，正在形成独立的、有“体育”特色的体育符号理论和观点，这对于体育符号研究无疑是一个福音。可以预见：随着体育产业的逐渐发达，体育文化的日渐勃兴，体育符号研究必将成为当代体育文化研究的重要工具。作为一门独立学科的体育符号学已呼之欲出。

（原文发表于《成都体育学院学报》2012 年第 8 期：1—6）

游戏的文化符号学研究

◎白承国[1]　赵永升[2]

索绪尔与欧洲符号学的复活

符号、行动、叙事、激情、认知、感觉等符号学关键词集中体现了欧洲符号学理论发展的变迁过程。叶尔姆斯列夫（Louis Hjelmslev）、巴尔特（Roland Barthes）、普洛普（Voldimir Propp）、格雷马斯（Algirdas Julien Greimas）等都是根据索绪尔（Ferdinand de Saussure）的符号学概念，在欧洲为构筑符号学理论与方法论作出贡献的代表性人物。《普通语言学教程》的出版已预示了符号学的诞生，在此之后符号学研究者们不断推出新的符号学理论和方法论。索绪尔为研究“世界的符号”而提出的符号学理论可谓是为20世纪欧洲人文学科领域提供崭新研究模式的革命性事件。

1930年索绪尔的弟子薛施霭（Albert Sechehaye）在心理学杂志上发表了题为《语言学幻想》（“Les mirages de linguistiques”）[3] 的论文，认为索绪尔符号学是多学科交叉研究的一把钥匙，可以为心理学、社会学、语言学等学科领域的交叉研究提供理论与方法论，能够激活多学科交叉研究并洞察各种社会

---

① 白承国，韩国仁川人，韩国仁荷大学教授，博士，博士生导师，研究方向为文化产业、文化经营学、文化品牌策划。

② 赵永升，吉林延边人，四川外国语大学东方语学院副教授，博士，研究方向为文化经营学、韩国文化。

③ Charles Albert Sechehaye, *Les mirages de linguistiques*, na, 1930.

现象。同时，该论文暗示索绪尔符号学是欧洲结构主义思想的开端，揭示了欧洲符号学前进的方向，是为欧洲人思维方式研究提供新模式的认知工具。例如，继承索绪尔思想的巴尔特通过对文本、海报、书面广告中的符号进行分析，阐述了符号的意义生成过程，把索绪尔的所指与能指这一概念延伸至现代神话分析中。他的实践充分显示了索绪尔符号学是在生活中研究符号的学问，成功实现了符号学的大众化研究。

引领巴黎符号学派的代表人物格雷马斯在 1956 年发表的论文《索绪尔主义的现在性》（*L'Actualité Saussurisme*），则试图阐明索绪尔符号学理论的影响力及符号学在社会心理学研究领域的有效性，给当时欧洲人提供了结构主义研究模式。格雷马斯同时借助为多学科交叉研究提供新方法论的列维－斯特劳斯（Levi-Strauss）和梅洛·庞蒂（Merleau Ponty）提出的概念，阐明了符号学能够为社会心理学研究作出贡献的缘由。格雷马斯的上述尝试成为此后能够与其弟子方坦尼勒（J. Fontnille）共同出版《激情符号学》（*La sémiotique des passions*）（1992）的原动力。西尔伯贝格（C. Zilberberg）依据对激情符号学的研究与方坦尼勒一同提出了紧张图式（Le schéma de tension），并于 1985 年在符号学杂志《符号学行动》（*Actes Sémiotiques*）上发表了论文《索绪尔的回归?》（“Retour à Saussure?”）。此论文也阐述了格雷马斯肯定索绪尔提出的组合体（syntagme）①、聚合体（paradigme）、体系（système）等符号学概念为欧洲符号学奠定理论基础的事实。1980 年以后，格雷马斯以符号矩阵为工具分析了当时的众多文本，并称其符号学矩阵理论模型是基于索绪尔的价值（Valeur）概念，再次强调索绪尔的理论贡献。

基于索绪尔符号学理论与概念的不断扩张，笔者认为把索绪尔符号学理论与相关概念应用到文化产业研究领域，即以索绪尔的能指、所指及意指（signification）等核心概念分析随着新媒体的空前发展日趋丰富的游戏内容产业（game contents），是一个有意义的尝试。从符号学的观点来看，游戏是在虚拟空间中依据能指和所指的意义作用生成一连串符号系统，再通过电脑视觉效果来表现的集艺术性和技术性为一体的互动型文化产品。本文借用所指、能指、组合体、聚合体、体系等符号学概念分析游戏内容产业，对处于 21 世纪

---

① Claude Zilberberg, “Retour à Saussure?”, *Nouveaux Actes Sémiotiques*, 7. 63 (1985): 1—38.

新媒体核心领域的游戏内容产业进行跨学科研究。

游戏的象征性所指与能指

150年前，索绪尔从语言学的角度说明了所指与能指结合生产符号的观点。这一观点的提出预示了符号学的诞生，而索绪尔的这一符号学思想直到今天也是跨学科研究中的核心概念。格雷马斯和古尔泰斯（Joseph Courtés）在其《符号学词典》中解释道："索绪尔提出所指是在'表现层面'表示符号的物理特性的语素（morphème），而能指是'内容层面'表示意义的词干（lexème）。"① 这种解释显然是对索绪尔符号概念的延伸。此后，丹麦语言学家叶尔姆斯列夫认为索绪尔的符号学概念是"表现层面"和"内容层面"的结合。巴尔特受索绪尔和叶尔姆斯列夫的影响提出了"现代神话模型"理论，把符号学理论推向大众化并应用在文本分析领域。巴尔特用所指与能指概念提出直接意指（denotation）和含蓄意指（connotation）概念，并以此来解读现代神话。自索绪尔的符号学概念诞生以来，经叶尔姆斯列夫再到巴尔特的"现代神话分析模型"，符号学研究扩展到大众领域乃至多学科交叉研究领域。

最近，符号学的理论与方法论在多学科交叉研究领域再次受到关注。索绪尔符号学概念经多位符号学者演绎之后应用到包括文化研究在内的诸多学科领域，尤其是能够创造文化、经济等价值的文化内容产业领域。法国符号学派将文化内容产业定义为："是文化符号的一连串组合创造出的，通过多种交流渠道可商业化的财货。"② 生产文化产品的文化符号在社会、文化的脉络中通过象征所指、象征能指的结合而生成新的符号并在社会上广泛流通。

从符号学的观点来看，多媒体的内容（contents）是由视觉影像和故事情节构成，如游戏是由虚拟空间中构成视觉影像的象征所指和象征能指的结合而构成。游戏中的符号具有实体特征，是所指（游戏的视听要素）和能指（游戏玩家的体验所赋予的意义）结合的产物。因此，游戏含义（signification）生成过程是通过游戏虚拟空间中视听要素等所指的一系列排列再跟能指产生联系

---

① Joseph Courtés, Algirdas Julien Greimas, *Semiotique. Dictionnaire raisonné de la théorie du langage*, Paris: Hachette, 1979, p. 156.

② Jacques Fontanille, *Sémiotique des objets*, Pulim: (S. 1), 2003, p. 19.

的复杂过程，即游戏虚拟空间中的视听符号和玩家体验相结合生成符号的意义。但游戏虚拟空间中排列的象征符号是含蓄意指层面的符号，而非直接意指层面的符号。

在创作领域，对游戏设计师而言想象中的所指是模拟对象（simulation d'object），对玩家而言则是认知的抽象事物。游戏设计师按照游戏策略把各种符号安排在游戏空间中，玩家在聚合体层面选择游戏角色、道具等象征性符号并赋予意义，从而生产出各种符号。游戏虚拟空间中的各种象征符号是根据游戏设计师的选择与判断，安排在组合体层面生成各种符号并构建游戏内容的，即构建游戏的故事，通过游戏设计师想象生成的所指和能指来形成的一系列符号组合最终成为完整的游戏。

游戏是由符号象征体系构成的网络文本。玩家在虚拟空间中选择所指获得游戏的娱乐性，能动地开始意义作用，即玩家在聚合体层面选择想象所指并在组合体层面再次进行分配来重新构建游戏的故事，从而投入（immersion）游戏中。

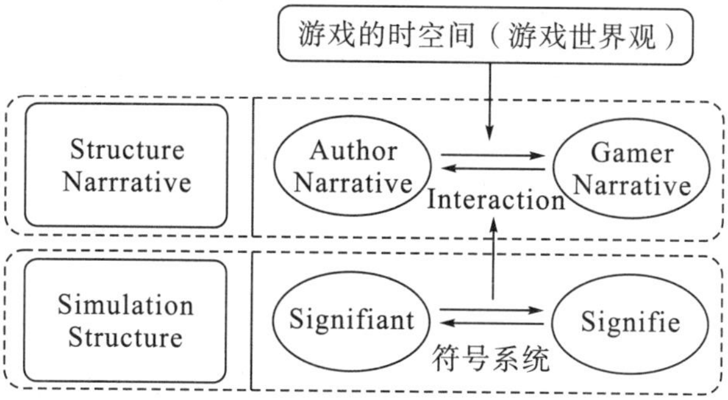

图 1　游戏的符号系统与叙事结构

游戏设计与符号学概念

游戏不只是在游戏的故事情节上排列想象所指，玩家也是在游戏中通过自己选择的想象符号，以扮演“主人公”角色的方式，在投入游戏过程中得到满足。因此，想象所指概念在构思具有互动性的游戏故事情节时显得非常重要。对游戏设计师而言，想象所指是游戏虚拟空间中构建故事的原动力。游戏设计师为实现游戏的历史性、游戏的原型、游戏人物的设定、玩家的空间路径以及游戏的娱乐性等对其想象符号进行总体设计，即游戏设计师首先对游戏界面、游戏探索路径、游戏任务等想象符号进行构思，并将其安排在游戏的故事情节中。游戏设计师是通过想象和创意来构思虚拟空间中存在的“想象符号或模拟对象”的，其构思的想象符号具有能够刺激玩家视知觉的属性，这一属性在玩游戏的过程中表现为玩家的行为特征。如作为想象符号，当“火龙抓到公主”之后，“火龙”可以做出各种不同动作，同时玩家也可以任意控制游戏中的“火龙”。因此，游戏设计师的首要目的是构思游戏的表层结构，即玩家能够认知的游戏主人公、动物、风景、建筑、武器等象征符号，并对游戏进行整体的设计。如果要在游戏中设置白天和夜间等时间要素，就应根据时间的变化来设计背景、音乐、照明等象征符号。

2002 年由著名游戏设计师彼得·莫利纽克斯（Peter Molyneux）设计的模拟战术游戏《黑与白》（*Black & White*）也体现了构成游戏环境的想象符号的作用。该游戏把玩家设定成一个小岛的“神”，为表现“神”的象征性，把手设计成想象符，玩家的化身便是人的手。在游戏空间设计上，小岛居民、动物、植物、建筑等想象所指呈现游戏空间；在游戏时间设计上，玩家可通过昼夜的气候变化感知时间的流逝。在游戏中，“神”为了完成游戏任务拥有助力者——“天使”，“天使”在游戏中起着给玩家提供信息的作用，玩家在“天使”的帮助下最大限度地保护“信徒”。玩家在游戏中处于善与恶的双重对立叙事结构中，扮演双重角色，其一是拥有爱与宽容的“神”的角色，其二是恐吓犯罪嫌疑人的角色。

从符号学的观点出发，游戏设计师创造了想象符号并把它安排在游戏的叙事结构中。通过游戏设计师的一系列创作活动，玩家在游戏中自由选择想象符号，按照预先设计的故事情节再次设计游戏虚拟空间。游戏虚拟空间总体设计给负责设计游戏视觉效果、音响效果以及游戏程序语言等的设计者提供思路和方向，因此，设计师的总体设计在游戏制作过程中占重要地位。

游戏设计师在设计游戏前首先应考虑游戏可玩性（Gameplay）。游戏可玩性是指能使玩家对游戏产生兴趣，并且使玩家投入游戏的重要因素，为提高玩家对游戏的兴趣，除设定多种游戏规则外还要与玩家互动，提高游戏与玩家的互动性。在此借用索绪尔的聚合体概念，在聚合体层面，游戏中安排的各种想象符号可增加玩家的选择自由度，罗林（Rolling）曾经研究过游戏可玩性并提出确定玩家选择自由度的原则。首先从聚合体层面，可供选择的游戏道具、角色、场景等要素应使玩家产生兴趣。使玩家产生兴趣的游戏并非总是玩家能够获胜的游戏，正如“石头剪子布”一样有概率因素，即在游戏中玩家能够选择的想象符号是有限的，玩家选择的工具不同所产生的兴趣强度也就不同。接下来是游戏规则的公正性，游戏规则应在玩家的可预料范围内，玩家冒险、完成任务等一系列过程是游戏聚合体层面选择各种想象符号的过程。

在聚合体层面对想象符号的选择和在组合体层面对想象符号的组合是符号学的基本逻辑，这可以对游戏题材的选择提供诸多帮助。彼得·约尔（Peter Jul）研究游戏时指出：按照游戏规则强调玩家的符号组合的游戏叫作新兴游戏（jeux d'emergence），根据游戏情节构成的游戏叫作进展游戏（jeux d'eprogression）。区分以上两种游戏的最好方法是看玩家的对抗能力。最具代表性的新兴游戏是《俄罗斯方块》，在该游戏中玩家可以跟性能较差的电脑“对抗”。在有些战略性游戏中，玩家首先通过反复的“失败”认知游戏、弄清游戏的规则，并根据游戏任务选择相应战略，以游戏故事情节为主的、有多任务的战略性游戏或冒险游戏等均属于进展游戏。当然，在这类游戏中，游戏规则或许会限制玩家的判断与自由选择，并要求按照事先编好的游戏故事情节来进行，因此玩家的自由度会有所下降。进展游戏更多地保障了玩家的自由选择度，根据玩家的判断和偶发游戏情节（random story）来进行互动的游戏是角色扮演游戏（RPG），这类游戏向玩家提供“无限”任务，以让玩家投入游戏。

符号学的能动意义作用

截至20世纪80年代，受索绪尔符号学影响的欧洲符号学派把符号学定义为研究符号系统的学问。巴尔特和翁贝托·艾柯（Umberto Eco）等人提出的所指与能指结合生成符号的含蓄意指这一新的符号学理论和方法论则为符号学研究的大众化作出了贡献。在此之后，符号学研究方向从索绪尔符号系统的研究转到符号意义系统的研究。1966年，格雷马斯在其著作《结构意义论》

（*Semantique Structural*）中提到“语言不是符号系统，而是意义结构的组合”①，对索绪尔的符号系统理论提出质疑。此后，1979 年古尔泰斯与格雷马斯编撰的《符号学词典》明确了符号学的学科属性，即“符号学理论是研究意义的理论，是研究意义生成和意义的捕捉条件”②。格雷马斯提出的关于符号意义作用的研究把索绪尔符号概念延伸至话语和文本研究领域。

目前，在符号学的能动作用研究潮流中，欧洲处于领先地位。引领巴黎符号学派的方坦尼勒在 2004 年以“共感觉”（synesthesia）为主题的学术会议上，借用意义作用概念从符号学的角度定义了“storytelling”。方坦尼勒解释道：“‘storytelling’是为引导玩家尽情投入游戏而设置的各种视觉和叙事装置，通过玩家的能动意义作用（signification），使玩家始终投入游戏的装置。”③ 对于“storytelling”，方坦尼勒从两个层面进行了说明：一是从玩家的角度，包括玩家的能动意义作用与使玩家能够投入游戏的战略层面；二是关于“storytelling”作用的符号学层面，从符号学观点来看，“storytelling”是游戏与玩家的互动性、玩家的游戏投入及对“storytelling”装置的方法论问题。

玩家的能动意义作用是以游戏的互动性为前提的，互动性是玩家对游戏刺激迅速做出反应的意义作用。通过感觉器官，玩家感受游戏视觉效果，认知游戏内容、规则等。这些与游戏的互动性活动等统称为能动的意义作用，具体来说就是玩家把握到虚拟空间中视觉符号的作用与功能之后对游戏赋予意义的活动。游戏的虚拟空间是由游戏设计师安排的符号总体构成的，事实上玩家的互动性首先是从解读虚拟空间中的总体符号开始，再通过玩家的意义作用来实现的。聚合体层面分布的视觉符号在组合体层面得以重新排列，具有游戏性的互动性活动就是玩家的能动意义作用。但从感知系统层面来看，仅仅依靠玩家感觉系统的意义作用是不考虑游戏内容因素的，只是在视觉层面上展开的互动。④

游戏互动性可以从技术角度定义，但笔者认为应更多地从交互

---

① Algirdas Julien Greimas，*Sémantique Structurale*，Paris：Hachette，1966，p. 20.

② Joseph Courtés，Algirdas Julien Greimas，*Semiotique. Dictionnaire raisonné de la théorie du langage*，Paris：Hachette，1979，p. 345.

③ Jacques Fontanille，“Synesthèsia et Sémiotique”，Université de Limoges，2004.

④ 白承国：《基于 Storytelling 的游戏策划方法论研究：以文化符号学方法论为主》，韩国法国学学会，2007。

(communication) 层面思考。如从独立性来看，电影展开过程或与观众的行为反应不一致，这是因为观众根据个人经验来解释或理解电影，观众的行为是不跟电影叙事结构重叠在一起的。艾柯用“故事”(“fabula”，意大利语)[①] 概念阐述了观众的解释行为和电影叙事的独立性。但在游戏中，因互动性起作用，玩家可以积极参与到游戏的叙事结构中，且根据虚拟空间中的实际情况，自行选择、判断和解释游戏并构建自己的故事。如《超级马里奥》《雷曼》等游戏中，玩家收集想象符号的同时，要避开受到“威胁”的想象符号，以此方式投入游戏，使游戏更加生动有趣。游戏互动性在一些战术游戏中表现得更突出，特别是在模拟游戏《模拟城市》中，玩家可根据自己的意志在游戏空间中穿梭，正如玩家是虚拟空间里的“统治者”，这给了玩家很大的自由度。玩家在游戏中并不是根据一连串刺激做出反应，而是根据比较慎重的判断与思考做出反应，以此来与游戏进行互动。

游戏空间中玩家的互动分别发生在以下三个阶段。首先是玩家接触游戏界面，了解游戏规则、具体操作方法等；其次是玩家发现自己选择的人物拥有的潜力，与该人物合为“一体”；最后是通过玩游戏的过程，玩家象征性地体验并对游戏有了新的认知。如要求玩家在虚拟空间中具备空间感知能力的《俄罗斯方块》也是基于互动性这一原理开发的游戏。在这一游戏中，玩家利用游戏键盘调整从游戏界面上端掉下来的方块的方向，并将其填充到游戏界面下端的空间中，与游戏进行互动。

玩家的投入与游戏难度设计

玩家喜欢的游戏有什么特征？首先是有好的视觉效果，即游戏画面和动漫效果逼真、生动等。玩家希望游戏中出现电影般的视觉效果，并以此为基础切身体验处在虚拟三维空间中的感觉。玩家在虚拟的三维空间中，与自己选择的游戏人物一道探索游戏虚拟空间，与游戏实现自由互动。其次是玩家投入程度高。在一对一简单互动的游戏中，如果玩家无反应，游戏就不能继续进行，因此玩家大多喜欢战略性和战术性的游戏，这一点能够使他们充分投入游戏。

---

① Uberto Eco, *Lector in fabula*, Paris: Grasset & Fasqelle, 1985, p. 315.

从符号学观点来看，玩家对游戏的投入是在视听层面和游戏内容层面得以实现的。玩家通过完成每一阶段游戏任务逐渐投入游戏，大体来看有两种投入模式，一是属于感知层面的游戏视觉效果和游戏界面带来的技术性投入（immersion technique），技术性投入主要发生在游戏规则、游戏界面和玩家之间；二是从叙事角度诱发的想象性投入（immersion fictionelle），这一投入是通过游戏的故事情节诱发玩家的通感（synesthesia）。符号学认为玩家是通过游戏视听要素、游戏规则、游戏情节等因素相互协调从而对游戏产生绝对兴趣，玩家处于绝对兴趣状态即尽情投入游戏。玩家在玩游戏的过程中要求进入由想象符号诱发的技术性投入状态和由游戏故事情节诱发的想象性投入状态。克劳德·贝布尔（Claude Baible）曾借鉴电影投入过程研究游戏投入，指出观众通过心理上的反复紧张与放松过程投入电影故事情节中。存储在观众长期记忆里的信息，通过电影中安排的各种符号刺激，与观众的记忆产生联系，因此观众不是“观看”电影，而是把个人记忆中的符号通过电影内容再现，最终与观众的情感联系在一起。

游戏玩家与电影观众表现出不同的心理图式，是因为玩家是游戏的积极参与者，这一参与带有判断与选择的前提。对游戏玩家来说，心理上的紧张与放松并不是根据游戏内容的节奏而变化，而是根据玩家的选择与判断以及是否完成游戏任务而变化。如在游戏《最终幻想》（*Final Fantasy*）中，玩家可根据等级对抗游戏中的各种外来生命体，游戏根据玩家完成该任务的情况来判断玩家能力水平之后，玩家才能进入下一等级阶段的任务。从符号学的观点来看，这种虚拟游戏是不以线性排列的故事组合的想象世界，线性的故事不能描绘虚拟空间中的各种游戏想象符号，游戏应首先描绘想象符号来展开故事。根据游戏的内容，游戏设计师要设计出与游戏等级符合的任务，游戏等级是使玩家互动性可具体化的众多故事内容之一。玩家完成前一等级任务之后再完成下一任务，因此游戏任务应与游戏目标联系在一起。这一点在符号学叙事中被看作一个叙事程序（programme narratif）。玩家获得游戏中的价值对象或消除游戏中的异己等，因此游戏的“叙事程序”是玩家通过游戏行为不断改变自身状态，使其投入游戏的叙事装置。

“叙事程序”在冒险游戏中表现尤为突出，在这类游戏中，“叙事程序”的设计显得更加重要。游戏研究者把游戏等级定义为“连续的冒险集合体”。为完成这一冒险集合体，玩家要通过理解游戏探险的目标、扫除障碍等方式来将注意力集中在完成游戏任务上。但这些冒险过程不是完全固定的，玩家或许在同一时刻会遇到多个冒险任务，且在某一等级的游戏过程中提高完成任务的能力，获得游戏中的价值对象并进入下一个游戏等级。

在欧洲盛行的冒险游戏《侠盗猎车手》(*Grand Theft Auto*)中，玩家在城市中扮演流氓角色，服从雇主的命令，通过除掉异己来完成相应游戏任务。每一个游戏等级都由几个不同的“叙事程序”构成，如爆破房屋、消灭当地流氓等，玩家为完成这些任务在城市中自由穿梭。游戏的一个等级中有多个任务，完成这些任务方可进入下一等级。战略性游戏《家园》(*Homeworld*)是以未来虚拟空间为背景，几乎完美的三维效果使玩家身临其境。玩家在游戏中要发展经济和军事实力来对抗敌国，由发现敌国位置，冲出敌国包围圈，再消灭敌国的“叙事程序”来构成。在此战略游戏中，游戏根据玩家的熟练程度来进行，玩家在游戏中可获得管理国家和军队的极大权力。

从符号学的角度来看，游戏等级设计是对“叙事程序”进行有效且战略性安排的过程。玩家在完成游戏任务时产生的叙事又重构了游戏的“叙事程序”，玩家所关注的事项就是自己在游戏“叙事程序”中扮演主角，体验并享受无限自由。游戏“叙事程序”应由既有戏剧情节和多种矛盾与冲突，又能解决这些问题并具有互动性的叙事结构来构成。为使玩家在玩游戏时更深入，游戏设计师应以叙事结构的持续创新来使玩家处于投入状态。但以往的知觉心理图式不能完全说明游戏体验过程，因为玩家是通过自己的判断与选择主动参与到游戏的叙事结构中，而游戏的心理图式主要是由游戏的叙事媒介和互动性来说明玩家投入的过程。因此，利用符号学的“storytelling”装置来引导玩家互动，开发使玩家能够进一步投入游戏的装置是游戏内容产业发展的重要因素。

(原文发表于《重庆理工大学学报(社会科学版)》2015 年第 12 期：31—36)

第二部分
游戏叙述问题研究

拟真还是叙述：游戏学导论

◎恭扎罗·弗拉斯卡[①]文　宗　争译

最近 20 年，关于电子游戏的学术研究有了惊人的发展。学术旨趣由早期的“游戏诱发犯罪行为”研究转向了研究这种新媒介的各种相关知识。2001 年，许多关于游戏研究的国际会议召开，并且出版了《游戏研究》——第一本由业内人士进行评鉴的在线期刊。[②] 2002 年，此类会议和研讨会的数量持续增加。最初，游戏研究只是数字文本研究的一个子集，但现在，它已经找到了属于自己的学术空间。新一代研究者可能会带来许多令人期待的改变，因为电脑游戏伴随他们的成长，他们熟悉这种娱乐方式，因而，他们能为这一新领域注入新的活力和激情。

迄今为止，无论是将游戏作为一种产业还是学术对象，传统的也是最流行的研究方式都将电子游戏视为对“戏剧”[③] 和“叙述”[④] 的拓展。虽然这种观念曾经受到质疑［尤其是来自艾斯本·亚瑟斯（Espen Aarseth）[⑤] 的质疑］，并且引发了一场激烈的争论，但是，这种叙述模式论仍是主流。我们的目的正

---

① 恭扎罗·弗拉斯卡（Gonzalo Frasca），游戏设计师，于佐治亚理工学院获得理学硕士学位，曾任 CNN 科学和技术版编辑。目前就职于“卡通网络”（Cartoon Network）公司，游戏学网站（Ludology. org）创办人，该网站曾被 *Edge* 杂志称为“对那些想从更抽象的角度来研究电子游戏的玩家而言是一个天堂”。

② www. gamestudies. org.

③ Brenda Laurel, *Computers as Theater*. London: Addison Wesley, 1993.

④ Janet H. Murray, *Hamlet on the Holodeck*. New York: Free Press, 1997.

⑤ Espen Aarseth, *Cybertext. Perspectives on Ergodic Literature*. Baltimore: John Hopkins, 1997.

是要结束这场争论。在这篇论文中，我试图论证，“叙事”（storytelling）模式不仅是不准确的，阻碍了我们对这种新媒介的理解，而且限制了我们创作更多引人入胜的游戏。在核心论点中，我将揭示，与传统媒体不同，电子游戏并不是建基于“再现论”，而是建立在我们熟悉的选择性符号结构——“拟真”之上。虽然“拟真”系统与叙述学有许多共通的元素，如角色、环境、事件等，但它们的构成在本质上大相径庭。更重要的是，“拟真”系统还提供不同的修辞上的可能类型。因此，我将会探讨这一特殊的话题，并试图揭示，为了传达作者的观念和感觉，游戏和叙述是如何提供了两种截然不同的方式。除此之外，我还会论证，创作者的观念是如何适应两种不同的“拟真”类型——嬉玩与竞玩。而当务之急是阐明“游戏学”——这门尚未成熟的游戏研究的形式理论——的诸种概念。

何为“游戏学”？

我们可以这样定义“游戏学”：一门以游戏特别是电子游戏为研究对象的学科。游戏学（ludology）这个词并非新造，事实上，它一直与非电子游戏相关联，尤其是棋牌游戏。1999 年我就曾指出，我们的研究者之所以总是试图从文学和电影理论或叙述学理论中为游戏研究寻找理论工具[①]，其中一个重要的原因在于：游戏研究领域缺少一个协调、规范的定义。也正是从那时起，在游戏研究学术界，“游戏学家”（ludologist）一词渐趋流行，它被用以指称那些反对将电子游戏视为叙述拓展等常规研究方式的学者。[②] 就我个人而言，我认为这实在是一种简化。当然，我们需要进一步理解游戏与故事共享的那些元素，如角色、环境和事件等。游戏学并不会忽视电子游戏的这一特征，但必须重申，二者绝不能因为相似的叙述结构而被混为一谈。不过，必须谨记，游戏学这一复杂论证的最终目的并不仅仅是揭示叙述模型的技术性错误。作为一门

① Gonzalo Frasca，“Ludologia kohtaa narratologian”，*Parnasso* 3（1999）：365－371. Also published as *Ludology meets narratology*. Available Online：http://www.jacaranda.org/frasca/ludology.htm.

② Particularly part of the *Game Studies* journal crew，including Espen Aarseth，Markku Eskelinen，Jesper Juul，Aki Järvinen and myself，among others.

形式论学科，它应当专注于剖析游戏的结构和成分，尤其是规范——不仅仅是建立用以解释游戏构成的类型和模式。当然，在现今这个“后”时代，形式论不应只是昙花一现。游戏学家还须谨记，纯形式论的方式也有其局限性，不过在揭示故事和游戏的结构性区别这一问题上，这确实是条捷径。我个人的建议是将这种结构性的方式作为游戏研究必要的第一步，一旦它帮助我们更好地把握了游戏的基本特征，我们就可以从容地转向了。

拟真还是再现？

对于我们的文明而言，再现论是一种清晰、有力且已经被普遍接受的方式。数千年来，我们借助这种方式，理解和阐释我们的现实。尤其是当我们引入了一种结构性再现论——叙述——这种特殊形式以后，这种方式愈发显示出其优越性。有些理论家，譬如马克·特纳（Mark Turner）[①]，甚至将叙述机制视为与人脑具有深层联系的认知结构。正因为这是一种普遍的说法，所以，研究者很难接受再现论和叙述说之外的说法，譬如拟真。

拟真并不是个新玩意。它经常通过一些普通的事物显现出来，如玩具和游戏，当然，也存在于科学建模和网际文本中，如易经八卦（I-Ching）。不过，拟真系统的潜力不知为何被限制了，因为有一个很难解决的技术性难题：借由齿轮关系建构一个复杂的系统。不过，电脑的发明彻底改变了这一局面。

20 世纪 90 年代后期，亚瑟斯依从这样的观察革新了电子文本研究，即如果我们在分析电子文本时将其视作自动化控制系统，它就可以被更好地理解。他创造了文本的类型学理论，并且向我们展示了超文本只是此类系统化文本中一个可能的维度，他称其为“网际文本”。传统的文学理论和符号学理论一般不会理会此类文本，如冒险类游戏和建基于文本的多人娱乐形式；因为此类文本不仅是由连缀的符号构成的，而且会像机器或符号发动机（sign-generator）一样运转。再现论的统治地位从学理层面上被撼动了，这为我们开辟了一条通向拟真系统和游戏研究的小径。

在传统意义上，科学家通常因为阐释性的目的而使用“拟真”，尤其是用

---

① Mark Turner, *The Literary Mind*. Oxford: Oxford University Press, 1998.

来预测复杂系统的运转状况。有大量论文是关于拟真理论的，但通常它们只是提供一条路径，并且这条路径因为技术性或目标指向性太强，对我们理解为何将拟真理论作为再现论的替代品并没有什么帮助。现在这个定义是我提炼出来的，我参考了关于电脑拟真理论的许多论文①，并将其与符号学原理相结合。我去掉了所有和电脑相关的内容，因为拟真也存在于非电子设备中，比如传统玩具。这一定义只是暂时的，它可能不够详尽，而且当我们对拟真符号学或“符号学”有所了解以后，它一定会有所变化。我们暂且可以这么说：“拟真就是通过一个特殊的系统去模拟一个（本源性的）系统，而那一个特殊的系统保留了人类原始系统中的部分运转方式。”此处的关键词是“运转”（behavior）。拟真并不是简单地复制其对象的特征（通常是视听意义上的），而是包含了其运转的模式。这一模式会根据一系列状况对特定的刺激（如数据输入、按键操作、摇杆变动等）做出反应。

传统媒介是再现性的，而非拟真性的，善于进行特征的描述和事件的排列（叙述）。一张飞机的照片会向我们提供关于飞机形状和颜色的信息，但无论我们如何摆弄这张照片，飞机都不会起飞或坠落。而飞行模拟器或一个小飞机模型却不仅仅是一个符号，它还是一架装置，它依从某些规则，而这些规则是根据真飞机的某些行为得以建构的，并最终生发出了更多的符号。一部关于飞机着陆的短片是一个叙述，观看者可以从不同的角度对其进行阐释（比如“这是一次正常的着陆”或“这是一次紧急着陆”），但是因为影像次序是不可变更的，所以观看者不可能操纵它，也不可能影响飞机的着陆方式。而另一方面，飞行模拟器允许玩家去完成一系列动作，玩家可以改变这一系统的运转方式，因为它与真飞机的运转是相似的。② 在模拟器上，如果玩家加大动力，电脑屏幕上的模拟飞机会在虚拟天空中冲上云霄。在下文中我们会看到，游戏只是结构性拟真的一种特殊方式，正如叙述只是结构性再现的一种方式。

对于外部观察者而言，电影和拟真系统产生的一系列符号看起来没有什么

---

① Gonzalo Frasca, *Videogames of the Oppressed*. Atlanta: Georgia Institute of Technolgy, 2001. Also available online: http://www.ludology.org

② The accuracy of the simulated model, just as it happens in traditional representation, depends on the observer. A simple flight simulator could be very sophisticated for an amateur but dismissed as simplistic by an expert pilot.

不同。这正是许多叙述模式的捍卫者所不能理解的：二者的符号序列可能是相同的，但对于拟真系统，不能仅仅从它发送的符号来理解。这对于玩过游戏的人来说是显而易见的，踢足球和看球赛是不能相提并论的。[①] 显然，这一现象学的解释并不像它看起来那么简单。正如马尔库·埃斯凯利宁（Markku Eskelinen）所说："在学术理论之外，人们可以很容易区分叙述、戏剧和游戏。当我把球抛给你，我绝不会希望你把它扔掉，也绝不是想等着听你讲故事。"[②] 这一怪现象也许是因为我们已经习惯于用叙述性的视角看世界，很难去设想另一种方式了。相比另起炉灶去尝试一种全新的方式，使用叙述学理论也许会更简单，毕竟有许多研究者已经十分熟悉这门学科。一旦公众和传媒产业对生产和消费故事（叙述）的模式了然于心，就可能会催生对游戏进入现有（传媒）渠道的抵制情绪。电子游戏预示着我们文化上模式的一次重大转向，因为它向公众展示了最复杂的拟真媒介。[③] 若想彻底理解拟真系统的文化本质，可能需要几代人的努力，但它确实已经在许多领域得到了应用和发展，如社会建构主义教育（the constructionist school of education）[④]、波瓦的戏剧[⑤]（Boalian drama）等。拟真系统为我们的认知带来的最有趣的变化是它激发了人类的发散思维。[⑥] 也许我们可以据此引入另一种"拟真式"的思维方式，来与特纳所坚持的"文学思维"进行一次持久的论战。

许多年来，通过阐述游戏与叙述间的结构性形式差异，我在努力向研究者

---

① Espen Aarseth, *Ibid*.

② Markku Eskelinen, "The Gaming Situation," Game Studies 1 (2001). Available Online: http://www.gamestudies.org/0101/eskelinen/.

③ Toys and games (particularly board games) are indeed previous examples of simulational media. However, their models cannot match the complexity of the ones generated with computers.

④ 译者注：一种利用网络等媒介作为学习平台的新型教学方式，一名教师指导一群学生在线学习，学生可以在教学过程中与教师、同学进行积极的互动。

⑤ 译者注：奥古斯都·波瓦（Augusto Boal），1931 年生于巴西，身兼剧作家、导演与戏剧理论家，"欲望的彩虹"理论的创始人和实践者。1957 年开始民众文学写作，而后与友人建立了革命色彩浓厚的"阿利那剧场"（Arena Teatre），以剧场形式积极参与革命运动，并因此受到巴西政府的监控与牢狱之灾，被迫流亡至秘鲁、阿根廷等国，1974 年出版了《被压迫者剧场》（*Theatre of the Oppressed*）一书。而后又陆续发明了"论坛剧场"（Forum Theatre）、"隐形剧场"（Invisible Theatre）、"图像剧场"（Image Theatre）等戏剧实践方法。目前，波瓦除了在巴黎、纽约、多伦多等地主持"被压迫者实验室"，阐扬、实践他的戏剧理念，更是担任了里约热内卢的市议员，践行他的"立法剧场"（Legislative Theatre），试图通过戏剧行动改变立法过程。

⑥ Mitchell Resnick, *Turtles, Termites, and Traffic Jams*. Cambridge: MIT Press, 2001.

和游戏设计者展示我这套关于游戏的非叙述理论。在这篇论文中，我将从二者的修辞学特征入手，补充另外一条路径。我将会说明，电子游戏也能够传达作者的思想和感情。我认为，叙述不能简单替代拟真系统传递信息的方式，反之亦然。遗憾的是，我们现有的关于拟真修辞学的知识还非常有限，但在不远的将来，这种局面肯定会得到改善，我对此很有信心。有趣的是，这方面知识的丰富，可能并不能单纯依靠游戏产业，而是要依靠“游戏广告”（advergame）这种新方式——直到市场营销人员接受了这种方式，才能改变游戏领域原本保守的局面，使拟真系统的独创性大放异彩。“游戏广告”是个时髦的词儿，流行于网络营销圈。根据《连线》（*Wired*）编辑部的《术语大观》（“Jargon Watch”[①]），“游戏广告”就是“一种可供下载的或在线的游戏，制作它的目的在于安插（推销）产品”。虽然我对这个定义颇为不满，但是它清晰地指出了由一个再现性模式向另一个再现性模式转化的问题。我认为，“安插产品”可能是“广告游戏”最明显和浅白的形式。换言之，这种类型的关键在于建模（modeling），而非简单地再现——利用玩具或游戏的形式建构一个产品或一段相关联的经验。许多“广告游戏”仍满足于在游戏中展示其产品形象或品牌标识，而不是尝试传达与产品有关的经验。一方面我举双手赞成将电子游戏设计视为作者的观念——他们中的许多人确实利用这种媒介去表达自己的想法，他们的主要目标仍然是娱乐（取悦玩家）。而另一方面，广告商将娱乐视为一种手段而非目的。他们的目的是宣传推销自己的品牌和产品，而正因为如此，他们将游戏视为一种诱导（劝服）的工具。这迫使他们进入一个特殊的位置，能够理解游戏的本质并非讲故事，而是拟真：制造一个可供实验的环境。公司能够在杂志上刊印广告，列举一款新车的种种配置，但如果公司希望消费者可以亲身体验，那么单凭形象、声音和文本就是远远不够的了。而同样一件事，拟真环境就能够向消费者提供传统广告模式不能传达的经验。随着广告游戏愈来愈深入人心，它肯定会推广这种理念，即游戏不仅仅是一种娱乐形式。有朝一日，游戏文化会让玩家意识到，游戏也不能摆脱意识形态，并且，广告游戏肯定会在此种教育方式中扮演重要的角色，因为它已然被提上了议事日程。

---

① http://www.wired.com/wired/archive/9.10/mustread_pr.html.

游戏修辞学：言说的自由，玩的自由？

2002年4月19日，星期五，美国州高级法官斯蒂芬·林博（Stephen Limbaugh）驳回了一个议案，这份议案反对2000年在圣·路易斯通过的限制未成年人进入电子游戏厅的法令。[①] 根据美联社的记录，林博审查了四款游戏，“没有发现游戏能够传达与言论相提并论的思想、词语或其他任何事情。法庭认为，电子游戏与棋类游戏或运动更为相似，而非动画”。一周以后，哥伦比亚广播公司报道称，前摔跤手、明尼苏达州长杰西·文图拉（Jesse Ventura）考虑将电子游戏用于政治宣传。[②] 显然，文图拉的竞选委员会将游戏看成了一种言说的方式。政治电子游戏并不是个新事物——一个绝好的例子是：9·11事件之后，业余制作的反乌萨马（本·拉登）在线游戏[③]流行，但直到今日，它一直停留在拙劣的模仿阶段。如果文图拉详细论证过他的政治提案[④]，他肯定会放弃使用这一新的修辞方式，因为对选举进行宣传是最明显的意识形态言说的实例之一。[⑤] 文图拉的形象正如一个流行界偶像，他的这个游戏可能会关系到他的行为方式（毕竟，他被看作一个强硬的人）。但随着更多富有活力的、探索性的类型出现，政治电子游戏可能会大放异彩，比如在这类游戏中引入即时战略或模拟游戏。拟真系统已经被用来展现城市活力（如游戏

---

① “St. Louis County's regulations on video games upheld”, *The Nando Times* (April 25, 2002). Available online: http://www.nando.com/technology/story/379154p-3030283c.html.

② http://www.cbsnews.com/stories/2002/04/26/politics/main507378.shtml.

③ http://www.newgrounds.com/collections/osama.html.

④ Ventura later decided he would not run for re-election so we may never see his political video games.

⑤ The closest antecedent would be Augusto Boal's use of his game/theatrical techniques-which are nothing but computer-less simulations-for his political campaign as a legislator in Rio de Janeiro. For more information on this unique and fascinating project, see Augusto Boal, *Legislative Theater* (London: Routledge, 1999).

《模拟城市》）和南美的独裁政治（如游戏《海岛大亨》）。[①] 在不远的将来，如果政治家们利用拟真系统来阐述他们在税收和医疗保健改革上的举措，可能不会令人惊讶。正如泰德·弗里德曼（Ted Friedman）所指出的[②]，马克思的《资本论》也许可以被制作为一个比电影更好的模拟游戏。

虽然广告游戏看似是拟真修辞学的“皮氏培养皿”，但我下面打算展示的例子则与艺术更接近，而非营销学。大多数支持游戏乃叙述的研究者都会将其与小说、电影和戏剧相比较，因此，我提出这样一个话题，它在传统叙述中取得过众人皆知的成功，却与今天的商业性电子游戏保持距离，即工人罢工。19世纪末，埃米尔·左拉的小说《萌芽》[③]，叙述了在法国北部一次由矿工发动的罢工。小说的结尾，工人们被击退，所有的努力付之东流，他们的斗争并没能改变他们艰苦的工作环境。20世纪末，肯·罗奇在他的电影《面包与玫瑰》[④] 中，讲述了洛杉矶一群大厦清洁工的故事。但故事的结尾与《萌芽》大相径庭：这群清洁工人最终取胜了，虽然他们的领袖——一个非法移民——被遣送回墨西哥了。

传统的叙事在处理故事结局时通常会有一组二元对立的选择。当左拉创作《萌芽》的时候，他面对的是两个选择：罢工者的成或败。[⑤] 他选择了后者，也许是为了传达这样的观念：社会革命是一场硬仗。而另一边，罗奇看起来就要乐观多了。他镜头下的那群受压迫的清洁工为自己的权利进行反抗，并最终获得了更好的工作环境，虽然在个人意义上他们的领袖失败了。叙述修辞能起到良好的润滑作用。在不损失什么的前提下，创作者可以对一次失败赋予希

---

① While this simulation is definitively a parody, its extreme use of clichés and simplification are a clear example of a colonialist attitude in video game design. Having grown up myself during a dictatorship in Uruguay, I find the game insulting. I would not object a simulation that dealt with issues such as torture or political imprisonment if it aimed at understanding politics and sociology. In this case, however, it is simply used for entertainment, which is nothing short of disgusting. Alas, I guess South American oppressed are not yet a powerful lobby in the land of political-correctness.

② Ted Friedman, “The Semiotics of Sim City”, *First Monday* 4 (1999). Available Online: http://www.firstmonday.dk/issues/issue4_4/friedman/.

③ Émile Zola. *Germinal*. Paris: Hatier, 2001.

④ Ken Loach, *Bread and Roses*. Studio Home Entertainment, 2001.

⑤ It would be possible for the author to create an “open” ending that would rely on the reader's imagination to decide what happened to the strikers. But again, it is the author and not the reader who ultimately decides the use of this form of ending.

望，也能将成功解释得一无是处。以上两位叙事者都认为存在其他变化的可能性，但两位都没能告诉我们如何使变化成为可能。我们只知道工人们的成败，但叙述的媒介不能打破其内在的二元结构。叙述作者（或曰叙述者）的枪里只有一发子弹——只能叙述在同一序列上的复杂事件。[①] 他们可能写出五六个不同的故事来描述罢工事件，让读者可以折中选择，并决定工人成功的概率。但是，传统的叙述媒介并没有允许对故事进行更改的“特征”，虽然口述故事和戏剧表演可以被称为特例。在这些媒介中，观众被允许对一个故事反复审阅。而在游戏中，多次重复（session）不仅是一种可能性，还是这种媒介方式的硬性要求。游戏并不是一份孤立的经验：我们意识到它们是游戏，因为我们知道，我们总可以重新开始。确切地说，一个游戏你可以只玩一次，但对拟真系统的认知和阐释需要不断重复。

与叙述不同，拟真不仅是由一系列事件构成的，它还吸收了运作规则。想象一下，我们已经设计出了《罢工者》（*Strike-man*）这样一款即时策略游戏，它延续了全效工作室（Ensemble Studio）团队设计的经典游戏《帝国时代》的传统，在游戏中你可以扮演一个工人运动的组织者。你的目标是吸纳尽可能多的工人加入你的罢工队伍，并尽可能解决罢工的组织和实施问题。与叙事模式不同，在拟真系统中，事件的顺序从来都不是固定不变的。你可以反复玩几十次，而事情总是在变化中。在另一款游戏中，你需要处理间谍对你的组织的渗透，而其他工人可能会质疑你的领导地位，并蓄意破坏你的行动。游戏总是携带着一定程度的不确定性，来防止玩家提前知晓最终结果。套用赫拉克利特的话（“人不能两次踏入同一条河流”），你不能两次玩同一个电脑游戏。

让我们聚焦这一游戏的两个特征。第一，罢工的结果在很大程度上取决于你对工人运动组织者这一角色的扮演情况。这看起来似乎很明显——我们通常愿意相信，我们应该对我们的行为所引起的后果负责，但这一特征在叙事模式中是无效的。毕竟，正如我们从古希腊戏剧中所学到的，故事和命运最终走到了一起。无论文学理论家如何提醒我们，无论读者能够发挥何种积极的作用，安娜·卡列尼娜还是要卧轨，俄狄浦斯还是要弑父娶母。同理，《萌芽》中的

① The fixed sequence that I am referring to is the one of the actual events. The events as told can be rearranged in non-linear ways through techniques such as flash-forwards and flashbacks. This is the difference between story and discourse, a distinction widely accepted in narratology.

罢工注定要失败，因为叙述者早已提前决定了事情的走向。同样，拟真的作者——或者说“拟真者”——也可以不同程度地将命运（通过硬编码事件和/或过场动画）融入他们的游戏。胜利与玩家的表现有部分关系，但还有许多事情脱离了他的操控。游戏软件可以任意地打破你的控制（譬如那个渗透进来的破坏者），使你的目标更难实现。拟真者总是享有最终决定权：他凌驾于玩家的控制之上，有能力决定事件的频率和程度。

第二，想象一下，我们拥有一个由不同的拟真系统构成的图书馆，它们都用以解决罢工问题，由拥有不同文化和观念意识的拟真者设计。假设所有的拟真系统最终的情节设置都是以胜利告终，但因为他们编制程序的观念和方法不同，游戏会有非常大的难易区别。有些游戏可能会更依靠巧合，而另一些则会以玩家的表现为基础来设定最终的结果。无论是谁来设计一款关于罢工的游戏，对于玩家而言，都不可能轻松过关，游戏表现了设计者对社会运作的观念，通过游戏的规则而非事件，这种观念得以表达。拟真系统为拟真者提供了叙述者缺乏的技术。他们不仅可以说明社会变革可能与否，还获得了这样一个机会，得以阐述他们所认为的事情的发展动向。这不是通过一个简单的通告（如93%的变革获得了胜利）就可以达成的，更重要的是通过模拟这一困境来实现。这一技术也是明晰的：作为规则而非一条简单的信息，它很好地隐藏在模型中。叙述可能善于为一个特殊事件摄取“快照”，但拟真能够为我们理解更大的图景提供修辞工具。

全息甲板上的亚里士多德

我曾表示过，故事与命运的观念有着深刻的联系。这一观点经由贝托尔特·布莱希特发展，近年来又由奥古斯都·波瓦拓展，已经成为马克思主义戏剧流派的核心观点。马克思主义者认为，亚里士多德学派的戏剧和叙事忽略了社会变革力量，因为他们将现实展现为事件无法改变的推进，没有任何可以改变的余地。波瓦对这一问题的回答可以在他的戏剧理论资料中找到，特别是他的“被压迫者剧场”（*the Theater of the Oppressed*）[①]——他将游戏结合进剧

① Augusto Boal, *The Theater of the Oppressed*. New York: TCG, 1998.

场，目的在于鼓励针对社会、政治和个人问题的批评论争。“论坛剧场”（the forum theater）——他最流行的戏剧技巧之一，允许不同观众走上舞台代替主角，并借此多次重复同一个表演。这种短剧总是描述一种受压迫的状态，并且鼓励观众参与表演，即兴对舞台上正在呈现的问题提出可能的解决办法。波瓦的最终目的并不在于找到针对危机的实际解决办法——虽然有时候这种方式确实可以解决问题——而是创造一种争论的环境，不仅通过言语交流，还利用表演的形式。“论坛剧场”完美地贴合了“拟真”的概念①：它通过另一个系统（表演）模铸了一个新的系统（被压迫者的情势）。②

经过数十年的努力，电子游戏的设计者已经找到了一种方式，可以将叙事与“交互性”带来的愉悦协调在一起。正如列夫·马诺维奇（Lev Manovich）所述，“交互叙述仍是新媒介的圣杯”③。布伦达·劳瑞尔（Brenda Laurel）是这一类型可行性的长期拥护者，最近他将交互叙事定义为“电脑神话中的假想怪，一只我们可以想见却还未捕获的神秘独角兽”④。不过，波瓦创造了一个非电脑基础的环境，当他创作一段引人入胜的体验的时候，参与者在其中仍享有高度的自由。无论如何，波瓦的成功是因为他独辟蹊径，而并未选择劳瑞尔在她的著作《电脑作为剧场》（*Computers as Theater*）中所提出的那条路径。劳瑞尔除了是“交互叙述”的支持者，还十分关注亚里士多德将人们的愉悦作为艺术源泉的结论。“交互叙述”最大的谬误在于：它假装赋予玩家自由，却又要保持叙述的连贯性。波瓦的戏剧并不是因为其本身天衣无缝的三幕剧结构而给人带来愉悦的，恰恰相反，是因为观众可以随时打断它并修改它的这种方式。拟真系统正是用来测试在何处使用者的行为不仅是被允许的而且是被要求的。在游戏世界中，环环相扣的连贯性并不是必需的。波瓦的（临时）演员们并不是因为替代了专业演员而获得满足，而是因为他们重温了孩童时期玩的“过家家”游戏。一个小孩会不断修改自己的想象来适应不同的改变，绝不会有成年人的瞻前顾后。确切地说，拟真系统挑战了叙述者，因为它抽走了他们的力量之源：通过一系列因果关联来讲述故事的能力。打个比方，叙述者仿佛

---

① Boal even describes the original forum theater play as a “model” or “anti-model”.

② For a more extensive analysis between Boal’s drama, games and video games, see Frasca, 2001.

③ http://www.pause-effect.com/reviews.html.

④ Brenda Laurel, *Utopian Entrepreneur*. Cambridge: MIT Press, 2001, 72.

在“驾驭”他们的故事，因而故事的推进几乎总是可以预见的。[①] 而拟真者则是“培养”他们的拟真作品：传授其相关的规则，也有可能对其未来的发展有想法，但他们绝不可能确切地知晓最终的事件次序和结果。拟真媒介的关键特征在于，一方面它依赖规则：而规则是可以被操控、接受、否定甚至抛弃的。叙述者拥有执行力：他们能够处理特殊的问题。另一方面，拟真者的作为更像是一个立法者：他们是制定规则的人。相比叙述者，他们承担了更多的创作风险，因为他们奉献了对作品的部分控制权。

事实上，亚里士多德主义仍在游戏世界中横行，但幸运的是，亚里士多德著名的《诗学》中散佚的篇章[②]并不是关于电子游戏的。游戏已经被分为不同的类型，虽然这种分类法并没有依从正式的科学分类法规则，却十分有效。罗杰·凯洛伊斯（Roger Caillois）的游戏分类法是其中最知名的，他将游戏分为：赌（alea）、斗（agon）、晕（illinx）、仿（mimicry）。[③] 但是，这样的分类并非特别有效，因为这些类别时常有所重叠。我反而更赞赏他将游戏分为嬉玩（paidia）与竞玩（ludus）的办法，这一区分描述了“玩耍”与“游戏”之间的差异。[④] 嬉玩指的是人类在儿童早期使用的游戏形式（如建构工具箱、假扮者游戏、运动型游戏），而竞玩则再现了被赋予社会规则的游戏（例如象棋、足球、扑克牌）。凯洛伊斯在描述这些分类的时候并没有给予它们一个严格的定义，而是通过举例来说明的。通常我们理所当然地认为嬉玩是无规则的，但以下这个例子又当如何解释？当一个小孩扮演士兵的时候，他遵循的是士兵应该具备的行为规范，而不是表现得像一个医生。我曾在其他论文中提到[⑤]，嬉玩与竞玩之间的区别在于后者遵循的规则定义了谁是赢家、谁是输家，而前者并没有。

从结构上看，竞玩背后遵循的是与亚里士多德主义一致的三幕剧规则。竞

---

① Again, while the reader's interpretation is not predictable, the mechanics of the narration remain inalterable.

② 译者注：据说亚里士多德《诗学》散佚的部分是对喜剧的具体论述。

③ Roger Caillois, *Les jeux et les hommes. Le masque et le vertige*. Paris: Gallimard, 1967.

④ Unlike English, French and Spanish only have one term for referring to both “play” and “game”. Nevertheless, I still use Caillois' terms because of the different meanings that English attributes to “play”, which can both be a noun or a verb.

⑤ Gonzalo Frasca, “Ludologia kohtaa narratologian”, *Parnasso* 3 (1999): 365－371. Also published online as Ludology meets narratology: http://www.jacaranda.org/frasca/ludology.htm.

玩的过程是这样的：第一步，规则得到认可；第二步，玩家投入游戏；第三步，游戏结束、胜负判定。相应的，马克思主义戏剧学派在批判亚里士多德戏剧时使用的术语同样可以应用于竞玩。竞玩游戏提供了一个“有机的整体”，它是一个封闭的产物，只有遵循作者制定的一系列潜在规则，才能对其进行深入的探索。当然，和叙述一样，只要读者或玩家遵守规则，他就可以自由参与，而这也正是阅读或游戏的乐趣之所在。即便如此，竞玩在意识形态上依旧存有作者中心主义的观念。而嬉玩则比竞玩更具有开放的结尾。

毫无疑问，这种亚里士多德主义-竞玩的方法在戏剧和游戏领域被广泛应用，且堪称完美。我们都很熟悉“好莱坞式的结局”以及产业化叙述背后马尼切主义［manicheist（just the good an evil)］的普遍逻辑。简单来说，竞玩给我们提供了两种可能的结局：胜与负。这一模式的普及自然导致了其二元结构的单一性，而这正是其最大的局限性。自然，竞玩特别适用于二元对立的世界，这也部分解释了为什么目前电脑游戏很难摆脱幻想和科幻领域。换言之，当游戏设置为童话般的环境，竞玩的二元逻辑便显现出来了，即所有事物的是非黑白都很明晰。而一旦我们转移到其他主题上，例如人际关系，那么是非黑白的界限就很难判定了。而嬉玩因其逻辑更模糊且范围并不仅限于胜与负，因此可以给游戏设计提供更宽广的环境，并提高其艺术价值。

而对拟真者而言，选择嬉玩结构还是竞玩结构是至关重要的，因为它们涉及不同的组织方式。竞玩游戏所处的模拟世界看似更和谐，因为玩家的目标明确：你必须做 X 才能获得 Y，这样你才能获胜。这表明 Y 是既定的目标，故而带有道德的色彩。比如拯救世界、营救公主或解除外星人的威胁，都是竞玩游戏设定的典型目标。通过给出规则来确定一个获胜框架，拟真者声称这些目标比与它们相反的目标更吸引人（例如任由世界土崩瓦解、置公主于不顾、与敌人一起生存）。对现代主义拟真者而言，竞玩是拟真结构的选择：这些设计者有明确的道德旨归：（玛丽奥是好的，怪兽是坏的）。而一旦有了明确定义的目标，通常就不允许我们对特定对象进行怀疑和质询。因此，我们对所有的战争类游戏都是竞玩模式并不感到惊讶，这些游戏不可能允许二元逻辑（友或敌、生或死、同盟或对手）被打破的情况发生。由此看来，虽然嬉玩看似是一项缺少现代主义气息的技术，其设计者存有更多的疑惑而非确信，但这只说对了一小半。任何嬉玩游戏，例如《模拟城市》，都将其主要的目标留给玩家决定，你可以建造任何样式的城市（最宏伟的，最生态化的，最美观的，等等）。换言之，模拟城市并不要求你建造和纽约、东京或巴黎一样的城市。然而即使设计者遗漏了一个获胜模式（或理想的城市结构），意识形态并不通过目标规则传达出来，而是通过一个更微妙的（也是更有诱导性的）途径达成，我称之为“操作规则”。这些规则相对于目标规则并未指明一个获胜模式，我列举几种不同游戏中的操作规则，如下：“你不能用手触碰球除非你是守门员”（足球）；“卒子只能朝前走”（象棋）；“水果会给你额外的得分”（吃豆豆）。当所有拟真都被限定在有限的（真实或虚拟的）系统中，设计者便有了一些限定性的操作规则。在《模拟城市》中，设计者可以通过增加或删除一些操作规则，如在处理公共交通、种族冲突、生态问题时传达他的思想。在其他媒介中，例如电影，我们知道明辨银幕上展示或省略了什么是极其重要的。而在拟真实体中，事情则更为复杂：这关系到何种规则属于这一模型和它们如何发挥作用。譬如，我们在分析电影时可以说它展现了描绘少数特定人群的方式。像《模拟人生》这样的游戏却展现了不同种族、性别、年龄的人物角色，你甚至可以使用某种工具选取不同的人物肢体和皮肤颜色，以此塑造独具个性的人物角色。然而《模拟人生》的设计者在处理同性恋角色的问题上，并非通过简单的再现方式（例如允许玩家们在其建造的花园中放置同性恋标识），而是同样设定了规则。在这个游戏里，同性之间发生关系是可能的。换言之，对玩家来说，同性恋是一个真实的选择，且被纳入游戏模式的设置。不过，我们自然也可以想象，在较为保守的游戏中，设计者很可能将同性关系排除在外。同性恋并非模拟人生的游戏目标，而只是其中一种可能性。设计者通过合并规则展示了对性取向的宽容态度，但我们不能说这就表现了一种鼓励的态度，因为若他们想对玩家进行诱导，他们完全可以添加一个竞玩规则，比如在玩家制造出同性关系后给予某种奖励。

至此，我们已经可以区别三种不同观念层面上的拟真，它们可以通过操作来传达观念。第一层是叙述性的拟真，处理再现和事件，包括对象或角色的个性、背景、环境设置和剪辑场景。比如，你改变人物肤色的一个简单指令可以导致游戏《雷神之锤》（*Quake*）中以色列人和巴勒斯坦人的死战。在这里游戏的规则是不可改变的，只有人物和环境设置是可修改的。不过这个游戏在观念层面来说，已经完全不同于它最初的样子了。

第二层是操作规则之上的拟真，即玩家可以在游戏模型中做什么。在上一个案例中，特定的操作规则表明了一种可能性。但在其他案例中，它们则有必要获取一个跨越三个层面的目标。举例而言，在《侠盗猎车手Ⅲ》（*Grand Theft Auto Ⅲ*）里，玩家可以选择和妓女做爱后杀了她而得到钱。尽管有很多人对这一操作感到反感，但值得指出的是这并不是游戏的目标。可以说，一个游戏允许你杀死性工作者与要求你必须杀死他们才能获胜是具有本质差异的。大多数嬉玩游戏都停留在这一层面。

第三层是在目标规则之上的拟真，即为了获得胜利，玩家必须做什么。这就是在拟真环境中作者所设定的强制命令。在《超级马里奥》（*Super Mario*）中，尽管你不去营救公主也可能获得快乐，但除非你完成这一任务，否则你不可能夺取最后的胜利。拥有目标规则的游戏能够为我们提供个人层面与社会层面上的双重奖励：能够通关的人无疑是个好玩家。在这第三层中，拟真者汇集了所有可资利用的行动，并促发其中一些可以导向胜利终点的行动。

乍一看，这三个层面似乎已经为我们提供了一个基本的描述，表明了在拟真中观念的运作方式，然而，这里至少还欠缺了一个层次。第四个观念层次是建立在元规则之上的。某些拟真者确实赋予了玩家某些权利，通过赋予不同程度的自由，玩家可以参与游戏的内置构建，部分地修改以上三个层次的规则。元规则也是规则，它表明了规则是如何被修改的。许多游戏设有修改器（编辑器，即“editor”），允许玩家自建“模型”或是模铸原始游戏的其他版本。还有一些游戏的源代码是对外开放的，允许他人改变源代码层次。某些游戏只允许你做一些装饰性的修改，而其他的则允许你进行更多弹性化的修改。尽管如此，我们不能忘记，不管作者的生死还是玩家的自由，元规则都不会受到影响。确实，元规则也是一种规则，它在游戏中显露出来，只是因为作者希望它们出现。换言之，源代码或者修改器是否对玩家可用，全部由作者决定。当然，允许玩家修改其作品的拟真者与传统意义上的叙述者具有巨大的差异。但是，不管元规则是隐是显，拟真者才是发号施令的人，是全权负责的人，他不可能对游戏玩家完全开放自由，否则，所有的规则都将改变，而最终一个游戏将幻化成任何事。

我已经解释了拟真规则（操作规则、目标规则和元规则）的类型，这一分类可以帮助我们更好地理解设计者的构想如何成为游戏的内在法则。当然，这种分类并非详尽无遗，并且我认为它一定会得到扩展（例如，分析界面规则的意识形态功能，或是考察胜负模式游戏与“仅以败告终”模式游戏之间的细微差别）。我确信，试图把握与叙述系统相对应的拟真系统的内在潜力将会是个费时的大工程，主要是因为我们实在太熟悉前者了。拟真挑战了我们对传统作者关系的看法，并质疑了我们所习惯的对于艺术运作界限的划定。

“玫瑰”一词里有朵玫瑰花

在博尔赫斯的诗歌《假人》（*The Golem*）[1] 里，他讲述了一个故事：布拉格的大拉比在研究字母的置换和复杂的变化之后，找到了拥有生命奥秘的关键词。一个怪物——假人——被创造出来，但是这一过程不仅牵涉一些具有魔力的词，博尔赫斯还描述了大拉比如何调教并且训练他的玩偶，把他当成一个原始的虚拟宠物，传授“字母、时间和空间的秘密”。假人学了很多，就像一个专家系统。但从悲观主义观点来看（类似于科学怪人弗兰肯斯坦的神话），这一“拟像”（simulacrum）——正如博尔赫斯所说——并没能成功复制人类灵魂。确实，拟像有其局限性，就像再现物（representation）。拟真是唯一的近似物（approximation），甚至连叙述作者都对它颇为害怕，它并没有宣布再现论的终结：它提供了新的选择，而不是替代。[2]

在历史上，人类在电脑中首次找到了可以模铸现实和虚拟的天然媒介。拟真系统兼具嬉玩和竞玩的特性，给我们提供了完全不同的（但不一定是更好的）环境，来展现我们观照世界的方式。如果我们将叙述和戏剧进行对比，将会很容易发现，前者展示的是不可改变的、过去的世界，而后者则是对此时此刻的展现。继续推进这一类比，拟真系统则是将来式。它无关过去之事或现在之事，而只关注将来可能发生什么。与叙述和戏剧不同，它的核心基于一个基本的假设：改变是可能的。这取决于游戏设计者和游戏玩家都将拟真当作一种娱乐形式，或是将其转变为对抗这种不可改变的人生的颠覆性方式。

---

① Jorge Luis Borges, *Ficciones* (Buenos Aires: Emecé, 1971).

② Actually, I have suggested in my work *Videogames of the Oppressed* (following Aarseth's ideas) that simulation and representation only differ in a matter of degree. But for the sake of clarity during these early days of ludology, it may be safer to consider them as different.

再现论和叙述论可能仍旧能够从它们的“包袱”中甩出很多小把戏，但是拟真系统尚未得到开发的领域具有无限前景，游戏如此之多，而且吸引了这么多人，使我们迫不及待想要开始体验它。无论是谁，当他怀揣一个期待已久的游戏碟，走在从商店回家的路上，他一定会明白我所说的这种激动心情。

（原文发表于《符号与传媒》2011 年第 1 期：247—261）

游戏讲故事?[①]

——浅论游戏与叙事

◎杰斯伯·尤尔[②]文　关萍萍[③]译

引　言

随着对游戏问题研究的深入，我们需要探讨：游戏是否在讲故事？回答这个问题可以告诉我们如何研究游戏以及哪些人可以研究。肯定的观点认为游戏可以用现有的范式进行研究，而否定的观点则认为我们必须开拓新的研究方法。

但是答案需要以我们如何定义所要研究的问题为依据。本文将考察有关这个问题的一些不同研究方式，以免陷入唇枪舌剑之中（如谁有权利定义“叙事”），我的目的不是拥护某个术语，而是辨认。

将某事物构建成其他事物主要是通过从一个来源领域（叙事）中汲取概念，将其运用到目标领域（游戏）中来完成。这一过程是非中立的，会强调某些特质而忽略其他。这种比较研究法可以加深人们对不同之处与相同之处的理解，并找到潜藏的假设。

---

① 本文部分内容曾以不同的形式出现在 Kritik ＃135. Copenhagen：Gyldendal（1998）中。

② 作者简介：杰斯伯·尤尔（Jesper Juul），哥本哈根 IT 大学电子游戏博士，新加坡 MIT GAMBIT 游戏实验室（Singapore-MIT GAMBIT Game Lab）成员，著名游戏研究者。原文载于国际电脑游戏研究杂志 *Game Studies* 2001 年 6 月第 1 期，已经过作者同意刊登译文。

③ 译者简介：关萍萍，浙江传媒学院管理学院副教授，传播学博士，硕士生导师，主要研究方向为传播学与文化产业。

首先，本文考察了当前学术界有关“游戏是叙事”的几种主要观点：(1)叙事可以用于任何事物；(2)大多数游戏都有故事介绍和背景故事；(3)游戏与叙事有共同的特征。

其次，本文列举了“游戏不是叙事”的三个重要原因：(1)媒介生态是由电影、小说和戏剧等组成的；(2)游戏中的时间与叙事中的时间所起的作用是不同的；(3)读者与故事的关系不同于玩家与游戏的关系。

本文所运用的故事与叙事的概念都取自非常传统的研究，最后我将考察20世纪不同的实验性叙事是否可以在一定程度上调和游戏与叙事之间的界限。

讲故事

一切都是叙事/一切都可以呈现为叙事

第一个争论是令人瞩目的，因为这个问题涉及我们对世界的整体认识：既然我们运用叙事来感知我们的生活、处理各种信息，并且我们可以将玩过的游戏用故事的形式讲述出来，那么没有什么是处于叙事范围之外的。

问题在于这确实是先验主义的争论。叙事对于人类思维来说是基本存在的，但并不意味着任何事物都可以用叙事来描述，可以以叙事形式呈现的事物也并不一定就是叙事。

理想的故事/背景故事

一个更有趣的争论集中在这样一个事实上：越来越多的游戏在包装内、手册上或介绍序列上载有故事，玩家的游戏都是在这样一个大型故事情景中进行的（背景故事），并且/或者玩家必须创作一个理想的故事。

如果玩《太空侵略者》（*Space Invaders*）这款游戏，我们必须通过使用游戏技能获得一个理想故事。故事发生在史前时代：侵略情景在入侵发生前已预设存在。从科幻小说中我们得知这些外星人非常邪恶，需要被驱逐出境。游戏的名称就展示了游戏里有一个被外来邪恶势力破坏稳定的国家。玩家的任务就是恢复这个国家的稳定，这也是按照小说故事中的顺序进行的：

既有的国度→该国被推翻→国家重建。

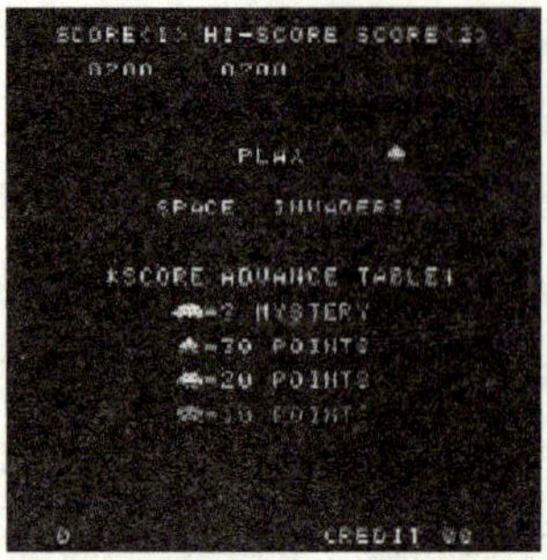

图 1　《太空侵略者》游戏截图[①]

但是游戏完全不同：我们不能在实际上重建国家；外星人入侵一波接一波，人类无法取得胜利；作为玩家，只能不断战斗，从而找到事件发展的理想序列，实际游戏行为却不是这个顺序。

事实上，大多数现在的单人非街机游戏，如《半条命》（*Half-life*）[②] 允许玩家这样完成游戏：通过无数次保存和重装，玩家就有可能找到《半条命》所定义的最理想序列。很明显，只有那些少数极为精细的游戏活动符合理想套路，但是《半条命》这款游戏在呈现玩家日后可以复述的复杂事件顺序上是成功的。[③] 由此可见，有些游戏将叙事用于某些特殊目的。

共通点

以上所引用的游戏案例《太空侵略者》也可以说明游戏与叙事确实共享很多特征：许多游戏重复设置从缺失到解决缺失的一系列活动。杰森（Jens F. Jensen）根据《太空侵略者》的这一特征，断定电脑游戏虽然很反常，却依然是叙事。[④]

除此之外，很多游戏都具有探索性结构，大多数游戏都有主角（这在非电

---

① Taito, *Space Invaders*, 1977.

② Valve Software, *Half-life*, Sierra 1998.

③ 注：一方面，多玩家游戏很少有理想的序列，而是允许玩家重玩，获得新的结果——如棋类游戏或《星际争霸》（*Starcraft*）等，正因为如此，游戏与叙事才相距甚远。另一方面，单个玩家对某段游戏的复述乐趣（然后我…然后我…然后我…）比多玩家游戏要少得多，因为后者包含人与人之间的诡计、谎言和欺骗等（我们约定好要在东线合作的，但是直到最后“我”才意识到她事实上与Joe相勾结了。）

④ Jens F. Jensen, “Adventures in Computerville: Games, Inter-Action & High Tech Paranoia i Arkadia”, in *Kultur & Klasse* 63. Copenhagen: Medusa 1988.

子游戏中不普遍)。正如珍妮特·穆雷(Janet Murray)在 *Hamlet on the Holodeck* 一书中所说的，这些共通点暗示了电子故事与互动叙事之间有希望的未来，游戏与叙事相距不远了。[①]

一个再三重复却仍疑问重重的观点是：游戏活动是线性体验的，正像叙事一样。[②] 本文将简要指出该观点忽视了玩家作为主动参与者的体验——该体验非常强烈以至于大多数人碰到互动性时会不由自主改变身体位置，从故事斜后方转变到游戏的斜前方。玩游戏包括意识到玩家的游戏活动只是该款游戏诸多可能性中的一种。

确实如此吗?

游戏的某些方面与叙事确实相关，那么我们是否就可以回答以上问题了?以上讨论指出游戏与叙事并未存在于不同世界中，而且二者还相互作用：叙事可以用于讲述玩家在游戏中做了什么，或者作为游戏的奖励玩家可以创造叙事，用以告知其他人游戏中发生的事情。可以说，游戏与叙事具有许多共同特征。这一观点确实可以证明游戏与叙事完全无关的观点(我在 1999 年的文章就是一个好例子)是站不住脚的。但是，我们仍然需要认识到二者的区别。

转换的问题

在下面的讨论中，我将引用一些叙事学理论。叙事学的一个基本问题在于叙事永远不能独立被考察。我们单独看故事本身：只有通过其他媒介，如口述、小说和电影等来考察故事。有关叙事存在的一个经典论断是：故事可以从一种媒介形式转换为另一种媒介形式。

故事的可改编性是判断叙事确实独立于任何媒介形式结构的最有力的证据。[③]

---

① Janet H. Murray, *Hamlet on the Holodeck: The Future of Narrative in Cyberspace*, New York: The Free Press, 1997.

② Espen J. Aarseth, *Cybertext: Perspectives on Ergodic Literature*, Baltimore: Johns Hopkins University Press, 1997, p. 2.

③ Seymour Chatman, *Story and Discourse: Narrative Structure in Fiction and Film*. Ithaca: Cornell University Press, 1978, p. 20.

彼得·布鲁克斯（Peter Brooks）也认为：

> 叙事可能具有一种特殊能力或才能……允许我们以其他言语或语言对其进行相加或再转换，将其从一种媒介转换到另一种媒介，而仍旧保持原来的叙事结构和信息。[①]

这一观点看上去似乎没有问题，我们无法在媒介之间获得一切，却至少可以在媒介之间相互转换。读过小说《傲慢与偏见》的人也能够辨认出电影版的《傲慢与偏见》。

转换什么?

这引出了另一个问题，那就是我们说某事物可以从一种媒介改编到另一种媒介是什么意思。单从叙事这一有些局限的角度来看，叙事可以分成话语（discourse，故事的讲述）和故事（story，被讲述的故事内容）两部分，其中故事又可分为两部分：存在物（existents，包括行动者和情景）和事件（events，包括行为和发生的事件）。[②] 只要具有相同的存在物（有相同的名称）和相同的事件，就可被认为是同一个故事。

这一认定方式可以用来测试电脑游戏是否是叙事媒介：如果答案是肯定的，那么源自其他媒介的故事必然能用电脑游戏复述；电脑游戏也可以用其他媒介来复述。从表面来看，这直接意味着很多商业电影可以被重新包装成游戏，《星球大战》就是很明显的例子；反过来，游戏被改编成电影的例子则少得多，如《马里奥兄弟》（*Mario Brothers*）[③]《魔宫帝国》（*Mortal Kombat*）[④]和《古墓丽影》（*Tomb Raider*）[⑤] 等。进一步考察，我们会发现实际情况更为复杂。

---

① Peter Brooks，Reading for the Plot，New York：Knopf，1984，pp. 3—4.

② Seymour Chatman，*Story and Discourse：Narrative Structure in Fiction and Film*. Ithaca：Cornell University Press，1978，p. 19.

③ Nintendo，*Mario Bros*，1983.

④ Midway Games，*Mortal Kombat*，Acclaim 1993.

⑤ Core Design Ltd.，*Tomb Raider*，Eidos Interactive 1996.

从电影到游戏：星球大战

街机游戏《星球大战》（*Star Wars*）[1] 是基于乔治·卢卡斯的同名电影《星球大战》[2] 创作的。电影版的《星球大战》讲述了一支反叛者军队与邪恶的银河帝国进行英勇战斗的故事。电影的戏剧性高潮出现在反叛者军队与主角卢克·天行者（Luke Skywalker）攻击银河帝国的新式武器死星时。而游戏版的《星球大战》则有三个阶段，期间玩家从内部控制宇宙飞船，就像卢克·天行者一样。第一阶段是玩家在宇宙空间与敌方宇宙飞船战斗；第二阶段是在死星地面与不同物体进行战斗；第三阶段玩家穿过死星的地下隧道摧毁排气装置，从而炸毁死星。第一阶段对应电影中卢克飞往死星之前——除了反叛者军队缺席，第二阶段则与电影无明显联系，第三阶段对应电影中的一个场景——反叛者军队再次消失。如果玩家完成任务，死星就会被炸毁，因此可以说游戏部分地复制了电影（如图 2）。

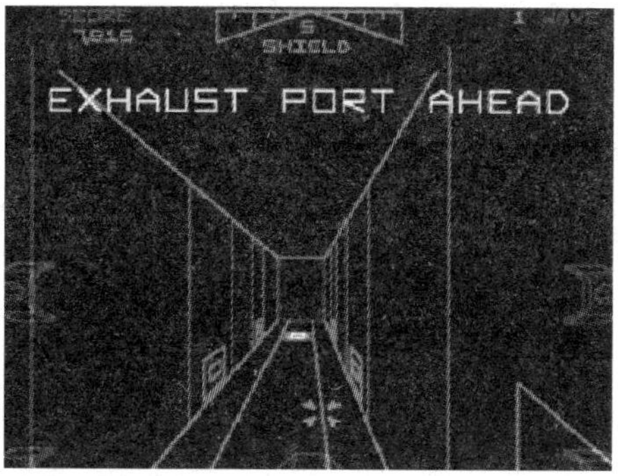

图 2　《星球大战》游戏截图

激发玩家将游戏与电影联系在一起的主要是“星球大战”这个名字，如果更换了游戏的名称，联系就不那么明显了。游戏中攻击一个“排气装置”（或者只是一个广场），玩家就会认为这是与《星球大战》中场景相似的，但是游戏无法重建电影中的事件。没有了史前时代历史，电影就只剩下了人际关系，我们甚至会对攻击死星（无论是其他什么）产生误解。最明显的是：如果没有

---

① Atari, *Star Wars*, 1983.

② George Lucas, *Star Wars*, 1977.

完成任务，游戏就不像电影了；如果完成任务，另一个死星就会出现——这仍然不像电影。

因此，我们不能认为游戏版的《星球大战》包含了可识别的电影叙事：电影中的大多数人物都没有在游戏中出现，游戏中仅有的一些事件也已经变成了玩家输赢的模拟活动。第二款《星球大战》游戏同样如此，《星球大战：竞技者》[1] 具有《星球大战前传 1》[2] 中的竞赛顺序，但也不过如此。[3]

从游戏到故事

本文只是简要分析游戏—故事之间的转换，这种转换还不普遍。下文以《魔宫帝国》（*Midway Games*，1993）为例。这是一款格斗游戏（beat′em′up 类型），玩家可以在一个竞技场内与不同对手（人或电脑）格斗。这款游戏是一个动态系统，允许不同的人互动并产生不同结果。而电影版的《魔宫帝国》（*Mortal Kombat*）[4] 却不是动态系统，而是一个故事，一群特定角色进入魔宫帝国游戏内获得特定结果。无细致外貌的游戏角色和处于开放性位置的玩家变成了更具细节的电影角色，模拟活动变成了具体事件。

相应的，如果我们叙述一款棋类游戏、整个《半条命》游戏或多玩家游戏《星际争霸》（*Starcraft*）[5]，其存在物和事件将被转换，却不是动态系统。[6] 我们的复述已不再是游戏，事实上如果细致地复述，完成《半条命》游戏的漫漫旅程将会无比烦琐。

存在物的概念最适合体育游戏，其中可操作的要素数量原则上是有限的。问题在于程序本质上是存在物创造设备：电脑游戏中很容易产生无数存在物，很多动作类游戏过程中就伴随着无数敌对存在物的产生。另一个有关存在物概

---

① Lucascarts，*Star Wars：Episode* 1：*Racer*，Lucascarts 1999.

② George Lucas，*Star Wars：Episode* 1，1999.

③ 这一点与游戏产业的成熟程度也密切相关：第一部《星球大战》电影只产生了一款电脑游戏，而最新的《星球大战》系列电影则孕育了大约十款基于不同平台的游戏，集成了不同的电影或星球大战宇宙的特征。

④ Paul Anderson，*Mortal Kombat*，1995.

⑤ Blizzard Entertainment，*Starcraft*，1998.

⑥ 另一个重要问题是游戏乃是形式化的，并且以规则为边界；从而相比于存在问题，游戏就更适合物理与枪械，因为存在问题较难被形式化（见 Jull 2000）。这意味着，有一些事件是非常难以制造动态系统的。

念的问题是它本身并未说明哪些存在组成是重要的，而游戏规则却定义了重要且严格的层次结构和不重要的特征——戈夫曼（Erving Goffman）称之为“无关规则”（rules of irrelevance）。[①]

我们还需要注意到大部分现代游戏都有游戏片段（cut-scene），如告知玩家不能做某事的信息，大部分游戏片段都是让玩家观看需要展示的事件。游戏片段通常在玩家完成某一部分游戏时，以文字介绍和镜头的形式出现。

通过以上讨论，我们可以从更普遍的角度描述游戏与叙事是如何相互转换的。

表 1　叙事—游戏转换表格

电影、小说等	游戏
存在（existent）	存在（existent） 或存在的连续性产出
事件（events）	事件（游戏片段 cut-scene） 或附带多重结果的模拟
事件序列 （events sequence）	被选出的事件，作为事件或模拟 或玩家必须通过掌控模拟实现的理想的事件序列[②]
角色（character）	角色（游戏片段） 或玩家位置（游戏）

我们需要注意到，这两个方向的转换都给即兴创作留下了足够的空间，具有很多可选择性操作。简言之，基于电影的游戏倾向于选择一些特定的动作序列，并在游戏序列中模拟这些动作——正如我们在《星球大战》中所看到的。角色描写和发展要么被忽略，要么在游戏片段（迄今，游戏中还很难实现）中完成。而从游戏转换到电影，游戏就不再只是游戏了，而是以特定游戏时域的形式呈现，由特定角色执行游戏行为，并取得特定结果。角色也变得更为丰满，如电影版《古墓丽影》中的女英雄劳拉拥有更多的经历和个性展示。

---

① Erving Goffman，*Encounters：Two studies in the Sociology of Interaction*，London：The Penguin Press，1972，p. 19.

② 实现理想的事件序列比大量非理想序列要难得多——这就是游戏的本质。

时间、游戏和叙事

> 叙事是一个……双重时间序列：事件被陈述的时间和叙事发生的时间（能指的时间与所指的时间）。这种二元性不仅为叙事中常见的所有时间扭曲提供可能（如英雄的三年时光变成了小说中的两句话或者电影中几个“反复动作”蒙太奇镜头），更主要的是，这启发我们思考：叙事的功能之一就是以其他时间计划的方式创作一种时间方案。①

在经典的叙事框架中，一个叙事具有两种截然不同的时间：一是故事时间，表示被陈述事件按年代顺序出现的时间；二是话语时间，表示事件被陈述的时间（按照事件被陈述的顺序）。在很大程度上，读小说或看电影就是在呈现的话语基础上重建故事。

口头叙事中，语法时态非常必要，也可以展示叙事时间和故事时间之间的关系。除此之外，还有第三种时间，那就是阅读或观看时间。② 虽然电影和剧院没有语法时态指示时间关系，却有一种基本感知，即在观众观看电影或玩家玩游戏时所要陈述的事件尚未发生。

爱森斯坦认为有一种感知是我们面前的文本、游戏或电影是“预先的”故事的执行。③

没有必要将其描述为特殊的时间关系，但是故事时间和话语时间有很大差距。正如前面我们所引用的克里斯蒂·麦茨（Christian Metz）的观点，叙事非常依赖事件与事件的陈述之间的差距或不同一性。

---

① Christian Metz, from Gerard Genette, *Narrative Discourse*, Ithaca: Cornell University Press, 1980, p. 33.

② Gerard Genette, *Narrative Discourse*, Ithaca: Cornell University Press, 1980, p. 34.

③ David Bordwell, *Narration in the Fiction Film*, Wisconsin: The University of Wisconsin Press, 1985, p. 15.

电脑游戏中的时间

图 3　《**毁灭战士** Ⅱ》(*Doom II*) **游戏截图**(**第二级**)[①]

动作类游戏，如《毁灭战士Ⅱ》(如图 3) 没有明显的故事时间、叙事时间以及阅读/观看时间的区分。我们可以找到如图 3 的游戏表达方式，玩家可以从中重建诸多事件：图中块状图形表示玩家控制一个游戏角色，位于下方中间的是游戏角色的面部表情。图中这个角色被一个巨大的粉色怪物逼入角落、陷入险境，怪物的敌对意图很明显。玩家遭受怪物攻击，必须解开谜团，从而进入游戏的下一个阶段。

很显然，图 3 展示的事件没有过去或预先之分，但因为作为玩家的我们可以影响事件的发生，点击电脑的 CTRL 键可以使用武器，从而可以影响游戏世界。这种方式可以构建故事时间以及同步的叙事时间和阅读/观看时间：故事时间是“现在”。“现在”不仅指观看者正在见证事件的发生，还指事件正在发生，而接下来要发生什么还不明确。

在“互动故事”游戏中，使用者观看视频剪辑间或做出决定时，故事时间、叙事时间和阅读/观看时间是分别进行的，一旦使用者开始实施行动，这些时间就开始内爆：已经发生的事件是无法改变的。这意味着“你不能同时互动和叙事”。在游戏实践中，这意味着游戏永远不能执行倒叙或向前观看等基本叙事操作。[②]

本文并未对游戏中所有错综复杂的时间关系进行讨论，只是简单地关注游戏中存在的速度所体现的时间并不与玩家玩游戏的时间等同——多玩家在线游

---

① ID Software，*Doom Ⅱ*，1994.

② 预播比回放更成问题，因为描述未来发生的事情意味着玩家无事可做。

戏《无尽的任务》(*Ever Quest*)[1] 中一天一夜的任务花费现实中的 72 分钟就能完成，玩家在 2001 年玩的游戏可能标记为发生于 1941 年。但是玩游戏至少需要时间衔接的点或时段，从而将游戏世界的时间与现实中玩的时间合并在一起——玩家可以真正做一些事情。

玩家与游戏

下一个要讨论的问题不具有太多结构性，而是更多地倾向于读者：玩家与游戏是如何互动的？电影以及其他故事形式基本都是有关人类的（或拟人化的事物），观众/读者可以认知，阅读/观看没有拟人化角色的小说将会很无聊。然而，这一观点并不适用于游戏。在电脑游戏发展史上一直存在没有角色的游戏类型[2]，而且其中很多还非常受欢迎。《导弹司令部》(*Missle Command*)（如图 4）就是其中一个早期案例，玩家必须使用三个导弹发射架发射火箭，拦截并摧毁攻击城市的导弹。玩家并未以一个实体或角色的形象出现在屏幕上，只能看到其行为的结果。游戏可以为玩家创建一个"工作说明"——士兵控制导弹：这是一个典型的英雄形象。《俄罗斯方块》(*Tetris*)[3]（如图 5）令人更难理解，在游戏中玩家必须整合一系列下降的方块。

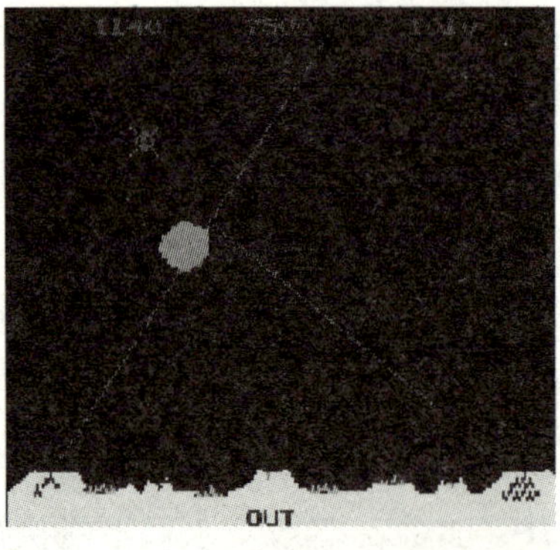

图 4　《导弹司令部》游戏截图[4]

① Verant Interactive, *Ever Quest*, Sony Online Entertainment 1999.

② 传统的桌面游戏和纸牌游戏比现在的电脑游戏更加抽象。

③ Alexey Pazhitnov, *Tetris*, Spectrum Holobyte, 1985.

④ Atari, *Missile Command*, 1980.

图 5 Atari 1986 **年版《俄罗斯方块》游戏截图**[①]

《俄罗斯方块》也没有可见的角色，游戏似乎没有构建任何角色来控制下降的方块。“俄罗斯方块电影”似乎不是可行的概念。但是《俄罗斯方块》游戏非常流行，没人质疑其作为电脑游戏的地位。

但是电脑游戏如何在抽象而不可识别的情形下仍然有趣？无论电脑游戏中的主角出现与否，玩家是永远不变的。观众/读者需要情绪刺激以在电影或书中投入激情，因此需要有人类角色实现认同。这一观点对电脑游戏来说也是真理，只有一个角色是永远存在的，那就是玩家。玩家之所以受到刺激，在游戏中投入激情，是因为游戏程序对玩家的游戏行为进行评估。这就是游戏比电影或小说更抽象的原因，因为游戏直接将玩家卷入其中。

这一差异引发了其他问题。游戏中玩家要努力实现某个目标，问题在于这一目标必须模拟玩家的状况。例如，游戏似乎没有必要设置将主角扔到火车下

① Atari, *Tetris*, 1986.

面的目标。[1] 对于玩家，这一目标则必须是可以理解并需要为之努力的。[2]

终论：先锋派谬论

最后，我们需要阐明一个反面观点：本文将故事描述成具有存在物和事件的故事、对时间的描述以及将玩家/游戏关系描述为特殊类型，其中的问题在于，我忽略了 20 世纪的实验性叙事（experimental narratives）并不只是支持故事/话语的二元性，而是更加激发读者深入，并且没有对过去或预先事件的感知。我们可以选择一些案例对这个问题进行探讨。

让-吕克·戈达尔（Jean-Luc Godard）的《狂人皮耶罗》（*Pierrot le fou*）就是一个典型的电影案例，电影中无数的时间跳跃和诸如演员对摄像机的处理等距离上的存在（distanciations）使电影无法构建连贯的故事。[3] 这种话语的前台处理造成了一种直接感知，为游戏改编准备了成熟的条件——只要我们知道游戏该关注的问题是什么。

在电影《裸体午餐》（*Naked Lunch*）的创作阶段，威廉·巴勒斯（William Burroughs）这样对艾伦·金斯伯格（Allen Ginsberg）解释："……通常的小说是已经发生的，而这部小说则是正在发生的。"[4] 很明显，叙事越是具有解释的开放性，当下的读者/观众的参与就越受重视。叙事中的"当下"与游戏中的"当下"区别在于：前者关注因读者的解释努力而使故事模糊不清的情形——文本变成所有的话语，因此紧张的时间就会得到缓解。而游戏中的"当下"则意味着故事时间与游戏时间整合在一起，故事/游戏世界并未消失。

游戏效果主要依赖玩家可以译解的目标以及阻碍玩家达到目标的事物。叙

---

① 安娜·卡列尼娜的案例由玛丽-劳尔·瑞安提供。Marie-Laure Ryan，"Beyond Myth and Metaphor：The Case of Narrative in Digital Media"，keynote speech at the Computer Games & Digital Textualities conference，Copenhagen March 2001.

② 这并不排除讽刺，但是我使用的所有案例，将玩家置于一个积极主动的位置上，通常被看作负面的：在 Bally Midway，*Rampage*（1986）游戏中毁房杀人；在 Exidy，*Death Race*（1976）和 *Sales Curve Interactive*，*Carmageddon*（1997）游戏中杀害行人，我知道没有哪款游戏的玩家目标是死亡或被破坏。

③ Jean-Luc Godard，*Pierrot le Fou*，1965.

④ William S. Burroughs，*The letters of William Burroughs* 1945－1959，ed.，Oliver Harris. London：Penguin Books，1993，p. 375.

事基本上都是解释性的，而游戏则是形式化的。或者以超文本形式表达，故事具有解释性优势，而游戏则具有结构性优势。[①] 事实上，读者/观众比先前很多理论所假设的更为主动，他们是以不同的方式在展示其主动性。

运用实验性叙事的观点解释这个开放性问题的构想，容易导致这样的问题：对解释和本体性不稳定的重视导致叙事更加直接，从而更加接近游戏，这本身会导致游戏的不可玩。[②]

结　语

再重复一遍，我相信：(1) 玩家可以讲述某段游戏的故事；(2) 许多电脑游戏包含叙事要素，许多情况下玩家可以观看游戏视频或实现一个叙事序列；(3) 游戏与叙事共享很多结构性特征。尽管如此，我仍然认为：(1) 游戏与故事并不能像电影与小说那样相互转换改编；(2) 互动性的“当下”与叙事的过去或“预先”之间存在固有矛盾，我们不能同时实现叙事与互动；还不存在诸如连续性互动故事这种东西；(3) 读者/故事与玩家/游戏之间的关系完全不同——玩家处于一个灰色区域，既是游戏外部的经验主体，又在游戏内部担任角色。

虽然本文在研究方向上有点结构主义，我仍然想说明我的观点，那就是我们需要把游戏看作一个正式结构，以复杂的方式孕育玩家体验。这意味着我们不能忽略互动性的作用：故事/游戏世界的非确定状态和玩家玩游戏时的积极状态对我们的理解具有很重要的意义。虽然我们只是玩了一款虚构游戏的单个游戏时段，并且以与《哈姆雷特》[③] 剧中相同的事件顺序结束游戏，所获得的体验却与观看戏剧《哈姆雷特》不同。由于我们将游戏看作一个探索性动态系统，允许多种序列的产生，因此我们也不能将游戏本身（game）等同于游戏

---

① Markku Eskelinen, “The Gaming Situation”, paper presented at the *Digital Arts and Culture conference*, *Providence*, April 2001.

② 这仍然引发了很多其他未探讨的可能性，比如多重矛盾目标问题，《俄罗斯方块》游戏在屏幕的其他窗口中毁坏艺术品……重点在于我们不能指望（或要求）游戏模拟叙事体验。

③ 事实上，对于游戏改编来说，《哈姆雷特》并非好的选择，因为（正如其他叙事作品）该剧有很多场景主角缺席，这导致观众获得的信息比角色可用的信息更多。这种普遍的知识与悬念处理方式在游戏中不能清晰可用，因为游戏中的观众和主角是同一个人。

行为（play）。

过去20年的叙事发展将叙事这一概念的出现看作描绘人类社会和符号生产各个层面的主导性概念。在很多情况下，拓展某个概念是有益的，但是拓展过程也易导致边界模糊和概念混淆，这是否是可取的？如果X的概念足够广泛，那么一切都将成为X。如此迅速地扩展某个理论的应用，必将带来倦殆的危险，最终取消了区别而使人对其漠不关心：如果认可一切都是X，那么除了重复以前的定论别无可求。

运用其他媒介作为初始点，我们将获得许多有关虚拟世界构建方式、角色等方面的信息……但是过度依赖已有理论将导致我们忘记游戏的本质，如规则、目标、玩家行为、玩家进入游戏世界的行为投影、游戏定义玩家行为的方式等。这些都是当下需要我们研究的特殊内容。

这些既是描述性问题，也是标准性问题。用同样的词汇描述一切事物毫无意义，假设所有文化形式都以同样的方式运作也是相当具有局限性的。对游戏与叙事关系的探讨是相当有意义的，我并非希望就此结束，本文仅仅是探讨其差异。

（原文发表于《文化艺术研究》2010年第1期：218－225）

故事与游戏：走向数字叙事学

◎张新军[1]

如今，依托数字媒介的电脑游戏使故事和游戏的结合成为可能。虽然在理论化的过程中还存在叙事学与游戏学的尖锐冲突，但如何实现数字媒介的艺术潜力是双方所共同追求的。故事与游戏或者说叙事性与互动性的关系是数字叙事学面临的首要问题。

叙事学与游戏学

叙事学是由故事与话语两个层次构成的理论模型。故事是内容层即事件序列和存在物（人物和环境），话语指表达层即事件的话语表现方式。话语是一种修辞结构，从特定视角组织事件并刻画人物，媒介乃话语的物质显现（如文字、电影）。故事则是一种心理建构，具有特定的时空维度和逻辑因果联系。我们所能够面对的只有叙事话语，但可以通过不同的方式建构故事。叙事体验方式主要是沉浸（immersion），读者置身于故事世界，感受人物的悲欢离合。

游戏学是近年西方新兴的学科，主要以电子游戏为研究对象。区分“嬉戏”和“游戏”两种活动模式。“嬉戏”没有明确的目标，其强调游戏者获得快乐体验。“游戏”是一种特别的“嬉戏”，按规则系统组织活动，规约着胜败得失。游戏活动创造了一个与现实疏离的时空环境，是技能训练和优化经验

① 张新军，湖北医药学院人文社会科学学院教授，博士，主要从事叙事学与英美文学研究。

的一种形式，也是遵循特定行为规范的交际活动。游戏体验表现在参与性，游戏者在虚构世界中承担具体角色，按照规则对游戏情景做出认知反应，采取恰当的策略来维持游戏活动或实现某个目标。

目前，故事和游戏的结合在电子游戏中主要表现为两个方面：在宏观层次上，叙事为游戏活动提供了一个意义框架，如拯救地球、拯救公主等；在微观层次上，游戏大量采用叙事因素，如视角转换、蒙太奇效果、插入镜头剪辑、将关卡过渡叙述成情节进展等。在理论领域，游戏学家往往抵制文学理论、电影理论，尤其是贯穿二者的叙事学的“殖民扩张”，以便确立游戏学的独立学科身份。而叙事学家则想驾驭数字游戏以实现理想化叙事。本文持中间立场，认为数字叙事学既要尊重电子游戏的特殊性，又要通过诗学思考来探讨数字叙事的艺术潜力，从而实现其美学价值、思想深度和情感强度。

数字叙事学的基本问题

叙事和游戏可以看作两种不同但互补的对世界的认知与体验模式。其共同点是在现实世界的基础上构筑了另外一个虚构或虚拟的世界。这种想象力被数字媒介发挥到极致。沉浸在虚构世界时，读者/游戏者的自我也经历了虚构化过程，甚至忘却了现实世界的某些侧面。故事和游戏作为建构虚拟世界的两种模式可以相互转化。一方面，故事是一个潜在的游戏，这时故事充当游戏的脚本；另一方面，游戏又是一个潜在的故事，作为需要被组织的经验。二者形成循环互动。

（一）诗学基础：表征与模拟

要描述日常经验的各个维度，我们不得不依赖符号系统，因为它们是心灵和物质世界之间的媒介。叙事和游戏作为组织经验的两种模式，它们底层的符号意指过程分别是表征和模拟，区别如下。

现实就是当“我”被石头绊脚时所发生的事，是直接的、物质的经验。表征是“我”向你讲述“我”绊脚的事；讲述绊脚和绊脚本身不是同一件事，前者是用手势和符号向你再次表现“我”绊脚的事。模拟是“我”在最新的电子游戏 *Academics of Doom* 第七关的地牢里绊脚，是与以上两者均不相同的自足的幻想，既不真实，也不是真实的表征，而是在一个与此世界不同的另外一个世界里的经验。①

表征不同于被表征的客体，客体可以是现实世界的或虚构世界的实体。在空间上，表征必然意味着实体的缺场；在时间上，表征是滞后的。语言和影像是表征最重要的也是最普遍的符号媒介。由于时空上的延宕，表征必然是不完整的（即使是摄像也已经脱离了原来的语境），所以表征需要经受各种阐释以生产意义。模拟是指以本源系统的简化版本作为模型来模仿源系统的行为特征，核心是对行为过程的动态的、实时的模拟，源系统的某些特征往往被简化或忽略。模拟的指涉系统可以是真实的，也可以是虚构的。计算机是迄今人类发明的最完美的模拟媒介，不仅能生动表征物体和系统的诸种特性，而且能够模拟复杂系统的支配性规则。如果说表征是回顾性的，是对过去事态的重现，那么模拟则是前瞻性的，是对系统行为变化的预期和验证，充满了不确定性。模拟的技术层面在科学实验（如核爆炸）和数字游戏中已经得到完美体现。模拟的社会层面则体现在日常生活的人际交往和娱乐活动中，如成人的商业策划和小孩的"过家家"游戏。心理模拟则更突出地表现在文艺欣赏活动中，正是通过模拟故事人物的心理体验，我们才会沉浸在虚构世界里，为虚构人物的命运所感动。

故事是对虚构世界的表征，而游戏是对虚构世界的模拟。但是叙事实际体验过程也是一个模拟游戏。当我们再次阅读或观看某部叙事作品时，尽管对结局了然于心，但依然在故事的危急时刻感到紧张，仿佛不知道情节将如何发展。这就意味着：这时故事充当一个脚本，我们参与其中，做一个虚构游戏。认知科学里的所谓"脚本"，是指描述特定语境下事件程序化序列的一种结构，由各种插槽（如角色、道具、进入条件、结果、场景）组成。② 游戏模拟的过程就是将这些变量实例化的过程，但可能每次模拟的结果不尽相同。游戏活动创造了一个特定的虚构世界，展现了这个世界在特定时空里的事态变迁。每次模拟行为都使系统的可能结果具体化和实际化，如果追溯模拟的踪迹，就会构成一个故事。

---

① Barry Brummett, *The World and How We Describe It*, London: Praeger, 2003, p. 1.

② Roger C. Schank and Robert P. Abelson, *Scripts, Plans, Goals and Understanding*, Hillsdale: Lawrence Erlbaum Associates, 1977, p. 41.

叙事表征的是某个特定的事件或人物的特定命运，其一般性意义需要经过阐释才能显现。游戏则是模拟并检验一般性规则（可以是物理生物法则，也可以是社会人文规范），其结果可能导致脚本的强化或重构。在叙事活动中，我们将人物与事件进行适当编排，为的是理解故事的意义；而在游戏时，我们需要先行把握故事脚本的意义，确立行动的目标和方案，对人物、物品和事件进行恰当配置，从而实现目标。

（二）体验模式：叙述与互动

读者对传统叙事作品的体验基本上是个体的、被动的行为。相比之下，游戏者参与创造虚拟世界，是一种积极的社会活动。电子游戏的玩家通过化身为虚拟世界里的人物（如角色扮演类），或是通过隐身的代理来与游戏世界的物体、人物互动。所谓互动，是指游戏者输入条件变量，模拟系统对此做出反应甚至相应改变虚构世界的状态。

通过描述游戏者与虚拟世界之间的关系，玛丽－劳尔·瑞安（Marie-Laure Ryan）提出了两对互动模式：内在/外在、探索/本体。[①] 内在模式指游戏者将自己投射为虚构世界里的成员，外在模式指游戏者置身虚构世界之外；探索模式指游戏者在虚构世界里自由活动但不改变其历史轨迹，本体模式指游戏者决定虚构世界的历史走向。两对模式的组合产生了四种互动类型，对应着四种游戏类别：一是外在/探索型，如经典超文本小说；二是内在/探索型，如历险类游戏；三是外在/本体型，如模拟类游戏《模拟城市》；四是内在/本体型，如角色扮演和虚拟现实类。可见，这种分类隐含着叙事学的立场，即视角观念和故事内、故事外叙述的区分。

在叙事领域里，是否存在读者与故事世界的互动呢？心理学家理查德·J. 格里格（Ricahrd J. Gerrig）用了两个隐喻来描述叙事体验：“读者被刻画为通过施行叙事而被叙事所转移。”[②]这可以从游戏学的角度来阐发：所谓转移就是进入故事世界开始模拟活动，心理就是模拟器，读者在叙事体验中通过激活相关脚本认知故事世界。施行叙事包括对故事信息的推理以及对故事世界的参与

---

① Marie-Laure Ryan, “Beyond Myth and Metaphor”, *Poetics Today*, 2002 (4): pp. 581-609.

② Richard Gerrig, *Experiencing Narrative Worlds*, New Haven: Yale University Press, 1993, p. 2.

性反应，如紧张、愤怒、悲痛等情感成分。施行叙事实际上就是一个积极建构故事世界的过程，与游戏中探索或影响虚拟世界的互动有着本质上的一致性。换言之，在叙事体验中也存在（心理）互动性，虽不影响客观的文本故事世界，却影响对故事世界的心理表征。

再从互动的视角来考察叙事，同时也参考媒介因素，就可以对叙述模式进行改写。瑞安提出了四种叙述模式：一是讲述模式，告诉某人过去发生的某事，如小说、口头故事；二是模仿模式，在当下演出故事、扮演人物，如戏剧、电影；三是参与模式，通过角色扮演与行为选择实时创造故事，如“过家家”游戏、布莱希特的戏剧；四是模拟模式，通过使用引擎按照规则输入实现一个事件序列而实时创造故事，如故事生成系统。①

这样，叙述和互动之间不再尖锐对立，而是形成一种互补交融的关系。传统媒介叙事中的互动更多的是就心理认知意义上而言的，数字媒介中的互动不仅有心理认知层面上的，还包括生理、物理层面上的。随着虚拟技术从一维（文本）、二维（图形）最终走向三维，从视觉、听觉最终走向触觉，读者的身体也能够进入三维模拟的虚构世界，这种虚拟现实叙事有时也称为互动戏剧、互动电影、全息小说等。因此，虚拟现实叙事的互动模式可以概括为身体化模式。莫蕾以通俗电视系列片《星际旅行》的全息甲板为模型，详细描述了女船长进入维多利亚时代的小说世界、扮演家庭女教师与男主人恋爱的情景。“全息小说提供了一个艺术形式的样板，其强大的技术基础创造了人所能想象的感官幻觉，但继承了从古代英雄史诗到 19 世纪小说以来的人类讲故事的伟大传统。”②

（三）空间叙事：主题与结构

从荷马史诗《奥德赛》里的海洋漂泊，中世纪传奇里骑士的行侠游历，欧洲小说源头的流浪汉题材，到现代电影的视觉影像，故事的空间表征是一条绵延的叙事线索。然而，经典叙事学过于关注时间性而忽略了叙事的空间范畴。空间叙事的思路是将虚构世界视为故事与游戏得以结合的平台，以空间置换时

① Marie-Laure Ryan, “Narrative and the Split Condition of Digital Textuality”, *Dichtung-Digital* [（2005—01—20）2009—09—08], http://www.dichtungdigital.com/2005/1/Ryan.

② Janet H. Murray, *Hamlet on the Holodeck*, New York: Free Press, 1997, p. 26.

间的方式来充分考察数字媒介的独特表现力。亨利·詹金斯（Henry Jenkins）提出把游戏设计师理解为叙事建筑师而不是故事讲述者，游戏可以更充分地实现故事的空间性，对叙事世界做更富沉浸性和吸引力的表征。① 通过叙事到游戏，意味着要从时间诗学走向空间诗学。譬如，抽象游戏以几何图案为主导，探索类游戏以迷宫作为结构模式，而在角色扮演类游戏中，事件之间的时间因果关系是以空间来实现的。故事的空间化逻辑为数字游戏实现叙事潜力提供了可能。

首先是故事/游戏的主题空间。故事因素被巧妙地散布在虚拟世界里，通过细腻的空间表征激活读者/游戏者从叙事文化（如小说、影视）中积累的有关主题和类型方面的记忆和预期（如鬼屋或海盗船），使他们能够立即领会情节设计并进行角色定位。他们以此为认知脚本，去探索这个虚拟的故事空间，扮演故事里的人物，推动故事情节的发展。

其次是故事的结构性空间。这分为两种情况：脚本化的故事和即时生成的故事，以此为依据建构故事的情节模式和读者/游戏者的互动类型。脚本化故事结构指读者/游戏者互动仅仅决定故事的呈现方式，但对故事本身不产生影响。这主要是历险类游戏的结构模式，采用的是迷宫式空间隐喻，设计一个入口和一个出口，读者/游戏者可以自主选择在虚构世界里的运动路线，自行处置存在物，但对故事的结局没有影响。如《红色警戒Ⅱ》“暗夜”场景里谭雅（玩家的化身人物）袭击苏联核设施，其任务结果是确定的，要么成功要么失败，但读者/游戏者可以根据自己的理解采取灵活手段来实现。这种情节往往是串珠型结构，每颗珠子表示读者/游戏者的互动空间。另一种情况是，读者/游戏者需要在一些关键点进行选择，结果是实现多种结局中的一种。这是树杈型结构，一个入口，几个出口，但均是固定不变的，互动的自由不过是选择的自由。用叙事学的术语来说，脚本化体现在故事的“核心”事件上，设计为游戏的节点，“卫星”事件则体现为互动的“嬉戏”模式，不影响故事情节的走向。

还有一种平行型情节设计，如侦探故事，读者/游戏者调查一个过去事件

① Henry Jenkins, "Game Design as Narrative Architecture", in *First Person*, edited by. Noah Wardrip-Fruin and Pat Harrigan, Cambridge: MIT Press, 2002, pp. 117—130.

（如谋杀）的真相。作为过去事件序列的故事是已然脚本化且无法改变的，嵌入虚构世界等待被发现。但调查本身又构成了另一个故事，完全由读者/游戏者控制，他们通过自己的化身角色与其他人物交流以及进行现场勘察，获取线索，重构历史事件。在这种空间故事里，读者/游戏者可能获得极大的智力满足和情感体验，毕竟这是伟大的悲剧作品如《俄狄浦斯王》和《哈姆雷特》的结构模型。

在结构空间的第二种情况下，故事不是预先设计好的，而是读者/游戏者和计算机系统互动而动态生成的。典型例子是《模拟城市》及其姊妹篇《模拟人生》。这类游戏没有明确的目标，无所谓输赢。作为对源系统（人类社会）的模拟，叙事的重心是模型的历时演化过程，互动性体现在对规则的领悟而作出的战略决策。《模拟人生》的叙事主题是对幸福生活的追求，系统本身又隐含着消费主义的文化观念，模拟的是人类社会、经济、文化、心理的过程，其人物已经具有一定程度的自我意志。由于设计理念采用的是圣经的创世隐喻，互动者往往处于虚构世界之外的上帝位置，但系统也允许读者/游戏者进入故事并从内部视角观察虚构世界。

另一种情形是超文本叙事。文本块数量庞大、呈网络型链接，且没有固定呈现秩序，也不存在既定的故事。理论上看，读者互动体现为选择的自由，链接追踪充满了偶然性，故事的生成具有无限可能性。由于文本块本身具有相对自主性和封闭性，其内部事态遵循线性序列，那么偶然链接所生成的文本块序列可能会导致时间和逻辑关系上的矛盾，产生的故事可能缺少意义连贯性，由此构成后现代主义文学“精神分裂文本”的极端形式。数字叙事的一个关键问题就是要在电脑系统对故事的控制与读者互动自由之间寻找恰当的平衡。

（四）审美追求：情感与认知

故事有三个基本要素：空间、时间、人物。计算机技术对虚拟世界的空间表征能力超越了所有传统媒介。在时间维度上，如果读者/游戏者的互动自由延伸到故事层面（如即时生成叙事的情况），那么情节发展的悬念、意外等美学效果就可能荡然无存。目前的瓶颈问题是人物。数字游戏人物都是平板人物，缺少心理深度，读者/游戏者很难移情于人物，因而无法产生情感沉浸。显著的原因是，数字叙事对游戏性的关注压倒了对故事性的追求，故事沦为意义框架，处于附属地位。游戏性的重心体现在对挑战点的精心设计上，如搏击、解谜、探奇、技巧、策略等，相比之下，虚构世界的人物退化到一般物品的地位。

从人类悠久的叙事传统中，我们可以得到两条教训：一是产生最大情感强度的作品往往是悲剧，表现个人追求和历史命运之间的冲突，因此情节发展是受到严格控制的。这可能意味着，读者/游戏者的互动自由不能突破到故事层次，其化身也不能是悲剧主人公。二是叙事作品中的情感人物毕竟是读者的心理建构。这就是说，不能一味地指望技术因素，而是要转向探索读者的认知与情感体验过程。

数字文本背后依赖的是数学模型，所有的数据最终都要转化成二进制代码进行运算，然后才显示为千姿百态的界面。叙事学家丹尼尔·庞戴（Daniel Punday）指出："RPGs（角色扮演游戏）的研发取决于找到一种办法赋予单个人物以能进行策略操控的统计学品质。"[①] 经典叙事学的人物观正好体现了朴素的数学思想：人物被视为各项特征的聚合，特征指"相对稳定的个人品质"[②]。也就是说，人物是由生理、心理、知识、道德等表达个性特征的形容词组成的语义学集合。这意味着，人物秉性可以通过语义赋值而转换成统计学模型，通过设定某种规则而生成个性行为，如此，人物对特定情景做出的反应就似乎是出于某种性情。数字系统要模拟的是人物内心世界的人文规则，更受文化、社会、个人经历等因素的制约，更具有主观性和意识形态含义，非常富有挑战性。

从认知叙事学的观点看，人物是读者因文本提示而生成的心理意象，根据文本所提供的族群、阶层、职业、语言等相关信息，结合自己所存储的现实世界的脚本知识和文学惯例，建构出一个关于该人物的心理模型。这就是著名的"图灵测试"的理论依据。第一位电脑虚拟人物是1966年创造的"爱丽莎"，因此用户和电脑人物互动的反应被称作"爱丽莎效应"，即赋予机器超过它本身所具有的智能和意向性。[③] 其实我们在日常生活中已经遇到过计算机人物雏形——电子宠物。电脑模拟人物内在生活的基础是认知科学的图式理论，信息

① Daniel Punday, "Creative Accounting", *Poetics Today*, 2005 (1): 113-139.

② Seymour Chatman, *Story and Discourse*, Ithaca: Cornell University Press, 1978, p. 127.

③ Janet H. Murray, *Hamlet on the Holodeck*, New York: Free Press, 1997, p. 224.

处理的模块化方式及逻辑运算与叙事学思想异曲同工，如普洛普的功能理论（有限性和序列性）与布雷蒙的叙事可能之逻辑。珍妮特·穆雷（Janet Murray）认为，从哈姆雷特的独白到伍尔芙的意识流，很难说文学能够进一步进行穿透心灵的运作，但当代科学挑战了我们关于自己的形象，或许超越了我们对自己内在生活的想象能力。[①] 然而，并非说电脑会比人类更聪明，而是说与传统媒介相比，数字叙事更能模拟人物的意识，表征人类的心理经验。

结　语

从史诗、小说到电影，从现实主义、现代主义到后现代主义，叙事艺术的每次革命实际上都是对媒介表征能力的极限挑战。各种艺术实验几乎已穷尽了传统媒介的叙事潜力，以电子游戏为先驱的数字叙事将为人类的叙事艺术带来全新的生命。目前它可能还饱受非议，但电影在诞生之初也遭遇了人们同样的蔑视。数字媒介如果放弃对叙事性的追求，很难设想它未来的艺术品位；但游戏叙事也不能以其他媒介的美学标准来削足适履，而是要突出自己独特的艺术品质。目前，对数字叙事的政治学思考体现在艺术游戏上，它是电子游戏的一个亚类，主要有政治游戏和审美游戏。如果说传统叙事的思想深度是通过事件描绘和人物刻画来实现的，那么数字叙事就要求从表征的政治走向模拟的政治。这是因为，关于社会世界的信念通过游戏规则被预设和自然化（如前面讨论的模拟类游戏），读者互动的本质就是认知游戏逻辑并挑战游戏逻辑。派生于电子游戏的这种符号学机制能够培养人们对意识形态和社会冲突的批判性思维能力。

[原文发表于《武汉理工大学学报（社会科学版）》2010 年第 2 期：248－252]

① Janet H. Murray, *Hamlet on the Holodeck*, New York: Free Press, 1997, p. 281.

跨媒体叙事对符号叙述学理论的挑战

◎程丽蓉[①]

新媒体时代的跨媒体叙事有着与传统文史叙事迥然不同的哲学理念和特征，其文本内容处理技巧、媒体技术手段以及传播策略也与传统叙事大异其趣。从符号学角度观察，跨媒体叙事最充分地利用了符号化传播手段，提取了元故事中的核心要素加以符号化，以这些不同符号特征，暗示不同的故事场景、情节发展方向以及延展路径，扩展故事枝节和人物及人物关系，并充分根据这些符号化要素特征来选择媒体传播手段和平台，充分利用新媒体的互动传播优势，在元故事符号的基础上不断进行符号滋生和创造，实现符号消费价值的最大化及其与现实物质世界在资源、资本和价值上的转化。好莱坞系列大片、迪士尼动画与迪士尼乐园、日本动漫以及许多大型网游的成功开发与营销已经为跨媒体叙事的理论研究提供了大量实例。在影视娱乐、动漫等领域以外，跨媒体叙事可以且正在更广泛地应用于文艺创作与传播、民族文化传承、新闻传媒、文化创意、品牌营销与传播、教育、心理健康、公共社区建设乃至政治运动等诸多领域。在理论探索上，跨媒体叙事也向建基于前新媒体时代的一些重要符号叙述学理论提出了挑战，启发我们从新的视域和维度来思考符号与叙事问题。本文主要论及其中四个方面的理论挑战，即对“符号”定义的挑战，对叙事理论的挑战（延展），对霍尔的“编码—解码”理论的挑战，以及对符号消费理论的挑战。

---

① 程丽蓉，博士，浙江工商大学人文与传播学院教授，主要研究领域为现当代小说及叙事理论比较研究、文艺与传媒、性别与传媒。

“符号”表达意义及物的缺席？

跨媒体叙事与诸多其他概念既紧密相关又相互区别，这些概念包括多媒体叙事（multimedia story telling）、交叉媒体叙事（cross-media story telling）、混合媒体叙事（hybrid media story telling）、数码叙事（digital story telling）、多模式叙事（multimodality story telling）以及中国文艺研究界提出的“跨媒介叙事”等。

相较于多媒体叙事和混合媒体叙事强调多样化运用声光影音等技术手段，跨媒体叙事更注重对网络和各种社交媒体的运用、线上与线下的互动，它将媒体作为系统的运作机制和团队协同机制，注重对各种媒体平台和传媒产品以及相关经济、社会、文化资源和资本的综合运用。交叉媒体叙事用不同的媒体手段和平台讲述了同一个故事，“改编”（adaption）是其处理内容的主要方式，其重点在于讲述者，无须也无意让受众过多参与；跨媒体叙事则是在不同的媒体平台上叙述整个故事中的一部分，充分利用不同媒体平台和传媒产品的优势互补来达到最佳的叙事效果，实现经济效益和社会效益最大化。数码叙事是依托计算机硬件和软件系统的技术开发，以数码为媒介的叙事方式和策略，而跨媒体叙事的应用则广得多，所有故事叙述都是其实践形式，涉及文化创意、娱乐、市场营销、品牌传播等领域，实现虚拟现实与物质现实的互动转化。跨媒体叙事与多模式叙事都综合运用了文本、语言、语音、空间和视觉等多种资源（或曰模式）和媒介来建构信息，吸引受众参与，但多模式叙事是集合多种模式（媒介）来创作一个单一的文化产品（如艺术品），以产生特殊的修辞和审美效果，而跨媒体叙事则旨在创造系列文化产品、物质商品乃至制度形式。中国学术界近年来提出的跨媒介叙事“是指一个叙事行为在不止一种媒介中进行，一个叙事作品由一种媒介转换为另一种媒介，从而以不止一种形态出现在受众面前这样的情况”①，从实际研究成果看，跨媒介叙事仅限于在传播介质意义上的“跨媒介”。这种传统的跨媒介叙事指封闭的文本利用不同媒介载体进

① 龙迪勇：《叙事学研究的跨媒介趋势——“跨媒介叙事”学术研讨会综述》，《江西社会科学》2008年第8期。

行传播，而新媒体时代跨媒体叙事的文本则是开放的，具有无限衍义的可能性，更多利用新媒体手段和移动互联网技术，采取多种传播手段打破现实世界与虚拟世界的界限，不仅有技术和工具意义上的媒介融合，更多的是人力、物力、财力、制度、机制等聚合而成的媒体融合，带动的是资本、文化、消费习惯乃至观念、思维上的巨大变化。[①]

分析比较这些不同概念及其所指，我们会发现，从符号学角度来看，它们之间实质性的区别正在于，与其他概念相比，跨媒体叙事强调的是通过符号化传播寻求与现实物质世界的资源、资本与价值的转化，元叙事文本符号滋生出更多符号及其再编码和解码的复杂变化，最终巨量的编码者与解码者的个性化符号消费实现虚拟世界与现实世界的成功对接，从而迭代性地生产出新的物质现实，推动社会消费和生产力发展。美国传媒心理学学者帕米拉·劳特里奇（Pamela Ruteledge）在自己创办的跨媒体叙事网站上，呈现了以《三只小猪》为元故事来建构的跨媒体叙事模型[②]（如图1）：

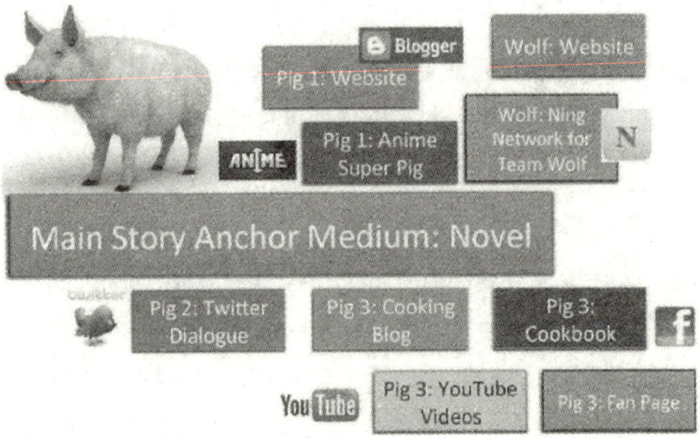

图1　以《三只小猪》为元故事建构的跨媒体叙事模型

这个模型以元故事中的四个角色为核心展开跨媒体叙事，每个角色分别采用网站、博客、推特（Twitter）和脸书（Facebook）等社交媒体，YouTube视频、动漫、互动游戏、在线地图等新媒体手段、途径和平台，展开自己及其家族或团队的故事，吸引受众参与创造、分享，再沿着各个角色在元故事中的

① 程丽蓉：《跨媒体叙事：新媒体时代的叙事》，《编辑之友》2017年第2期，第54～58页。

② http://athinklab.com/transmedia-storytelling/case-study-example-the-three-little-pigs.

特征及其发展方向，结合不同传媒手段和平台的特点，延展故事和产品设计。

围绕元故事和四个核心符号，帕米拉建构了三重扩展，每一重都在前一重的基础上延伸出新的符号，如：家族历史－续集；团队与才能－策略制定与地图设计；有机食谱与食物－地方新闻与民间流言；超级小猪；家居设计与建材探索；等等。更重要的是，这些符号都可以适当地转换为可消费的传媒产品，而每一重扩展都在前一重传媒产品的基础上更生新的传媒产品，将线上与线下、虚拟现实与物质现实融合为一。如作为实体出版物的有机食谱及光碟、家庭冲突解决方案咨询热线、旅行地图设计、《三只小猪》续集、“愤怒的小猪”动漫等，由此延伸，建构出新的符号——新增或关联其他角色，新建构故事场景和故事情节等，这些新的符号又产生新的可供消费的产品，枝枝蔓蔓，绵延不绝……在这里，符号衍义和再生的过程也是受众（解码者，也是消费者）不断被创造出来的过程，这些被创造的受众（解码者）又不断地参与编码进程，成为编码者，进行新的符号衍义与再生……编码（者）与解码（者）、叙述（者）与受述（者）之间的变化渐趋复杂。

值得注意的是，《三只小猪》虽然是童话，其读者却并不限于儿童，各个年龄段的人都有可能成为其受众——有的是儿童自己读，有的是家长陪同儿童读，有的是儿时曾经读过……总之这个故事受众面非常广。这个童话故事为人所熟知，是其被选作跨媒体叙事元故事的重要原因。跨媒体叙事使这个古老的童话符号得以在符号滋生的同时，培养创造出大批新的受众群体，并沿着各个符号的指向实现分众化传播：“第一只小猪”指向家族历史叙事，探讨家庭问题和人际关系，吸引具有历史探究意识和好奇心以及对伦理道德问题和社区文化感兴趣的人群；“第二只小猪”指向家居设计与建材研发，吸引的是设计爱好者和材料爱好者；“第三只小猪”指向有机食品制作，将有趣的藏宝游戏引入食谱开发，美食爱好者和食品研发者可以参与其中；“狼”指向的是物理与数学计算、地图绘制、旅行攻略和战略战术团队研究以及由此而来的故事重构，意图凝聚“理工男”和战争迷团队。按照麦克卢汉的说法，这种传播模式使得消费者重新部落化，也如波德里亚所说，“通过一种同谋关系、一种与信息但更主要是与媒介自身及其编码规则相适应的内在、即时的勾结关系，透过每一个消费者而瞄准了所有其他消费者，又透过所有其他消费者瞄准了每一个其他消费者”[①]。这个童话的跨媒体叙事从新媒体的符号虚拟空间出发，向影视动漫、电玩与手游、艺术设计、教育、历史文化、社区文化、食品、旅游乃至会展等众多领域转化，消费系统与生产系统就这样关联起来，成为文化产业发展的一台发动机。

以往我们认为，“符号是被认为携带意义的感知。意义必须用符号才能表达，符号的用途是表达意义”“可感知的符号不是物，而是物的缺失”[②]。格尔兹援引马克斯·韦伯的话，说“人是悬挂在由他们自己编织的意义之网上的动物”[③]，符号赋予人类以有别于其他动物的本质性特征。然而，依据前述模型分析，我们可以发现，跨媒体叙事使符号不仅用于表达意义，还用于符号繁衍与重生。不仅仅是物质对象缺席才产生符号需求，繁衍与重生出的符号经过复杂的编码与解码以及解码者与编码者的互动转换，也会产生规模化的符号消费，在资本和消费需求的驱动下，在现实物质世界中创造对应的物质对象。

这实际上为“符号”的定义提供了另一种思路：无论是艾柯还是皮尔斯以及赵毅衡先生，他们在各自的理论基础上总结出的“符号”定义，总体上是将符号作为一个既定的存在来分析的，认为符号具有使用性和表意性。但事实上，符号不仅可能是一个既定的存在（意义的感知本身），还可能是一个（套）指令性的存在（即创造新的意义感知的指令性规则），它可以创造出新的符号或符号系列和系统。我们姑且把这种符号称为“指令符号”。赵毅衡先生显然对此有所警觉，因而他特别说明他所讨论的“符号”不包括生物科技和人工智能领域。[④] 但是，正是这两个领域的符号应用可以反过来触发我们更多地去思考符号本身的能动性和主体性问题。正如计算机编程语言一样，输入指令符号后，复杂的运算由计算机后台完成，使用者并不知道也无须知道计算机是如何运算的，只需要借助相关软硬件媒介，指令符号就会创造出新的符号系列或系统，给使用者提供进行下一步操作的指令，并将指令落实到现实物质生活中。这种指令符号类似于游戏的规则，看似非常有限，却能指挥和规约游戏中所有

① 让·波德里亚：《消费社会》，刘成富、全志钢译，南京：南京大学出版社，2001年，第134页。

② 赵毅衡：《符号学：原理与推演》，南京：南京大学出版社，2015年，第3页。

③ Clifford Geertz, *The Interpretation of Cultures: Selected Essays*, New York: Basic Books, 1973, p. 13.

④ 赵毅衡：《符号学：原理与推演》，南京：南京大学出版社，2015年，第65页。

的符号，并创造新的符号。无论是古老的棋类游戏，还是当下的大型网游、手游，玩家只需按照规则行事，就能成为该游戏世界的社会成员，而游戏过程的千变万化却是玩家无法控制的，游戏所涉及的符号越多，游戏参与的玩家越多，游戏过程就越复杂，游戏玩家也就越无法也无须把控符号的变化和新符号的创造过程，游戏结果也就越开放、无限，游戏就越能吸引千万玩家的加入，成为规模化的社会活动，进而在现实世界衍生出物质产品，产生巨大的社会效益和经济效益。对此，《我的世界》（*Mine crafts*）的玩家都不会陌生。这种具有超强能动性和主体性的指令符号显然有别于其他一般符号，也有别于符号的无限衍义。跨媒体叙事也是如此，它充分利用指令符号的能动性和主体性特征，以元故事的符号为基础，结合各种媒介平台和媒体团队运作策略，凝合成一套指令符号，吸引大量解码者参与解码与再编码，并最终将符号与物重新结合起来，从虚拟世界进入现实世界，形成若干的消费产品、消费群体和文化社区。

获得著名的加拿大新媒体奖的跨媒体叙事项目“Welcome to Pine Point”[①]就是一个成功范例。它以制作者迈克·西蒙斯（Michael Simons）童年记忆中的矿区小镇来建构叙事，充满怀旧气息的童年记忆片段中的典型事物被提炼成一系列指令性符号，将过去若干年小镇的经济、文化、生活故事、电影动画、小镇商店、教育故事以及野外历险等，以博客、影片、照片、海报、动画、互动游戏、虚拟社区、民族志采访等方式共时性地展示出来，营造出浓郁的怀旧气息和文化氛围，激发起受众的强烈共鸣和积极参与。受众沉浸于分享与重建 Pine Point 这个小镇的记忆之中，在历史与现实的结合中实现了符号的发展与衍生，进而在现实世界中建构起一个真实的温馨社区，真正实现了小镇社区的经济、文化、教育等多种功能。这个项目始于 2011 年，由加拿大的桑顿斯电影节组织的“新前沿故事实验室”团队支持，当年在短短三个月内，项目网站点击量就超过了 15 万次，这在加拿大乃至整个北美地区都是惊人的。

① http://pinepoint.nfb.ca/#/pinepoint.

从虚构（拟）到现实的叙事?

早在1966年，吉布森就曾质疑“叙事学被一种倒退的幻想主导，它幻想统一的整体性，有固定参照点的固定叙事空间，等级制的思维和普遍把词语凌驾于视像之上的倾向”[①]。他的质疑并非多余，事实上，几十年后这种幻想仍然存在，如道格拉斯就认为，“超媒体虚构和数码叙事将在未来岁月中成形和发展”，但“不会发生变化的是我们永远参与的事情：因果链，我们从衣着、习惯和顽固的性格特征的研究中积累的关于性格和动机的概括，微观和宏观情节的交织，以及作为所有这些的基础的词语、词语、词语”[②]。这表明，经典叙事学文本封闭式研究以及后经典叙事学融合了马克思主义、女性主义、后殖民主义等理论进行的文本研究范式深刻地影响着研究者的文学叙述学思维方式。赵毅衡先生打破了这种思维局限，从符号学视角考察叙述学，提出了新研究范式“广义叙述学”，大大扩展了叙述学的研究视域，将“演示类叙述”“心像叙述”和“意动类叙述”都纳入其中，突破了文学领域，向法律、教育、历史、影视、传媒网络、广告等领域扩展，跨越了媒介障碍，试图在全域性的叙事文本（所有的存在叙事文本）基础上建构一般意义上的叙述理论研究框架。

然而，跨媒体叙事这种新媒体时代的叙事进一步对包括广义叙述学在内的既有叙事研究范式提出了挑战。

首先，无论经典叙事学、后经典叙事学还是广义叙述学，对叙述文本的定义底线都可以用《广义叙述学》中的概括来标示，即“一个叙述文本包含由特定主体进行的两个叙述化过程：1. 某个主体把有人物参与的事件组织进一个符号文本中；2. 此文本可以被接收者理解为具有时间和意义向度”[③]。在经典叙事学那里，这个符号文本是封闭的文学文本；在后经典叙事学那里，这个符号文本是相对开放的文学文本，经由这个文本可以抵达经济的、政治的、社会

① A. Gibson, *Towards a Postmodern Theory of Narrative*, Edinburgh: Edinburgh University Press, 1966, p. 21.

② J. Y. Douglas, *The End of Books or Books Without End? Reading Interactive Narrative*, Ann Arbor: University of Michigan Press, 2000, p. 171.

③ 赵毅衡：《广义叙述学》，成都：四川大学出版社，2013年版，第7页。

历史的和伦理的批评；在广义叙述学中，这个符号文本则可以是包括文学在内的所有符号化文本，被纵横两条轴线规定在一定类型之中：“一条轴线再现本体地位类型，即纪实型诸体裁/虚构型诸体裁；另一条轴线是媒介-时间方式”“如此一纵一横，所有的叙述体裁都落在这两条轴线的交接处：每一种叙述，都属于某种再现类型，也属于某种时向-媒介类型。”① 然而，跨媒体叙事文本却并不拘囿于这种类型划分，相反，它恰恰是利用各种叙述文本类型之长，将之融合为一个超级叙事文本，各个低一级文本相互交织，构成高一级文本，就像格式塔，高一级文本绝非低一级文本简单相加，而可能在各个叙述要素方面都产生单个文本所不具备的效益和特征。譬如 2008 年电影《蝙蝠侠：黑暗骑士》搞了一个“Why so serious?”造势活动。这个活动以一个名为“Why so serious?”的网站（一个符号文本）为中心，衍生出一系列活动（符号文本）：在线上，有电影角色“双面人”哈维·丹特的竞选活动，小丑的团员招募活动；在线下，有支持哈维的游行，或者小丑追随者依据指令举办的各种活动和竞赛；此外，还创建了将近 30 个网站，包括电影中虚拟城市哥谭市的监察局、警察局、大学、电视台的官方网站，其中哥谭市电视台还围绕着蝙蝠侠、哈维·丹特制作了一系列访谈节目。整个活动在全球 75 个国家吸引了超过 1000 万的参与者。

其次，在跨媒体叙事中，叙述主体并不像其他单个符号文本的叙述主体那样只是“把有人物参与的事件组织进一个符号文本中”，而更多的是建构或改造一个元故事符号文本，以此为核心，利用各种传媒平台和传播策略吸引最大量的消费者参与创造新的符号文本（消费者即转化为叙述主体），甚至进一步将符号文本转化为现实物质文本（产品或商品）。这个元故事符号文本仿佛是一套指令符号，而其叙述主体就是指令官，其目的不在于直接表达意义，而在于由此延展出各种媒介手段、平台、策略和领域，创造更多的符号，吸引更多的解码者参与叙述而成为叙述主体（消费主体）。

再者，跨媒体叙事彻底改变了叙述（事）学关于“真实”问题的思考格局。在经典叙事学和后经典叙事学中，“艺术真实”与“现实真实”的分界线是明确的，文本内外之界即“艺术真实”与“现实真实”、“虚构”与“真实”

---

① 赵毅衡：《广义叙述学》，成都：四川大学出版社，2013 年版，第 3 页。

的分野。在广义叙述学中，纪实型与虚构型叙述文本可以以“双区隔”原则来区分虚构（拟）与真实，即使是虚构文本，“在同一区隔中，再现并不表现为再现，虚构也并不表现为虚构，而是显现为事实，这是区隔的基本目的”。在任何框架区隔之中，“虚构只是对虚构外的世界是虚构”，而对于虚构框架内的世界则具有足够的真实性。[①] 这就可以解释为什么读者在阅读文学作品的时候会沉浸其中，并相信那个虚构的世界。当然，没有人会在《红楼梦》的虚构世界之外去寻找贾宝玉、林黛玉，因为若跳出文本体裁所设定的框架区隔，故事中的人物就不会与现实形成对应。然而，问题来了，要是有人就是偏偏要到现实世界里去寻找林黛玉与贾宝玉，而且这些人还数量巨大，且自成一个社区乃至社会呢？也就是说，以往的叙事（述）学都有一个理论假设，那就是：虚构（拟）与真实之间存在不可（准）逾越的“区隔”，没有叙述主体会试图跨越这个“区隔”，除非他得了精神病，分不清虚构与真实。但是，跨媒体叙事却恰恰颠覆了这种理论假设，其要旨正在于跨越各种界限（不同媒介、主体与客体、不同产业领域、线上与线下之间），以达成虚构（拟）与真实之间的跨界融通，将虚构（拟）世界中的符号文本和符号产品转化为物质世界中的各种消费产品、消费行为乃至制度体系，将虚构的符号化的故事转化到受众的行为活动之中，从而形成虚拟世界对现实物质世界的干预和参与。以往我们认为，游戏、动漫不过是虚拟世界，而今，游戏动漫产业已发展成文化产业的支柱，年产值超万亿，拥有动辄上百万、上千万的“粉丝”，这时我们还能说它只是虚构（拟）吗？对于精灵宝可梦（Pokemon，也译作“口袋妖怪”）的玩家而言，这个神奇宝贝就像是自己心爱的宠物，十余年实实在在地存在于自己的生活之中，融入了自己的成长记忆，而且全球的玩家们彼此呼唤、寻找，共同参与线上或线下的社区活动，根本无所谓真实与虚拟之分。可见，跨媒体叙事通过符号的持续性创造和叙述主体（消费者）的持续、大量卷入，最终实现了虚拟与现实的跨界。在新媒体时代，“三人成虎”不是传说，而是现实。欧美国家越来越多地利用跨媒体叙事进行品牌营销、教育、社区文化建设，甚至建构政治团体，就是明证。

---

① 赵毅衡：《广义叙述学》，成都：四川大学出版社，2013 年版，第 83 页。在这里，“区隔”的意义在于区分实在世界与虚构世界，后文布尔迪厄所谓的“区隔”则主要是表明因审美趣味和文化消费模式而形成的社会差异和阶级、阶层区分，二者不同。

博尔赫斯的小说《小径分岔的花园》表明，人们无时不栖居在具有各种故事潜能的无限之中，其中任何一个故事都可能与别人栖居的无限相切。传统叙事将叙述主体的注意力集中在由悬念和惊喜组成的线性链条上，而在跨媒体叙事中，无数卷入其中的叙述主体带进了巨大的故事潜能，他们的注意力已经转向了逐渐汇聚的不确定性带来的战栗（frisson）。埃斯本·阿塞斯曾指出，“超文本”是事先固定读者选择的文本，而“赛博文本”则是“用户可以贡献话语因素的一部分作品，以至于‘话语本身’的‘主题’事先是不为人知的或服从于变化的”①。跨媒体叙事作为一个符号化传播的叙事系统，就是精心选择或创造符号以吸纳最大量的叙述主体和故事潜能，实现符号繁衍滋生，进而重新构造物质现实的一场互动游戏。跨媒体叙事是个开放的、延伸的、无限衍义的系统，不确定性是其最大的叙述魅力，它不再仅仅是一套传播方式和传播策略，而是完全超越了传统叙事及其研究的封闭划界思维，是全媒体融合时代跨界思维的典型体现。

解构“编码”？

斯图亚特·霍尔的“编码－解码”理论曾经修正了“刺激－反应”理论和“使用－满足”理论，解放了解码受众的主体性，开启了受众主体研究的新范式。与接受美学和读者反应批评类似，霍尔借助索绪尔的符号学理论，指出了由符号的能指与所指关系的随意性造成的解码的多义性，高度肯定了受众解读符号的主动性和创造性，彻底改变了受众是被动的“沙发上的土豆”的观念。但是，这一理论并没有撼动编码者的确定性和编码意义指向的确定性。虽然霍尔也指出，编码的信息一经传递，编码者就失去了控制权，但他的理论预设了编码者的确定性及其在编码时赋予的符号意义的确定性，而且预设整个传播过程都在虚拟符号世界中循环。

新媒体时代的跨媒体叙事极大地挑战了这一理论：在跨媒体叙事中，编码并非仅仅是传播者把自己想要传递的信息或意义转换成符号这个单向过程，而

① 詹姆斯·费伦，皮特·J. 罗宾诺维兹：《当代叙事理论指南》，申丹等译，北京：北京大学出版社，2007年版，第617页。

是不确定的、富于变化和延展性的立体化过程；编码者从一开始就不确定其要传递的信息或意义是什么，他只是提供具有元意义的核心故事和核心符号，意义或被悬置，或被模糊化，从而最大限度地利用各种媒介技术手段和传媒平台的优势，调动受众一起参与整个编码过程。编码的过程就是解码的过程，也是符号衍义和裂变再生的过程。在此过程中，解码也变成符号消费、符号再生产和再编码的过程。更重要的是，伴随解码与编码的互动创造，虚拟符号转化对应为物质对象，从而打破了虚拟符号世界的循环圈，实现了符号与物质对象的重新对接，将符号世界缺席的“物”转化为现实存在之“物”，虚拟世界由此在物质世界得以“物化”。

回到前述《三只小猪》的跨媒体叙事模型，我们可以发现，故事中四个角色的意义并非特定的，相反，作为符号，其衍义性很强。比如乔恩·谢斯卡的《三只小猪的真实故事》[①]、高铭的《天才在左疯子在右》之《三只小猪前篇：不存在的哥哥》和《三只小猪后篇：多重人格》[②]，这些文本解读出的《三只小猪》中角色的符号意义就完全不同。在帕米拉的这个模型中，这四个符号的意义被刻意美化和简化，改变了原有的编码方式和规则，打破了人们惯常为狼和三只小猪贴上的意义标签——狼贪婪残忍又执着，小猪勤劳又友爱。在跨媒体叙事中，四个角色变成了纯粹的游戏角色，每个角色都有自己的前世今生，都有自己活生生的、丰满的生活细节。特别是狼，网站内容不断披露其内心想法，这跟小说以人物内视角来描写人物心理的叙事手法具有同样的效果，令受众更多地去理解这个角色，进而对其产生同情甚或喜爱的情感。这颠覆了元故事编码的伦理指向，使这个以伦理道德符码进行编码的童话变得更加开放，让受众能更容易也更轻松地参与符号衍义、创造与再编码、解码的过程。

大型的跨媒体叙事项目会采用更复杂的符号和编码，有意将意义复杂的众多符号融为一体，以便最大限度地实现编码的多样化和符号的衍生、创造与物质转化。比如国内比较成功的跨媒体叙事《秦时明月》系列叙事文本，包括3D动漫（含主线故事、番外篇、节庆短片）、游戏（含网页游戏、手机游戏、动画游戏、桌游）、漫画、动漫大电影、小说（含小说原著及其有声书）以及

① 乔恩·谢斯卡：《三只小猪的真实故事》，方素珍译，石家庄：河北教育出版社，2007年版。

② 高铭：《天才在左疯子在右》，武汉：武汉大学出版社，2010年版。

真人版电视剧，由此衍生出娱乐教育栏目和同人手绘、角色扮演者（cosplayer）主题照片、各大网站主题论坛等由用户生产的内容，以及淘宝官方店、官方商城、官方微店等出售的周边产品。这个异常庞大的超级叙事文本以“荆轲刺秦”为原型进行符号改造和衍生，囊括了战国时期的墨家、纵横家、阴阳家、兵家、儒家等各家主要人物以及秦王、张良等政治人物和一些虚构人物，以荆轲的儿子荆天明（虚构人物）为核心符号，以武侠、爱情、家国、谋略、日常生活、成长等多套符号文本展开跨媒介叙事。这些本就含义复杂的人物符号和主题符号又以极为复杂的方式交织在一起，开拓出极大的意义阐释空间，同时它们又具有良好的大众化基础，非常有利于实现大量解码者（同时也是编码者、叙述主体和消费者）的参与和符号的衍生创造。仅从《秦时明月》的百度贴吧、新浪官方微博、微信公众号和官方网站这四大网络社区看，其粉丝人数就超过百万。由于新媒体具有强烈互动性的特征，这些粉丝从理论上讲也是这个超级叙事文本的编码者和叙述主体。一个具有如此庞大的解码者和编码者群体的叙述文本，显然与传统的符号文本不同，其最显著的特征就是极度的不确定性和多样化。数量庞大的粉丝群形成了消费的规模效应，导致符号的编码、解码更有可能因为其潜在的巨大消费需求及其经济效益而转化为现实的商品，甚至发展成产业链，就像迪士尼公司已经成功实践的那样。可见，在跨媒体叙事中，符号的编码、传递与解码的确定性和指向性及其虚拟循环已经被打破了，不再是虚拟世界的符号空转，而是会最终介入现实物质世界。

个性化的符号消费

马尔库塞曾经激烈地批判文化工业制造消费者和消费，对人进行“消费控制”，把他们变成“单向度的人”；本雅明批判文化工业时代是“机械复制时代”，不仅复制艺术和艺术主体，也复制出大量消费这种艺术的大众，导致人们对艺术价值的凝神观照变成了展示价值的消遣；阿尔多诺也批判大众文化生产的标准化、齐一化扼杀了个性，剥夺了个人的自由选择。波德里亚揭示了消费的符号化现实，认为“我们进入了博尔斯坦在其作品《形象》中谈及的伪事件、伪历史、伪文化的世界”，这个世界“不是产自一种变化的、矛盾的、真实经历的事件、历史、文化、思想，而是产自编码规则要素及媒介技术操作的赝象”，而“规定了大众传媒消费的，正是这种以编码规则取代参照物的普及”。[①] 他同时也指出，“消费系统并非建立在对需求和享受的迫切要求之上，而是建立在某种符号（物品/符号）和区分的编码之上”[②]，工业化生产的垄断性集中取消了人们之间的真实差别，使人们及产品都同质化，同时又开启了区分鉴别统治，所谓个性化的消费就是对差异的崇拜，而“对差异的崇拜正是建立在差别丧失之基础上的”[③]，因此，他认为，“当代垄断性生产决不仅是物质财富的生产，而一直也是关系和差异的（垄断性）生产”[④]。很显然，这里的个性化消费（典型如奢侈品）就成为一种身份地位的象征，其作为符号资本并非普通人能拥有和享受。

需要指出的是，以上诸家观点建基于对前新媒体时代机械复制的文化工业发展时期社会现象的分析。以媒体融合为特征的新媒体时代为人类提供了崭新的文化产业图景，其中最显著的特征就是个性化的自由选择与符号消费成为新媒体时代的表征，尤其是智能手机和移动互联网的普及，3D 打印技术和各种微设计、微服务的广泛运用更加强了这种趋势，使过去作为身份地位和资本象征的个性化符号消费逐渐变成人们日常生活的消费需求和消费图景。

跨媒体叙事正是与新媒体时代的这种个性化符号消费互为因果的。譬如，在跨媒体叙事中，元故事符号的提取和赋义就是个性化的。《三只小猪》中的每一只小猪、狼、猪妈妈、三种不同的屋子及其所处的环境以及这些符号之间的相互关系，在不同的解码者（同时也是编码者）那里有不同的含义。由这些不同的解码路径进行的符号重构和故事重建也是个性化的，比如从猪妈妈让三只小猪离家的情节中可以提取出母亲、父亲、子女、家、家庭元素，再延伸出“家族—氏族—国家”这条符号路径，解码者可以像恩格斯和众多历史学家那样去建构一系列人类社会发展的宏大故事，也可以像更多小说家那样去建构一系列爱情、亲情、乡情故事，还可以建构一套成长故事或英雄传奇史诗。各种故事建构过程对多种媒介平台和传媒手段的采用也是个性化的，解码者/编码

① 让·波德里亚：《消费社会》，刘成富、全志钢译，南京：南京大学出版社，2001 年版，第 135 页。
② 让·波德里亚：《消费社会》，刘成富、全志钢译，南京：南京大学出版社，2001 年版，第 70 页。
③ 让·波德里亚：《消费社会》，刘成富、全志刚译，南京：南京大学出版社，2001 年版，第 83 页。
④ 让·波德里亚：《消费社会》，刘成富、全志钢译，南京：南京大学出版社，2001 年版，第 83 页。

者可以利用乃至创造多种平台、手段和形式，借助符号叙事来建构一个个虚拟社区，凝聚同好者进一步进行符号衍义和叙事延展，进而将虚拟社区延伸到真实的物质现实生活之中。在现实物质世界，其衍生品样态更是多元化、个性化的，如主题淘宝商店、“二次元”和众多角色扮演（cosplay）玩家的线下活动。

跨媒体叙事与个性化符号消费就是联系如此紧密的双胞胎。在这种背景下，反观法兰克福学派的理论，我们深切地体会到，传媒的发展、时代的变迁与叙事的再生必将给人类带来强烈的思想冲击。

需要指出的是，符号消费的个性化与民主化并不必然意味着布尔迪厄所谓的“区隔”的消失，相反，这种“区隔”甚至可能变得更加严重。在电视消费时代，受信息源和娱乐形式的局限，消费者借助电视节目开阔视野；而在移动终端消费时代，充满惰性的消费者有可能因其强烈的个性化偏好而始终被包围在人工智能推送的信息和游戏之中，日趋狭隘和闭塞，趣味固化、僵化。所以，在新媒体时代，“数字鸿沟”不是越来越小，而是越来越大，这不仅有经济、文化的原因，更受制于符号消费的惯习（habitus）与场域。

从经典叙事学、后经典叙事学到叙事学转向之后的广义叙述学，叙述学在符号世界里逐渐扩大其研究领域，丰富其研究方法。作为符号学的一部分而存在的叙述学，其基本思路是对纷繁复杂的现象世界进行条分缕析的梳理，并试图提炼出一般规律乃至规则。然而，新媒体时代媒介融合背景下的跨媒体叙事对此提出了多方面的挑战。人脑与电脑语言符号的交互影响，媒体融合带来的极强的交互性、互动性，人们对符号消费与物质消费转化过程的参与欲望，以及资本运作的强烈利益驱动等因素，都极大地改变了过去单一媒体、单一类型的符号文本具有的特征。跨媒体叙事启发我们更多地运用跨界思维，从融合性和交互性角度去思考符号学和叙述学的相关问题。至于符号是否具有主体创造性和衍生性，叙述主体（编码者）与叙述接受者（解码者）的极其不确定性和多样化以及二者之间的巨量、高速转换究竟会如何影响叙述，符号消费的个性化与社会区隔是否存在和怎样矛盾地存在，等等，本文对这些具体问题的讨论，实属移步换景的思考尝试，意在诚恳地抛砖引玉。

（原文发表于《中外文化与文论》2017 年第 1 期：261－273）

游戏（与体育）的广义叙述学理论基础

◎宗　争①

游戏叙述作为演示性叙述的一种，其实一直颇受学界的重视。一是体育传媒研究：体育赛事的直播、转播与解说，作为对体育竞技赛事的一种特殊的“再叙述”方式，已经成为体育人文社会学研究的一个重要内容。一是电子游戏研究：电子游戏叙述与文学、电影叙述之间的关系，成为当代电子游戏研究的一个重要论题。然而，两种研究虽各已有丰富的研究成果，却并没有在理论上充分而有效地融合。究其根本，二者缺乏共同研究的理论和对话基础，各方的研究者无法在同一论域中进行探索。

符号学被誉为“人文社会科学的公分母”，“是人文社会科学所有学科共同的方法论”。② 今天，在游戏符号学与广义叙述学理论的引导下，也许我们有可能尝试统一地来解决这看似分属两个学科的问题，结束游戏研究的分裂局面，统合游戏的广义叙述学理论。

重新认识游戏

无论是体育竞赛还是电子游戏，包括儿童游戏，都符合一个共同的定义：游戏是受规则制约、拥有不确定结局、具有竞争性、虚拟作假的人类互动

① 宗争，文学博士，成都体育学院新闻与传播学院副教授，主要从事游戏学、体育文化传播、符号哲学研究。

② 赵毅衡：《符号学：原理与推演》，南京：南京大学出版社，2011 年版，第 8 页。

活动。

在游戏研究领域，“玩乐”（play）与“游戏”（game）的区别已经得到了充分的讨论，美国体育史和体育社会学专家阿伦·古特曼称：“本能的游戏（play）可以被看作是纯粹的自由王国，但大多数的游戏（game）都是有组织的，有规则限制的。”① 游戏作为一种有组织的人类活动，需要将无竞争性的“嬉戏”和“玩耍”排除在外。②

游戏活动本身就是人类组织符号、遵循规则、制造意义的结果。任何一次游戏活动，都可以被视为一个完整的符号文本，构成一个“游戏实例文本”，并可以运用符号学理论对其进行细致的解读。③

符号学关注符码的传播和意义的生成过程。而游戏作为一个特殊的表意文本，拥有不同于其他符号文本的特殊符号传播结构。也正因为如此，如果只是单纯利用“发送者—符码信息—接收者”这一经典传播学中的单一线性模式，就很难穿透游戏文本传播的复杂和精微之处。

游戏是人类设计、参与并观看的活动。因此，游戏活动至少勾连着三个在逻辑上具有连贯性的抽象符号身份：游戏设计者、游戏玩者和游戏观者。

通过游戏规则的设定和游戏环境的设计，游戏设计者将具体的意义固定在游戏动作之上，为游戏植入了潜在的意义架构。然而，如果设计出来的游戏架构无人参与，这仍然不成其为游戏。游戏架构必须经由具体玩者的参与才得以激活。

在游戏意义的生成过程中，游戏的玩者（即参与者）具有两方面的意义。一方面，他/她是游戏架构的服从者和实施者。笔者特别使用“玩者”（player）一词，而不是“游戏者”（gamer），是因为要在二者之间作出特别的区分。玩者就是玩游戏的人，是主动参与游戏进程的人。游戏者则特指游戏内文本对于参与者的要求和规范，是一个抽象的概念。他/她通过遵循游戏规则，接受游戏设定，将游戏设计者抽象的游戏架构设计变为现实的、活生生的行

① 阿伦·古特曼：《从仪式到纪录：现代体育的本质》，花勇民等编译，北京：北京体育大学出版社，2012 年版，第 5~8 页。

② 参见宗争：《游戏概念的符号学探索——“游戏”符号学的基础》，《中外文化与文论》，2011 年第 1 期。

③ 参见宗争：《游戏符号学的基础》，《东方论丛》2011 年第 2 期。

动。另一方面，他/她也是新的游戏行为和意义的创造者。他/她通过具有主观能动性的行为，在游戏活动允许和认可的范围内，制造新的游戏意义，甚至他/她也可以通过违反规则和触碰游戏框架的边界，来实现游戏中“利益的最大化”，从而丰富并开拓新的游戏意义。

游戏的研究者或是将游戏作为研究佐证的学者在“游戏中玩者是否自由”的问题上存在不小的分歧和争议。

体育社会学研究者、从教育学角度对儿童游戏进行研究的学者通常强调游戏规则对游戏玩者的限定作用，他们通常会有这样的疑问：“如果一个人服从组织管理，又怎么能处于自由的国度里呢?”[①] 而他们也从教育对人的塑造作用等角度，来申明游戏的不自由性。

而哲学家们，如康德、席勒、伽达默尔等，则视游戏活动是“自由”的。他们从游戏架构所创造的自足的游戏世界和游戏玩者在游戏活动中所获得的自在的意识和心理体验，来说明游戏世界和游戏玩者意识的自由性。

在康德的《判断力批判》一书中，“游戏”（spielen）一词频繁出现，超过60次，常见的词语搭配如：“内心诸能力的游戏”[②] “认识能力自由的游戏”[③] “想象力的转瞬即逝的游戏”[④] “感觉的自由的游戏”[⑤] 等。

康德认为，“艺术甚至也和手艺不同：前者叫作自由的艺术，后者也可以叫作雇佣的艺术。我们把前者看作好像它只能作为游戏、即一种本身就使人快适的事情而得出合乎目的的结果（做成功）；而后者却是这样，即它能够作为劳动、即一种本身并不快适（很辛苦）而只是通过它的结果（如报酬）吸引人的事情、因而强制性地加之于人”[⑥]。

游戏乃是“一种本身就使人快适的事情而得出合乎目的的结果”。

熟悉了游戏的传播过程，这一问题就不难解释，这一争议也就不难调和。游戏架构所具有的简明、强制、互动等特点，决定了游戏活动同时具有强制性

---

① 阿伦·古特曼：《从仪式到纪录：现代体育的本质》，花勇民等编译，北京：北京体育大学出版社，2012年版，第5页。

② 康德：《判断力批判》，邓晓芒译，北京：人民出版社，2002年版，第64页。

③ 康德：《判断力批评》，邓晓芒译，北京：人民出版社，2002年版，第74页。

④ 康德：《判断力批评》，邓晓芒译，北京：人民出版社，2002年版，第162页。

⑤ 康德：《判断力批评》，邓晓芒译，北京：人民出版社，2002年版，第170页。

⑥ 康德：《判断力批评》，邓晓芒译，北京：人民出版社，2002年版，第147页。

和自由性两种特性。

1. 游戏玩者通过具有符号意义的行为，来呈现游戏设计者的符号意义设计，这是游戏的强制性。

2. 玩者通过游戏规则所未经设定的行为，来制造新的意义，从而创造出完整而自足的游戏世界，这是游戏的自由性。

游戏世界并不是游戏设计者制造出来的，而是通过游戏玩者对游戏架构中空白意义的填补来实现的。游戏世界与现实世界的分野不仅仅基于游戏设计者对游戏架构的虚拟性设计，它还必须通过游戏玩者对符号行为意义的共同心理认同来完成。

康德借助“游戏”来阐明审美活动所具有的“无目的的合目的性”，如果从游戏符号学的角度出发来看，这其实是康德在不同的理论层次之间跳跃的结果，或简言之“跨层”。游戏玩者参与游戏，首先需要放弃现实世界中的“功利性”目的，以“游戏心态”进入游戏，遵守规则。游戏拥有目标，但这一目标仅在游戏内对游戏玩者有效，跳出游戏则失去了原有的意义——古特曼称游戏“活动的目的是为了活动”。但从更高的层次上讲，游戏制造的世界本身就与现实世界形成了一种或积极或消极的对应关系，游戏是人类理解现实生活的一个重要的参照系。因此，游戏活动本身能够渗透出人类所追求的“崇高”境界，是更高层次的“目的”。

在逻辑上，游戏文本拥有一个符号意义的接收者，它并不仅仅指某个具体的游戏实例文本的观看者，所有对游戏文本的形成进行观照，在任何角度对游戏文本给予解读和阐释的人都是“观者”。古特曼称：“游戏不需要观众，因为游戏表达了游戏者自身的一种愉悦，这种愉悦无需得到他人的认可。”[①] 游戏可以无“观众”，却必有“观者”。事实上，游戏玩者本身就是游戏的“第一观者”，在对弈之中，双方棋手关注的都是全盘的局势，这一点与“观众”看到的并无不同。“观者”与“玩者”是两个符号身份，在同一个游戏参与者身上共同体现，这是游戏文本的一个重要特点。

游戏是演示性叙述的一种，也就是说，游戏的进程本身就是游戏文本，游

---

① 阿伦·古特曼：《从仪式到纪录：现代体育的本质》，花勇民等编译，北京：北京体育大学出版社，2012年版，第15页。

戏通常会有一个“结局”，表明玩者的胜负关系，但“结局”本身只是游戏进程的一部分，而不是游戏的“最终形态”。游戏不可能通过“阅读”比分来进行解读。游戏毕竟不同于记录性叙述文本，譬如小说、诗歌等。小说、诗歌以“最终形态”作为文本的依据，其创作过程无论多么曲折，只能算作“文本”的伴随文本，作为读者理解作品的辅助性因素。

游戏文本是多人“创作”的结果，这里面包含了游戏设计者的最初设定，包含了游戏玩者的具体行动，甚至包含了观者对游戏进程的干预。

游戏文本的双重互动结构

我们对游戏文本中重要的符号身份已经有了初步的了解，就可以对游戏文本的构成进行更深入的观察。在游戏活动中，经典的传播学“发送者—符码信息—接收者”模式并没有改变，依然有效。特殊的是，游戏进程中最重要的符码信息经历了二次传播，形成了两个彼此关联又相互区别的符号文本，在三者而非二者之间传递——笔者将其称之为“游戏文本的双重互动结构”（如图 1）。这一文本有其特殊的传播形态与结构，是游戏符号学和叙述学的基础，也是理解游戏叙述特点的关键。

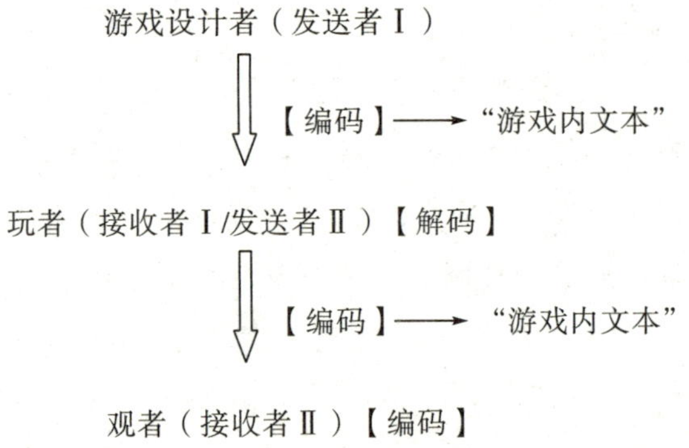

图 1　游戏“符号文本”的双重互动结构

对照图 1，我们发现，在一个游戏实例文本中，具有两重的信息发送者和接收者，分别与不同的符号文本相联系。

第一重的发送者与接收者是“游戏设计者”与“玩者”，玩者接收游戏设计者所提供的“游戏内文本”，对其进行阅读和理解甚至修改。引入“游戏内文本”这一概念，是为了说明游戏玩者的“阅读”对象也是非常具体的符号文本，它应当被赋予一个独立的名称，并在游戏研究中得到特殊的重视。而这一点，在以往的游戏研究中是被忽略的。

“游戏内文本”是游戏设计者提供给玩者的符号文本，主要包括游戏规则和游戏框架两部分。玩者对“游戏内文本”的阅读和理解不是一蹴而就的，这一点与阅读小说或观看电影不同，玩者会不断揣摩游戏内文本所提供的信息，逐渐形成自己玩乐的风格和策略。

第二重的发送者与接收者分别是“玩者”与“观者”。通过阅读和理解“游戏内文本”，玩者得到参与游戏的资格。在游戏中，玩者们的行为和选择形成了不断变化的游戏文本。对游戏文本进行阅读具有历时性和连贯性，游戏设计者借助这一点，将诸多具有相关性的游戏文本进行联合。

游戏内文本包含了游戏文本形成的核心机制，游戏文本是游戏内文本的具体衍化。传统游戏中“篮球”游戏、“足球”游戏的分殊，电子游戏中所谓“同一款游戏”，指的都是“游戏内文本”的同一性。同一个游戏内文本，可以产生无数个游戏文本。

然而，“游戏内文本”并不是游戏文本。只有棋盘、棋子和游戏规则无法形成对弈；只有设定好的计算机程序，无人进行操作，也不成其为电子游戏。简言之，必须有玩者的参与，游戏才能成立，游戏的叙述性也是在此过程中得以呈现的。

游戏不能被反复“阅读”。一场球赛，只能观看一次，观看电视直播或转播，都是对在摄像机镜头的引领下所进行的“二次叙述”的观看，已经经过了栏目导演的加工和处理（无论电视媒体如何宣传自己的“自然主义”立场）。“二次叙述”可以被记录和保留，初始的现场观看却无法还原。

传统的游戏研究通常会忽略游戏实例文本的特殊性，而过分关注游戏内文本的普遍性。廓清游戏内文本与游戏文本的关系，是我们进行游戏符号学研究的基础，也是游戏符号学研究与其他以“游戏机制”为研究对象的游戏研究的差别。

游戏叙述文本的互动性

游戏文本具有双重编码、双重解码的特质，两套文本存在相互干预、彼此影响的关系。

“互动性”是游戏叙述文本的另一个特征。我们之所以称其为“互动”，是因为游戏内文本与游戏文本在形成过程中，不是由此及彼的传递关系，而是彼此交往的对话和互动关系。

具体而言，游戏文本的“互动性”是通过两组关系中的三个符号身份——游戏设计者、玩者与观者——之间的相互干预来体现的。

我们反复强调三个身份的“符号性”，而不是指称具体的某类人群，正是看到了在游戏活动中，在一个具体的参与者身上，可以兼顾两到三个身份。

其一，游戏参与者兼具“玩者”和“游戏设计者”身份。在某些特定的条件下，参与者可以在游戏进程中对游戏进行重新调整和设计，前提是游戏玩者共同认可。

譬如，街头足球赛可以随意以两个高度不定的固定物（如书包）作为球门，街头篮球赛则可以规定玩者不可进行贴身对抗。网络游戏中，玩者会根据一段时间内游戏角色的胜负次数和频率，对游戏设计者提出调整建议。而某些玩者会通过一些方式更改电子游戏程序代码，从而达到某些特殊的效果。

围棋界就流行着三种不同的判定胜负的标准：中国大陆的“数子法”、日韩的“数目法”和中国台湾的“应氏规则”计点制度。这三种规则的形成，则是根据不同文化环境中玩者的经验和习惯逐步调整的。

如果将目光放长远，我们会发现，所有的游戏规则都会受具体的游戏环境和游戏结果的影响，“玩者”实际上肩负着不断调整游戏规则的使命。

其二，游戏观看者兼具“观者”和“游戏设计者”身份。“观者”不仅仅阅读游戏文本，同时也具有改变游戏进程的能力。

俗语所云“观棋不语真君子”，实际上是对观者进行的道德约束。游戏规则本身并没有对游戏观者的话语权进行约束。换言之，观者的“指点”会对游戏玩者构成某种程度上的影响。

在体育竞赛中，“教练”的身份也是“观者”，他不参与游戏，却可以通过话语或战术部署来改变“玩者”的行为，从而影响整个游戏的进程。而“教练”更重要的使命则是在真正的竞赛前对“玩者”进行预备性的训练，这构成了游戏文本的“伴随文本”。

更严重的是，观者通过游戏外行为来终止游戏进程，甚至影响具体玩者的命运。1985 年 5 月 29 日，利物浦与尤文图斯在布鲁塞尔海瑟尔体育场的欧洲冠军杯决赛中相遇。在比赛中，双方球迷不断有辱骂和投掷行为。混在利物浦球迷里的足球流氓与尤文图斯球迷大打出手，导致看台倒塌，当场压死 39 名尤文图斯球迷，并有 300 多人受伤，造成“海瑟尔惨案”，球赛被迫停止。赛后所有的英国球队被禁止参加欧洲的赛事长达五年之久，利物浦球队被禁止参赛则达七年。

通过三种符号身份的互动交往、转移替换，游戏文本得以动态呈现。在这个意义上，可以说游戏文本是由游戏设计者、玩者、观者合力制造出的符号文本。

赵毅衡称：“任何叙述应当符合如下底线定义。一个叙述文本包含由特定主体进行的两个叙述化过程：

1. 某个主体把有人物参与的事件组织进一个符号文本中。
2. 此文本可以被接收者理解为具有时间和意义向度。”①

因为游戏活动涉及人物、时间与情节的变化，所以因此产生的游戏文本必然会形成广义上的叙述文本。而游戏符号文本的种种特征也会相应地出现在游戏叙述文本之中。

进言之，游戏在演示性叙述中具有特殊性，也因为在游戏中不存在绝对被动的“阅读者”，所有的身份都可以对游戏文本进行主动“书写”。无论是玩者还是观者，都不是被动的“阅读者”，他们都可以参与游戏文本的“书写”，并使自己的行为最终成为游戏叙述文本的一部分，他们同时也是游戏文本的作者。

相较于其他的艺术作品，游戏具有更强的互动性。文学作品是作者写定之后由读者阅读，电影是完成拍摄与剪辑后以成片的形态放映给观众看，“作者”

---

① 赵毅衡：《广义叙述学》，成都：四川大学出版社，2013 年版，第 7 页。

相对是唯一的。游戏叙述的互动性，具体呈现在对两重游戏文本的“阅读”和“书写”上：玩者对“游戏内文本”的“阅读”和观者对“游戏文本”的“阅读”。如果考虑到观者和玩者的身份转化，这一“阅读”过程可以细分为四个部分：

一是“玩者”对游戏内文本的阅读，如足球运动员熟悉比赛规则和赛场情况。

二是“玩者”对其他“玩者”行为的阅读，玩者的身份中天然地包含着一个观者身份，玩者必须对游戏进程和其他玩者的行为进行“阅读”，而这一阅读过程本身也成了游戏文本的一部分。如对弈过程中，一方举棋不定，瞻前顾后；又如球员在球场上“审时度势”，并随机应变。

三是“观者”对游戏文本的阅读，如球迷观看球赛。

四是“观者”对游戏文本的干预。观者在一定程度上可以通过特殊的方式左右游戏进程，这一过程通常也伴随着他们对游戏文本的“即时书写”，如教练员改变战术，替换球员，改变游戏进程；又如球迷呐喊助威，球员受到激励；甚如球迷殴斗，影响比赛进程，造成游戏中止。

当然，在戏剧和电影领域也曾出现过利用“互动”来营造特殊观影效果的尝试。1967年，在蒙特利尔举办的世界博览会上，捷克导演拉杜兹·辛赛拉（Radúz Cincera）展示了他的电影《自动电影：一个男人和他的房间》（*Kinoautomat：Clovek a jeho dum*），这是历史上第一部互动电影（interactive movie），观众可以通过按手中的红绿按钮来投票选择后面的剧情。只是在这些例子中，互动的频率和复杂程度较低，无法与游戏活动相提并论。

游戏叙述文本是游戏设计者、玩者、观者三者合力书写的结果。游戏叙述具有双重互动、即时读写的特点。

因为形成游戏叙述文本的过程过于复杂多变，所以，我们很难确定“游戏叙述文本”的“作者”是谁。但可以肯定的是，任何一个游戏文本，它的“作者”都不可能是某一个具体的人，而是一系列动态因素的集合。

也正因为如此，在游戏中，任何一种可能对游戏叙述进行干预的因素，都会寻求一个理想的“读者”目标，在叙述学理论中，我们称之为“隐含读者”。

“游戏设计者”所期待的“隐含读者”是游戏的“内行”，是熟悉、了解游戏规则和游戏架构的人。而电子游戏设计者则不仅要求“读者”熟悉这一游戏的规则，也要求他们熟悉这一类型的游戏架构，甚至必须熟悉电子计算机的操作，而这一点决定了电子游戏观者群体的小众化。对体育竞技赛事进行报道的各类型媒体根据游戏叙述文本进行“再叙述”，则希望“读者”可以在游戏文本所衍生或相关的各种“伴随文本”中找到自己的兴趣点，从而实现任何程度上的有效传播。因此，体育媒体利用各种方式来“刺激”受众，吸纳各个层次的观众，无论你是“内行”还是仅仅对球员的外貌感兴趣的“外行”，都能够在体育传播中找到适合自己的信息。

谁制造或干预了游戏叙述文本的形成，谁就将可能被接收的符号意图灌注在叙述文本中，由此指定了“隐含读者”的一种解读的意义向度。

电子游戏的研究者通常会强调电子游戏能够被“记录”的特质，从而将其与传统游戏区分开来。

在 2001 年“电子游戏研究元年”的大会上，电子游戏研究者艾斯本·亚瑟斯（Espen Aarseth）称，作为人类活动的游戏与作为美学研究对象的文学、绘画、雕塑、电影等不同，其形式虽然相对固定，却不能形成具有持存性的“作品”，无法构成美学研究的基础。而电子游戏的出现改变了这一局面，通过电子计算机这种“多媒体”，游戏过程（至少是游戏过程的部分呈现）可以被“记录”下来，成为可供分析的文本对象。①

然而，这种“强调”本身就缺乏现象上的支撑，它只是基于电子游戏玩家的心理体验。电子游戏玩家在参与同一款电子游戏程序的时候，即便遇到“游戏结束”（有些游戏会这样提示：“你已经死了，是否在上一个存盘点重新开始”）的提示，再次进入游戏后，通常也会“认为自己是在玩同一个游戏”，而不会意识到自己已经开启了另一个“游戏实例文本”。游戏架构的自身连贯性太强，重新开始游戏的各项成本较低和相对比较单调的操作方式（鼠标、键盘中相同键位的点击）是玩家产生类似心理体验的基础；而倘若是一场足球赛事，以同样的“资源”（相同的参与者、相似的时间和环境条件）投入重新再战的可能性则小得多。

在这个问题上过多纠结，也许会陷入唯名论与唯实论的争议。不过，电子

---

① Espen Aarseth，“Playing Research：Methodological approaches to game analysis”，MelbourneDAC2003，http://hypertext.rmit.edu.au/dac/papers/Aarseth.pdf，检索时间：2014 年 5 月 4 日。

游戏的研究者不应当忽略，与传统游戏一样，电子游戏也是依靠游戏玩者的“动作”作为游戏进程的基本构成因素的，只是玩者的“动作”通过计算机终端转化为电脑屏幕中所操作角色的动作。玩者的“动作”虽然简单，只是在鼠标或键盘上敲击，但同样符合游戏文本构成的基本法则。游戏世界的构成绝不是依靠“屏幕”的分隔，而是依靠游戏玩者的符号意义的心理认同。

当然，增强“脚本”的控制力度，从而减少游戏玩者行动上的自由度，是电子游戏近 30 年来的创造性力量，也是其与传统游戏逐渐分野的缘由。电子游戏研究者将电子游戏与电影相比肩，也就不难理解了。

结　论

从游戏文本的双重互动结构来理解游戏叙述文本的特点，是笔者进行游戏广义叙述学理论建构的出发点。游戏叙述的特殊性，决定了它不可能沿用传统叙述学研究的思路，不可能利用研究记录性叙述文本的理论途径。而游戏叙述即时读写、双重互动的特征，也决定了它与其他演示性叙述文本的区别。

游戏广义叙述学理论的建立，有赖于坚实的理论基础和正确的研究方向。在更高的理论框架中，将体育研究的既有成果与电子游戏研究进行深入融合，建立更广泛的和具有普适性的游戏理论，是游戏研究发展的必经之路。

[原文发表于《河南师范大学学报（哲学社会科学版）》2014 年第 5 期：130—134]

从文本分析到过程研究：数字叙事理论的生成与流变

◎甘　锋[①]　李　坤[②]

在数字叙事诞生初期，摆在理论家面前的是带有双重不确定性的局面：一方面是理论工具转换带来的不确定性，即经典叙事学正在遭受后经典叙事学的解构与拓展；另一方面是数字叙事实践带来的不确定性，如计算机媒介叙事的潜力与可能性，新的叙事媒介与传统叙事媒介之间的兼容性与排斥性等。面对如此开放的局面，研究者亟须一个理论框架来对这种新兴的叙事实践进行解读。正如新兴的数字叙事艺术蜕变于传统的叙事作品，数字叙事理论的生成与发展也经历了一个从传统变体到范式创新的过程：早期的研究者倾向于在传统的叙事理论中寻求庇护，亚里士多德的诗学理论、普罗普的故事形态学，甚至是古老的非洲口语传统都成为他们理解和阐发数字叙事的工具；而在对电子游戏叙事元素的探讨中，游戏学的挑战使数字叙事理论开始摆脱经典叙事理论的束缚，并在核心概念与阐释框架上进行范式创新，尝试发展出一种真正适用于数字媒介的叙事理论。

媒介叙事

从口语交流到印刷文学，再到电影、电视这样的电子媒介，人类叙事的发

① 甘锋，文学博士，东南大学艺术学院教授、博士生导师，主要从事艺术学理论、文艺传播学研究。

② 李坤，河南大学美术学院副教授，主要从事文艺传播学研究。

展始终离不开其所依赖的媒介之更迭。在当代的数字环境下，交互小说、交互电影（纪录片）、电子游戏、新媒体交互艺术等已经代替传统的文学和影视等成为叙事实践发展的前沿领域。在此背景下，数字叙事研究的先驱们最初倾向于参照传统的叙事模式，从历史上成熟的叙事理论中吸取养料来分析数字媒介作品。从研究方式上看，这是一种从作品内部进行的分析，试图建立有关数字媒介时代作品结构的叙述理论模式，其中最具代表性的莫过于“新亚里士多德主义”（Neo-Aristotelian）和“新普罗普主义”（Neo-Proppian）了。

布伦达·劳蕾尔（Brenda Laurel）是数字叙事研究“新亚里士多德主义”的代表性人物，她在代表作《作为剧院的计算机》（*Computers as Theatre*）中将亚里士多德的诗学理论框架运用到人机交互的语境之中，构建出一种“交互形式的诗学”。劳蕾尔之所以在众多的传统叙事理论中选择亚里士多德的《诗学》，一方面是因为《诗学》的涵盖面非常广泛，所讨论的叙事问题涉及主题、任务、结构等多方面要素；更重要的是，《诗学》具有逻辑上和结构上的连贯性，而这对于以“共享”故事创作和确定性代码为指令的计算机来说是一个极为重要的必要条件。劳蕾尔进而从观念和操作两个层面上发展了亚里士多德的学说，对《诗学》进行了数字化改造。

就观念层面而言，劳蕾尔认为传统戏剧叙事与计算机交互之间有着共通性，戏剧所展现出的主题、目标、冲突、受挫、张力、问题解决等与当代计算机所具有的多传感器、通信链接、显示等性能一样都是一种交互的形式。例如，计算机本身就可以被认为是一个剧院环境，屏幕相当于传统的舞台，计算机的程序设计对应剧本，而对计算机硬件和软件的使用体验则与传统的戏剧动作相关联。就操作层面而言，劳蕾尔以亚里士多德哲学中的“四因说”（即“形式因”“材料因”“动力因”“目的因”）与《诗学》中提出的戏剧“六要素”（依次为“情节”“性格”“思想”“语言”“唱段”“戏景”）为框架，向其中注入数字化内容，从而为数字叙事提供了一个具有可操作性的评价与分析模型。例如，传统戏剧中作为“形式因”的“情节”此时成了人机交互中的形式，作为“材料因”的灯光、声效等此时成了交互主体在计算机环境中所感知到的各种展演效果。“六要素”中的“情节”需要将人机互动的结果考虑在内，从而使每一次具体的交互行为都有可能导致情节的不同发展；而“思想”不仅包括人的思想，也包括计算机的处理机制等。劳蕾尔之所以不厌其烦地阐述传统

《诗学》的数字变体，是因为在亚里士多德那里“四因说”和“六要素”之间具有一种重要的逻辑关系，即“从‘情节’到‘戏景’的逻辑发展中，每一个前者都是后者的‘形式因’，而在反向的逻辑脉络中，每一个后者都是前者的‘材料因’”[①]。换言之，此时在数字叙事“六要素”之间有一种从“形式因”到“材料因”、从抽象到具体的逻辑联系，而这种内在逻辑性相互组合精密与否恰恰是劳蕾尔指出的设计、评价与分析数字叙事好坏的标准。

在劳蕾尔理论的基础上，数字叙事“新亚里士多德主义”的另一位代表人物迈克尔·马蒂斯（Michael Mateas）将数字叙事研究的另一位重要学者珍妮特·玛瑞（Janet Murray）的“代理”概念引入了《诗学》。“代理”指的是“一种被赋权的感觉，其源自可以在世界中采取行动的能力，并且这种能力或倾向可以切实地改变这个世界”[②]。这种“代理”不是一种简单的计算机概念，相反，它非常艺术化，马蒂斯始终强调它必须是活生生的交互体验。进而，马蒂斯又在亚里士多德的框架上增加了两个新的维度。在“形式因”方面，马蒂斯增加了“用户倾向”，用户倾向性成为数字叙事构成中的一个更具精神性的机制，从而可能会给作品呈现带来“思想”“语言”等方面的改变。但是，这种改变并不是任意的，它受制于原初作者（人和计算机）的设计及技术等方面的限制，因此马蒂斯又在“材料因”里增加了“适用于互动的材料”，如用户对语言文本的选择，而这正是数字交互叙事发生的物质前提。在这种“新亚里士多德主义”的思路下，马蒂斯与同事一道创造了数字叙事的里程碑式作品《假象》（*Facade*）。这部互动戏剧作品将传统舞台搬到了计算机屏幕上，无论是“舞台设计”、人物塑造还是戏剧冲突等都遵循亚里士多德《诗学》中的叙事原则，唯一不同的地方在于“互动”成了叙事设计的核心环节。

不难发现，无论是劳蕾尔还是马蒂斯，他们的理论模型都重在强调各个叙事元素之间内在的、逻辑的因果联系，其优点是用亚里士多德的“有机整体”思想将计算机提供的可能性与人的能动性有机整合起来，从而为数字叙事的创作与批评提供一种严密而可行的理论指导。但是，他们的不足也是显而易见的。一方面，用两千多年前的亚里士多德诗学来观照当下的数字叙事，很可能

---

① Brenda Laurel, *Computers as Theatre*, Boston: Addison-Wesley, 2013, p. 70, Sp. 59.

② Michael Mateas, “A Preliminary Poetics for Interactive Drama and Games”, *Digital Creativity*, 12 (3): 2001, pp. 140—152.

是一种“削足适履”的做法，甚至在理论与实践之间存在不可调和的矛盾。例如，亚里士多德的诗学叙事并不包含交互的思想，劳蕾尔却试图让其嵌套在交互的内容上，这是在用一个封闭的结构去框定开放的内容。更糟糕的是，马蒂斯为了让实践与其理论兼容，竟然将“叙事”的概念窄化为“戏剧性的故事”。另一方面，亚里士多德的叙事理论从整体上看是一种强调线性因果序列的“有机叙事”，这或许适用于早期具有完整故事情节的数字叙事，但是当下数字叙事的发展，不论是超文本小说还是交互纪录片都旨在超越线性时间序列的限制，就此而言，试图创造属于数字时代的叙事“三一律”并不是一种明智的做法。

如果说“新亚里士多德主义”倾向于构建数字叙事的逻辑框架和评价标准，那么“新普罗普主义”则将重点放在理论的实践生产能力上。虽然普罗普并不认为自己是纯粹的形式主义者，但他的《故事形态学》毫无疑问开创了叙事形式研究之先河。普罗普在100个俄罗斯民间故事中总结出了31种功能和7种角色，通过大规模比较，他发现俄罗斯民间故事中既有可变的因素，又有不变的因素，“变换的是角色的名称，不变的是他们的行动或功能”，他认为科学的研究应该把“不变项”作为分析的逻辑起点，这样才“有可能根据角色的功能来研究故事”。[①] 普罗普将研究视角从传统的文化、历史等外部研究转向了对故事的功能、结构等的内部研究，并且归纳出一系列类似数学公式的“叙事公式”，如此一来，故事就被简化为明晰的语法，而这种公式或者说语法正是计算机输入和编程的必要前提。于是，对故事要素进行抽象和“量化”在逻辑上就具备了可能。事实上，在计算机产生之前的几十年，普罗普本人就相信，人们完全可以按照这些公式生产出新故事。到20世纪60年代，当计算机开始成为对故事进行分类和编排的有力工具时，研究人员就尝试让计算机成为生产故事的“主体”。作为普罗普著作在美国的翻译者，阿兰·邓迪斯（Alan Dundes）最早尝试将普罗普的叙事公式应用到计算机上，他相信计算机对于文学主题等方面的分析可以起到积极的辅助作用。需要指出的是，普罗普的叙事语法意在作为识别和理解民间故事潜在结构的工具，但是“新普罗普主义”

---

① 弗·雅·普罗普：《故事形态学》，贾放译，北京：中华书局，2006年版，第17页。

的思路与之恰好相反，是“反过来用总结出的叙事语法来生成民间故事”①。随着人工智能技术的发展，这种尝试越来越多，比较有代表性的计算机自动生成故事软件有“故事针”（Talespin）、“星际飞船”（Starship）、“游吟诗人”（Minstrel）等。以“游吟诗人”为例，这款基于案例分析的故事生成系统遵循“问题解决”的基本逻辑，设计者会将故事语法拆解为成千上万条计算机语言，当一个新的问题情境产生时，计算机就会回到系统中寻找现存的解决方案，并将其运用到这一新情境当中，由此“新”故事就会被源源不断地生产出来。除了这种“问题解决”型的生产模式，近年来还产生了许多不同的计算机故事生产模式，如“墨西卡”（Mexica）是一款基于认知描述的故事生成系统，其将输入的变量换成了内容与修辞限制等。在“新普罗普主义”思路下设计的故事自动生成系统所生产的故事虽然具有很好的逻辑性和复杂性，但是它的不足还是显而易见的。首先，由于当下技术的限制，这些故事大多只是以故事大纲的形式存在，且语言表达非常机械化，还需要人的二度加工，真正意义上的故事“自动生产”并未实现。其次，这些系统只有生产故事的能力，却没有评价的能力，它们或许可能在同一时间生产众多的故事，但其好坏还需要人类的筛选，更重要的是，故事的历史、文化、情感等价值层面的因素都是其所不具备的。最后，故事的自动生产虽然会有各种各样新的组合模式，但是它们遵循的大多是古典形态的故事范式，这一方面会导致叙事模式的僵化，另一方面则会在重复性与创造性之间产生一条难以逾越的鸿沟。不过，许多对人工智能技术抱有乐观态度的研究者依然认为这条道路是行得通的。

口语叙事

在“新亚里士多德主义”和“新普罗普主义”风行于数字叙事研究领域的同时，还有一些研究者另辟蹊径，将目光投向更古老的口语叙事，尤其是非洲口语叙事传统，希冀在这种跨时空的交汇中为数字叙事研究提供一个更可行的参照系。这些学者之所以要超越现存的主流叙事学模式，是因为这些理论大多

① Scott R. Turner, *The Creative Process: A Computer Model of Storytelling and Creativity*, Thame: Taylor & Francis, 1994, p. 2.

建立在“文字-印刷”的媒介环境之上，其表现为：作者与读者的分离、精密的故事结构设计以及线性时间与严密的因果逻辑。但是，以计算机为代表的数字技术所带来的媒介变革突破了传统的“文字-印刷”模式，不论是亚里士多德还是普罗普的理论模式都难以适应这种新的媒介环境，其所带来的与其说是叙事方式的改变，不如说是叙事“范式”的革新。帕梅拉·詹宁斯（Pamela Jennings）就明确指出，亚里士多德的《诗学》并不适用于基于计算机的交互作品，因为《诗学》是一系列的专断规则，聚焦于传播和交流的方便与简明，其确定性的情节观、线性的因果逻辑和对思想全体截断性的表达都是好的交互作品的特征。① 与《诗学》相比，以詹宁斯为代表的许多研究者认为当下的数字叙事从非洲口语叙事的传统中可以获得更多的启示。

具体来说，古老的口语叙事传统和当下的数字叙事在以下几个方面具有相通之处。就整体的叙事观念而言，口语叙事和数字叙事都是以交互性作为叙事的核心机制。叙事若想具有交互性，必须同时满足四个条件：“观察”“探索”“修正”与“互变”②，这既是一个逻辑发展过程，又体现了在实践中交互主体之间经验性的沟通与相互改变。根据学者约瑟夫·坎贝尔（Joseph Campbell）的研究，最早的交互叙事以神话的形式出现，“叙述者不只是背诵古老的故事，相反，整个社群还会以一种宗教仪式的形式重演这些故事”③。对于仪式的交互性来说，“重演”意味着一种“实时性”，“交互”的真正意义就体现在这种实时的“对话”之中。此时叙述不是一种过去式，而是以一种进行时的样态存在。正如古老仪式对死亡、重生等母题的每一次再现都不尽相同，观众与计算机的每一次人机交互也都会因人而异。在当下的数字叙事中，观众的每一次亲身互动其实都可以视为一次实时性的“重演”。正是因为这些内在原则的相通性，卡罗琳·米勒（Carolyn Miller）才认为古老仪式与当下数字叙事中的“多人在线游戏”非常相似，因为它们：（1）都在使用某种意义上的“替身”；（2）都包含着角色扮演；（3）都和其他参与者进行互动；（4）都朝向某个确定

① Pamela Jennings, “Narrative Structures for New Media Towards a New Definition”, *Leonardo*, 29 (5): pp. 345—350.

② M. S. Meadows, *The Art of Interactive Narrative*, Indianapolis: New Riders, 2003, pp. 44—45.

③ Carolyn Handler Miller, *Digital Storytelling: A Creator's Guide to Interactive Entertainment*, Amsterdam: Elsevier, 2004, p. 4.

的目标；（5）都具有很强的戏剧性，甚至都包含“生”或“死”的意义。①

就叙事的传播-接受过程而言，口语叙事和数字叙事的观众都被赋予了极大的主动性。在非洲口语叙事中，口头叙述者与观众之间的互动基于一种“呼唤与回应”机制，其中观众会对叙述内容做出身体及口头上的回应，而口头叙述者又会据此对所叙述的内容做出相应的改变。在这种模式下，观众不再是静观的欣赏者，也不只是在观念层面上打破“第四堵墙”，他们通过肢体、语言等物理意义上的反馈与互动，不仅影响了叙述者的表达行为，还不断改变与塑造着所呈现的叙事作品的面貌。简言之，口语叙事中的观众已经成了叙事过程的一个具有主动性的生成要素。同样，在当下的数字叙事中，作者不再是那个掌控全局的人，而是成了流程设计者。因此，许多学者都用“用户”一词来指涉观众的状态，以表明位于作品“之后”的那个观众来到了作品“之中”，其行为的一部分成为作品自我呈现的必要环节。

就叙事作品的呈现形态而言，口语叙事中的非线性时间、多高潮等结构特征也与数字叙事极为相似。众所周知，“文字-印刷”叙事遵循着线性的时间结构和明确的因果逻辑，即使一种叙事采取了“倒叙”“插叙”甚至是“乱序”的表达结构，它们绝大多数仍然能够被还原出一个明确的线性时间链条。口语叙事则不同，由于观众在叙述过程中起到了重要作用，叙述者对自己要讲述的内容及主题只会有一个大致的框架，细节甚至情节都是不固定的，其结果就是口语叙事中往往没有明确的线性时间，取而代之的是一种“圆形的重复”。正如沃特尔·翁所言，口语叙事中的元素就像是“一个盒子套着另一个盒子的不断的主题复现”②。这种重复性的结构特征，罗纳德·拉斯纳尔（Ronald Rassner）称之为“叙事节奏”，即与传统叙事中逻辑性的情节营造不同，口语与数字叙事更具“音乐表演性”③。换言之，如果说传统叙事作品是作者的私人独白，那口语与数字叙事就像是作者、故事与观众之间交流而生的“复调”作品。如果线性的故事结构不复存在，那由此导致的单一故事高潮自然会被瓦

① Carolyn Handler Miller, *Digital Storytelling: A Creator's Guide to Interactive Entertainment*, Amsterdam: Elsevier, 2004, p. 6.

② Walter J. Ong, *Orality and Literary: The Technologizing of the World*, New York: Routledge, 1982, p. 144.

③ Isidore Okpewho. *African Oral Literature: Backgrounds, Character and Continuity*, Indianapolis: Indiana University Press, 1992, p. 224.

解，取而代之的则是每次主题复现时专属于当下实时性交互而生的故事高潮。例如，在近些年的交互纪录片实践中，人们可以在某个统一的主题下（如“和平”“民主”“公正”等），自行上传相应的影片或与已经上传的影片进行互动，这就使得作品不再只有单一的高潮，而是用若干“次故事”“次高潮”建构了一个相对松散的整体。正是因为这些特征，詹宁斯将口语叙事及数字叙事同翁贝托·艾柯的“开放的作品”联系起来，因为只有当整个作品的结构是不固定的，交互才有可能发生。

2004 年的数字叙事作品《奇异视点》（*Weird View*）的创作理念就是基于口语叙事传统与数字叙事之间的相通性。制作者先是从爱尔兰都柏林地区的民众那里收集口语表达形式的民间故事，并将其以视频、音频甚至动画等多媒体的形式整理为数字叙事元素，再利用一个计算机应用程序作为叙事导航。当《奇异视点》反过来再次展现给当地民众的时候，民众可以利用超链接技术自行选择所要观看的主题和故事。与此同时，由于作品本身松散的结构和交互性，其本身就成了一个“口头传统”的“叙述者”，而作为故事素材提供者的原初作者此时就成了“口语－数字”交互叙事的观众。换言之，《奇异视点》用数字形态的方式实现了与古老口语叙事传统的对接，再现了口语叙事中作者、作品和观众之间相辅相成的互动关系。

虽然古老的口语叙事传统与数字叙事有共通的地方，但是形态上的相似并不能保证二者在经验层面上的无缝衔接，口语叙事和数字叙事之间的差异还是非常明显的。一方面，口语叙事和数字叙事固然都将交互性和观众置于叙事的中心地位，但是口语叙事提供的是一个人人交互的环境，而在数字叙事中则变成了人机交互。另一方面，正如麦克卢汉等媒介环境学家所指出的，媒介不是中性的，其自身就是一种信息，一种环境。口语和数字是两种完全不同的交流媒介，因此在实践层面有着完全不同的创作模式，在社会层面也指涉了不同的文化与经济环境，所以用口语思维来理解数字叙事从理论兼容性的角度来说还有不少鸿沟需要跨越。就目前而言，数字叙事对口语叙事的借鉴还停留在观念和形态层面，数字叙事在理论层面的突破还有很长的路要走。

游戏学

从20世纪90年代末开始，研究者不再将数字叙事看作过去某种叙事模式的延伸，而是试图从全新的视野出发，将其作为一个独立的实践领域来对待。其中，电子游戏无疑是数字叙事实践最活跃的竞技场，许多数字叙事理论家把电子游戏作为数字叙事的典型案例来探讨。由是，围绕电子游戏叙事元素讨论的大幕缓缓拉开，一场叙事学与游戏学的激烈论战上演了。

所谓的“游戏学”，是以游戏特别是电子游戏为研究对象的新兴学科。[①]就其内部而言，游戏可以被分为“嬉玩”和“竞玩”两种模式。常见的“嬉玩”如儿童之间经常玩的“角色扮演”以及相互之间的嬉戏打闹等，而足球、篮球、棋牌等则是典型的“竞玩”游戏。不论是“嬉玩”还是“竞玩”，其中都蕴含着一定的叙事元素。“嬉玩”缺少明确的规则，但是“角色扮演”等玩法离不开“人物”“事件”等叙事要素。“竞玩”虽然在这两个方面并不凸显，但是其鲜明的规则性又与亚里士多德建立的“问题解决”式的“有机叙事”整体在逻辑上不谋而合。到了电子游戏时代，不论是《仙剑奇侠传》这样的“角色扮演类”游戏，还是像《模拟人生》这样的“经营养成类”游戏，“嬉玩”与“竞玩”中存在的叙事元素常常很好地混合在一起。因而，对于电子游戏叙事理论的讨论就成了数字叙事理论发展的助推器。

作为数字叙事研究的代表人物之一，珍妮特·玛瑞试图把电子游戏当作一种“赛博戏剧”来看待，并且论述了计算机本身作为一种叙事媒介的可能性。她指出，计算机具有“程序性”“参与性”等特征，其分别指计算机独立运行算法、提供交互过程、再现信息、组织和指涉大量难以预料的信息等能力，而运作于计算机平台之上的电子游戏无疑具有鲜明的叙事特征。同样，在《不只是游戏：作为小说的电子游戏》(*More Than a Game：The Computer Game as Fictional*) 一书中，阿特金斯 (B. Atkins) 从游戏和小说的联系与暧昧性入手，将电子游戏视为一种叙事实践进行了探讨。总之，电子游戏作为一种叙事媒介是无可争议的。

---

① 贡扎罗·弗拉斯卡：《拟真还是叙述：游戏学导论》，《符号与传媒》2011年第1期。

就具体的切入角度来说，研究者对电子游戏叙事的探讨大体可以分为两种路径。一种是从宏观的角度出发探讨电子游戏叙事的构成问题。众所周知，经典叙事学的一个重要理论前提便是“故事”与“话语”的二分法，贾斯珀·尤尔（Jesper Juul）就以此为逻辑参照，提出了一个适用于电子游戏叙事的三分法，即程序、素材与输出。正如“故事”的呈现是“话语”运作的表象，电子游戏界面中输出的交互画面正是计算机算法及其附带的各种文本、声音和图形的结果。然而，在“故事”与“话语”的二元关系中，二者是无法截然分离的，它们之间的区隔只是一种“逻辑在先”而非“时间在先”的思辨结果。但是在尤尔的三分法中，程序、素材与输出之间的关系却没有了“故事”与“话语”的暧昧性，“逻辑在先”也被“时间在先”取代，在同样的程序上可以添加不同的素材，由此便会导致不同的输出，呈现截然不同的游戏界面。另一种则是从微观的角度出发探讨电子游戏叙事中的叙述元素问题。例如，马尔库·艾斯凯利宁（Markku Eskelinen）认为，游戏中最重要的时间只有一个，那就是从开始直到赢得最后的胜利。进一步细分的话，还可以对现实的用户时间与虚拟的游戏时间进行分析，但它们与传统叙事的故事时间和话语时间是有本质区别的。另外，艾斯凯利宁还仿照热奈特的做法，从“时序”“时频”“时长”等方面探讨游戏叙事时间。“时序”涉及游戏时间发生的顺序，对于许多探索性的角色扮演游戏而言，“时序”是可以任意改变的；“时频”涉及游戏的重复能力，大多数游戏的“时频”都是可以重新来过的；“时速”涉及游戏叙事的节奏，即电脑和玩家可以掌控叙事进程的速度；“时长”涉及游戏时间的长度，其中既包括总体时间的长度，也包括具体情境设定的限制性时长；“行动时间”涉及玩家动作的可能性；而“同时性”则涉及玩家对游戏内部并置元素的改变性操作。①在艾斯凯利宁关于游戏时间的探讨中，有些地方其实已经超出了叙事学的范围。例如“时速”，有时候速度的快慢与叙事并无必然联系，就像在体育竞技游戏中，赛车速度的快慢在绝大部分情况下并不具有叙事的意义。

在叙事学与游戏学度过一段短暂的“蜜月期”后，许多游戏学家试图划清游戏研究与叙事研究的界限。艾斯本·亚瑟斯（Espen Aarseth）甚至认为，

---

① Markku Eskelinen, “Towards Computer Game Studies”, *in First Person: New Media as Story, Performance, and Game*, edited by Noah Wardrip-Fruin and Pat Harrigan, Cambridge: The MIT Press, 2004, pp. 36—44.

用叙事学来理解新兴的电子游戏，是一种“理论帝国主义”的霸权行为[①]；西利亚·皮尔斯（Celia Pearce）为这一论断加了一个形象注解：“如果我们手中握着一把锤子，那看什么都可能会像钉子。”[②] 关于游戏学与叙事学之间的冲突，大体可以从如下两方面来理解。一方面，从本质上说，与叙事所依赖的“再现”系统不同，游戏是建立在“拟真”的选择性符号结构之上的，虽然二者在角色、环境、事件等方面有相似之处，在本质上却是大相径庭的，因为拟真不只是简单地复制对象的表象，还包含了对象内在的运转模式，因此叙事学的理论模式不仅不利于人们理解电子游戏这种新兴媒介，而且限制了人们创造更多更好的游戏。另一方面，从形式上说，叙事是以文本的样式出现的，但是不能简单地将游戏理解为一种文本性的媒介，游戏中固然存在叙事的元素，但是同样存在许多与叙事原则相悖的游戏性元素。

面对游戏学家的反驳，叙事学家当然不会轻易承认叙事理论的失败，因为如果失去了电子游戏这片大众竞技场，当代数字叙事的实践及其理论就只能停留在学院内部等非常小众的圈子里了。为了挽回局面，亨利·詹金斯辩护道：游戏学对叙事的指责是有盲点的。首先，游戏学将叙事看得过于狭窄，大多数情况下指的是传统的线性叙事；其次，游戏学把对叙事的理解聚焦于作者的叙述行为上，却没有考虑观众接受方面的理论；再者，游戏学将问题聚焦于整个游戏是否作为一个叙事而存在，而没有将叙事作为游戏设计的一个具体的层面来看待；最后，游戏学将叙事作为一个自足的对象来看待，而没有将游戏理解为一个可以提供跨媒体叙事功能的环境。因为，“如果游戏讲故事的话，那么它讲故事的模式不可能像其他叙事媒介一样，故事不是一种可以从一个媒介管道任意传送到另外一个的空泛的内容”[③]。同样，玛丽-劳尔·瑞安也提倡这样一种“跨媒介叙事”的立场，她认为叙事在不同媒介之上可以有不同的展

---

① Espen Aarseth, *Cybertext: Perspectives on Ergodic Literature*, Maryland: Johns Hopkins University Press, 1997, p. 16.

② Celia Pearce, “Towards a Game Theory of Game”, in *First Person: New Media as Story, Performance, and Game*, edited by Noah Wardrip-Fruin and Pat Harrigan, Cambridge: The MIT Press, 2004, p. 144.

③ Jenkins Henry, “Game Design as Narrative Architecture”, in *First Person: New Media as Story, Performance, and Game*, edited by Noah Wardrip-Fruin and Pat Harrigan, Cambridge: The MIT Press, 2004, pp. 117－131.

现，就像文学和电影是两种不同的媒介，所以会呈现不同的叙事策略，以计算机为载体的电子游戏固然也可以有自己的媒介叙事特征，因此问题并不在于抛弃叙事学理论，而是要依据新的媒介平台对其进行拓展。虽然叙事学家还在不断辩护，但是在叙事学与游戏学的激烈论战中，不难看出传统的叙事理论已经开始式微，再拿以传统“文字－印刷”文学为蓝本的叙事理论去理解具有叙事潜能的新兴媒介已不再是一个明智的选择，一种对数字媒介平台更具针对性的数字叙事理论框架亟待浮出水面。

数字叙事

若要发展出一种适用于数字环境的叙事理论，一个重要前提就是必须承认传统叙事理论的局限性，只有在此基础上才能实现叙事理论本身的发展以及与新兴叙事实践的对接。正如任何一种理论都是概念与逻辑的编织，对传统叙事理论进行数字化改造至少有两种思路：一种是从微观入手，对传统叙事的具体概念进行改造；另一种则是从宏观入手，设法构建一个不同于以往的数字叙事理论框架。不管是哪一种切入点，其面临的其实都是“叙事”与“交互”这两个概念之间的冲突。

在当代理论话语中，很多情况下数字叙事和交互叙事有着相似的指涉对象，但是一些学者激进地宣称，“叙事”与“交互”是格格不入的。亚瑟斯就认为交互性与叙事简直是水火不容，因为叙事发生于作者的专断之下，而交互性的原动力则是玩家；尤尔也承认“你不能同一时间既互动又叙述”[①]。总之，叙事主体所扮演的是一个“叙述者”的角色，但是主体更像是一个“掷骰子的人”[②]，它们一个以精密的设计为中心，另一个则以各种开放的可能性为导向，而开放性的参与无疑会损害中心性的设计。如果真如这些论调所言，那“数字叙事”或“交互叙事”无疑就会成为一个伪命题，而这显然是与人们的经验相悖的。因此，埃里克·齐默尔曼（Eric Zimmerman）就提出，问题其实并不

① Jespe Juul, “A Clash between Game and Narrative”, http://www.jesperjuul.dk/thesis.

② Hartmut Koenitz, “Five Theses for Interactive Digital Narrative”, in *Interactive Storytelling*, edited by Alex Mitchell, Clara Fernández-Vara, and David Thue, Heidelberg: Springer, 2014, pp. 134－139.

在于“一样事物是不是一种叙事”，而在于“其在何种方式下是一种叙事”。①

如果说“参与”指的是交互行为，那么中心性的设计则是以传统的“情节”概念为代表。为此，克里斯·克劳福德（Chris Crawford）提倡用“可能性网络”来改造传统的“情节”概念。克劳福德指出，与“情节”的固定性不同，“可能性网络”更为开放，二者在许多方面都有明显的差异。从叙事的本质来说，“情节”就像决定论，而“可能性网络”则更像是自由意志，传统叙事控制的是具体的事件，而数字叙事控制的是整个过程。“可能性网络”与“情节”相比，处于更高的“抽象机制”之中。但是，这种抽象并不意味着一种“元情节”的在场，显然克劳福德认为这一概念依旧难以逃脱决定论的窠臼；在他看来，“故事世界”这一概念，相比之下蕴含了更多的可能性。从叙事创作实践来说，“可能性网络”不是去预先设计每一个具体事件及其细节或事与事件之间紧密的因果逻辑，而是去设计戏剧性冲突所需要的发生机制；不是设定每个人物到底做了什么，而是设定角色之间可能会发生的各种互动，用计算机的语言说就是专注过程机理而不是具体数据。从叙事的体验效果来说，传统叙事关注的是具体情节的缜密性，因此相对侧重于观众的理性认知；与此相对，“可能性网络”虽然有可能会削弱理性认知的快感，但是因其将“交互”纳入自身，因此优势便在于更容易激发观众显著的“个性化的”情感体验。克劳福德用“可能性网络”改造了“情节”这一术语，发展出一种具有动态效果的数字叙事新概念。

除了概念层面的创新，许多研究者也试图从理论框架入手解决“叙事”与“交互”的问题。数字叙事的困境长期以来之所以得不到解决，一个很重要的原因在于人们总是将数字叙事笼统地当作一个完整的交互作品来看待，却忽略了其中隶属于“交互”但非叙事性的元素。正如“泛叙事论”将一切都看作叙事，“交互”也可以具有许多广义的理解。因此，与其将它们当作亲密无间的伙伴，不如从临时联盟的视角去理解“叙事”与“交互”的关系。与亨利·詹金斯对电子游戏的探讨类似，尼克·蒙特福特（Nick Montfort）以交互小说为例对数字叙事进行不同层次的划分。蒙特福特指出：“一件交互叙事作品本

① Eric Zimmerman, “Narrative, Interactivity, Play, and Games: Four Naughty Concepts in Need of Discipline,” in *First Person: New Media as Story, Performance, and Game*, edited by Noah Wardrip-Fruin and Pat Harrigan, Cambridge: The MIT Press, 2004, p. 157.

身并不是一个叙事；它是一个交互计算机程序。”① 他认为，普林斯的经典叙事定义（“叙事是对一个在时间序列中真实或虚构的事件或情境的再现”②）在交互小说面前已经不再适用，因为交互小说不是一个与话语相对的故事，而是一种“潜在文学”。具体来说，他将交互小说分成了四个层面：首先，它是一个文本接受与文本生产的计算机程序；其次，它是一个潜在的叙事，即一个通过交互行为产生叙事的系统；再者，它是一个仿真的环境或世界；最后，它是若干规则构成的结构，其中有一个被追寻的结果，这种模式也被称为游戏。③ 在此，蒙特福特将以往被数字叙事学研究者所忽略的计算机程序问题放在了与叙事并置的同一个平台上，这意味着一种层次性的划分也许会成为解决数字叙事理论建构难题的关键。

在这种思路下，哈特穆特·霍伊尼采（Hartmut Koenitz）将数字叙事划分为三个层次：“系统”“过程”与“产出”。数字叙事作品是这三个层次综合的产物。“系统”指的是计算机的软件/硬件，其程序本质表明数字叙事是一个“反应性的”和“生成性的”系统；“过程”涉及用户的交互环节，其是“反射性的”；“产出”则是最后的文本层，“输出”的叙事是事例性的。④ 换言之，“数字叙事”其实是一个“梯度式”的概念，是利用数字程序的交互行为所产生的叙事。传统的叙事学框架之所以无法解释数字叙事实践，乃是因为它只是对最后“产出”层的文本进行分析，而忽略了“系统”与“过程”的层面。传统叙事理论分析的是输出的文本，相较而言对作者的思想及其创作过程是无法知晓的。但是按照霍伊尼采的层次划分，人们除了分析输出的文本，还可以在软件/硬件和交互过程两个层面进行分析。例如，霍伊尼采认为人们不仅可以审视 2013 年的第一人称探险游戏《到家》（*Gone Home*）的编程代码及其软件/硬件的执行，也可以观察游戏者对虚拟世界的探索，甚至还可以将记录下的游

---

① Nick Montfort, *Twisty Little Passages: An Approach to Interactive Fiction*, Cambridge: The MIT Press, 2003, p. 25.

② Nick Montfort, “Toward a Theory of Interactive Fiction”, http://nickm.com/if/toward.html.

③ Nick Montfort, *Twisty Little Passages: An Approach to Interactive Fiction*, Cambridge: The MIT Press, 2003, pp. 26-27.

④ Hartmut Koenitz, “Towards a Specific Theory of Interactive Digital Narrative”, in *Interactive Digital Narrative: History, Theory and Practice*, edited by Hartmut Koenitz, Gabriele Ferri, Mads Haahr, Didem-Sezen and Tonguc brahim Sezen, New York and London: Routledge, 2015, p. 97.

戏过程当作一个整体的输出进行分析，考察玩家具体的交互行为是如何塑造文本的。

为了让这种层次划分更好地应用于对数字叙事的理解，霍伊尼采还引入了三个关键概念，即“原故事”“叙事设计”与“叙事向量”。“原故事”指的是某个具体数字叙事作品的原型或蓝图，任何具体的叙事输出都是“原故事”事例化过程的结果。它可以被简单地理解为一种“前故事”，包含了具体故事生成的各种必备要素。由于传统意义上的情节或结构都是确定的，不适用于交互性的数字叙事，因此作者引入“叙事设计”来指示交互性的数字叙事的结构框架，它指涉的是一个叙事的灵活呈现，包含各种叙事元素之间的分割、排序和关联，而这里的组合关系不是固定的，而是在交互中临时形成的。“叙事向量”则是叙事设计中的次级结构，用来指出一个具体的叙述方向，类似于传统叙事中的“情节点”概念。[①] 为了说明这三个新的概念，霍伊尼采以迈克尔·乔伊斯（Michael Joyce）1991 年的经典交互小说《下午，一个故事》（*Afternoon, A Story*）为例指出，在用户对作品进行交互之前，作品的“原故事”处于一种碎片性的状态之中；通过“故事设计”，即作品中碎片的分割和超链接等组合模式，“原故事”得以彰显；“故事向量”则通过碎片和链接的临时性组合进一步创造一种具体的体验，例如在用户得知主角怀疑自己的儿子也被卷入事件后，可以重新回看具体描述车祸的碎片，而这便具有了传统“情节”的意义。

不难发现，在“原故事”的层面，结构和内容还都是不确定的，所以霍伊尼采将交互叙事理解为一种“潜在叙事”，与蒙特福特提出的“潜在文学”相得益彰。在“故事设计”提供了可能的叙事结构之后，“故事向量”则将这种结构的可能性具体化，从而产生具体的数字叙事文本。从“原故事”到“故事向量”就是一个由大到小，由抽象到具体的过程，且三者之间相辅相成。此外，与蒙特福特将叙事作为与程序、环境、游戏等并置的概念不同，霍伊尼采则在“系统”－“过程”－“产出”与“原故事”－“故事设计”－“故事向量”的相互映射中，从层次性的分析策略出发消解了“叙事”与“交互”之间在输出或文本层面的对立，为人们提供了一个理解数字叙事的可能性框架。

---

① Hartmut Koenitz, “Towards a Specific Theory of Interactive Digital Narrative”, in *Interactive Digital Narrative: History, Theory and Practice*, edited by Hartmut Koenitz, Gabriele Ferri, Mads Haahr, Didem-Sezen and Tonguc brahim Sezen, New York and London: Routledge, 2015, pp. 99-100.

综上所述，数字叙事理论的生成与发展经历了一个从“文本分析”到“过程研究”的进程。在“文本分析”的视野下，可以看到早期的数字叙事研究者要么倾向于修补像亚里士多德《诗学》这样经典的叙事理论，要么用一种类比的思维在非洲古老口语叙事中寻求灵感，而在这种传统视野下所创作的数字叙事作品也难以摆脱既有模式的束缚，叙事本身所具有的“跨媒介”性并没有很好地凸显出来。与之相异，“过程研究”的视野使人们在叙事学与游戏学的争论中看到一种对当下数字叙事实践更具针对性的理论模式呼之欲出，而像蒙特福特、霍伊尼采等学者近些年的成果则创造性地为数字叙事理论进行了多层次的划分，为解决、融合数字媒介环境下“叙事”与“交互”的冲突提供了具有革新性的解决方案。虽然在叙事的哲学层面可能存在一些关于讲述与故事的普遍原则，但是正如霍伊尼采对从“原故事”到“故事向量”的层级划分，任何具体的叙事理论若要彰显自身都离不开自己深深根植的媒介平台。因此，对计算机、互联网等数字媒介的特征进行更深入系统的研究，或许才是叙事理论在当下媒介环境中继续发挥生命力的关键。

（原文发表于《云南社会科学》2019年第1期：170—177）

兼容传统与后现代：论电子游戏艺术性的确立

◎苏世昌[①]

电子游戏艺术性成长的几十年，正是高科技飞速发展的几十年，电子游戏作为电子计算机技术的发展与延伸，正是世界上影响最深远、令人印象最深刻的成果之一。与此同时，人文学科也进行着意义非凡的变革，后现代主义既是这种思想变革的接受者，也是这种思想变革的呈现者，它在传统艺术中大肆改写、颠覆、重构，同时努力寻找新的载体与突破口。而与其同时成长，并广受大众欢迎的电子游戏则在此时恰如其分地成为后现代主义的表述平台。

站在过去与未来的交错时空中审视电子游戏这一艺术体系，我们会清晰地领略到电子游戏的复杂多元性。我们无须改写现行艺术概念去迎合电子游戏艺术的建立，因为它本就是站在文学、音乐、美术、影视这些“巨人”的肩膀之上，显现出明确的传统艺术特征，它和戏剧、影视这些综合性艺术一样将传统艺术形式收为己有，并且一如既往地富有所有艺术的人文内涵，去观照人的心灵世界，将其饱含的浓烈情感用直观的影像、精练的文字表现出来。同时，作为新的艺术载体，它又呈现出鲜明的后现代主义艺术特征。令我们感兴趣的是，电子游戏身上的传统艺术元素与后现代主义艺术特征之间不但不相悖、不矛盾，而且恰如其分地交融通汇在一起，为我们呈现出一种多姿多彩的当代艺术奇观。

---

① 苏世昌，商丘师范学院副教授，主要从事电影艺术的研究。

电子游戏的传统艺术特征

文学叙事性

作为现代叙事理论顶峰而存在的“叙事学”最先被交叉移植到电子游戏的学术研究中不是偶然，电子游戏不但符合叙事学的研究逻辑，甚至可以说是叙事研究的最佳文本。就像经典叙事学中存在“故事”与“话语”的二元对立一样，电子游戏也可以被分为“游戏逻辑”与“界面”这两个层面。我们可以从话语介入故事，得出深层结构；我们也可以从界面介入，从而将游戏内部的游戏精神和内在逻辑分析出来。同样，把游戏看作有待探索的世界也和叙事相一致，正如有人将叙事欲望解读为激发读者对文本的探索欲望，游戏建立了一个窗口界面，通过这个界面，我们进入电子游戏文本的探索空间。就像一些叙事学学者提到的，叙事性文体中必须要有能引发读者与观众兴趣的角色，这一点在角色扮演游戏（role playing game，简称 RPG）中得到了最明显的体现，RPG 的模式使玩家始终全身心关注游戏中他所扮演的角色，与角色一起生死，与角色一起游历、冒险，角色的成长就是玩家在这部游戏中的任务，为了更好地培植自己的角色，玩家自然对其赋予了无比的关注度。叙事学的种种研究完全可以被移植到对电子游戏的分析中来。而同时，如果我们稍加注意则会发现，在文学中颇具实验色彩的小说如博尔赫斯的《小径分岔的花园》、纳博科夫的《幽暗的火》、科塔萨尔的《跳房子》中所具有的非线性结构、超文本和互文性等，在电子游戏中几乎普遍存在，而且复杂程度有过之而无不及。如在《神秘岛》这种富有解谜性质的游戏中，多分支、开放式结局使得非线性结构、超文本的运用无处不在，我们不得不惊呼文艺理论家们的预见性，似乎这些理论就是专门为电子游戏而准备的。

比起理论家研讨的相对滞后，游戏厂商显然更敏锐，他们先行一步与文学叙事建立了更具实质性与经济性的联盟，大量的文学作品被转制成电子游戏产品。中国的四大名著、金庸武侠小说、西方的骑士文学以及诸如《魔戒》这样的奇幻作品纷纷被改编为电子游戏。其中尤其值得一提的是《三国演义》，它似乎具有源源不断的生命力，以它为蓝本的游戏不断被推向市场，据不完全统计，市面上以三国为背景题材的游戏多达上百种。为人们提供全新阅读体验的电子游戏，是我们继影视将阅读以直观的图像呈现之后，获得的另一种可以互动参与的阅读形式。我们乐于看到这一现象，它不但再次证明了文学艺术的永恒魅力，更证明了电子游戏和文学的密切关联，甚至从某种程度上来说，它已经完全具备了取代影视改编文学作品的潜力。与此同时，电子游戏也带动了一种名为“网游小说”的新型小说出现，顾名思义，网游小说就是以网络游戏为背景模式的新小说体裁。其起源可以追溯到网络游戏《传奇》，正是游戏玩家对电子游戏的狂热使网游小说自然而然地诞生，并演化为当今网络小说的重要分支。一般来说，网游小说可分为两种，一种是以著名电子游戏的故事为框架改编而成的，代表作品有：电子游戏《魔兽世界》的同人小说《永恒之井》、由网游《奇迹 MU》改编而来的《奇迹・幕天席地》等，另一种是以虚拟真实，架空历史，具有游戏的修真、升级等因素的自创网游小说，如《诛仙》等。无论哪一种，不可忽视的就是其和电子游戏之间的密切关联。

直观影像性

电子游戏的叙事为人们构建了一个个或温情或残酷或真实或荒谬的多样化虚构时空，你可以在游戏中扮演一名叱咤风云、纵横武林的侠士，或者成为指挥千军万马、驰骋沙场的大将军，或是摇身一变成为一名温文尔雅、精明能干的经理人。无论故事被怎样演绎，它的表现都离不开影像，正是一帧帧图像的连绵与重叠，冒险才得以进行，感情才得到体现，我们才能明确故事的脉络，思想的场域才得以展开。

从电子游戏的诞生之日起，图像便在其每一步发展中伴随它成长，从跳动曲线如心电图的网球，到构型简单、颜色单一的平面漫画形象，再到如今精美细腻、栩栩如生的 3D 人物。电子游戏一步步走向精美，也一步步走出一条新艺术的道路。如今电子游戏的美术设计不但吸引了大量传统美术设计师参与，而且已经成为一门从属于美术大学科下的新型设计专业。继而，电子游戏进一步走向综合，凭借相同的直观影像性获得和影视艺术的高度一致性，彼此借鉴、渗透乃至融合。许多电子游戏的片头、片尾会直接以影片与动画的形式表现，如在著名的即时战略游戏（real-time strategy game，简称 RTS）《红色警戒》片头，就有一段由真人演出的影视片段，告诉我们这个游戏发生的时空背景，在其第三代中，甚至请到了不少影星加盟，为游戏添色不少。而许多武侠类 RPG，如《仙剑奇侠传》每一部的开篇，都会在一段或清幽悠扬或慷慨激昂的音乐中，由一段具有故事性的动画徐徐拉开游戏的大幕。影像介入游戏的创作显然不止这些，游戏中存在丰富的影像语言。如电子游戏充分运用了“镜头”这一概念，在早期的游戏中，因技术与艺术表达的不足，游戏屏幕显现的视角是单一的、平面的，犹如电影中采取固定机位拍摄的画面，玩家只能从一个角度来观赏、运行、介入游戏。而随着电子游戏的发展，游戏画面逐步向多场景靠拢，运用影视中平移、淡出与淡入的技法，使游戏角色在运动时，场景可以上下左右移动，或者在角色贴近屏幕的边缘时，进入下一个场景。而在高科技引擎的帮助下，三维立体视像取代了二维视像，视角随着角色的移动而变化，“摇镜”“跟拍”这些镜头的灵活运用大量出现在当代大型电子游戏中。如在《古墓丽影》这部游戏中，由于跟拍的效果，我们犹如紧紧跟随在主角劳拉的身后，随之冒险。甚至电子游戏还可以凭借其虚拟性特征，拥有一般影视作品难以超越的影视效果，如全方位、多角度共同展现角色的一个动作，你甚至可以仔细分解这个动作。而更多的游戏拥有了和好莱坞大片一样的特性，玩这些游戏犹如在欣赏一部火爆的动作电影。除“镜头”概念之外，游戏中还经常使用“蒙太奇”手法。蒙太奇是影视基本的影视语言和艺术因素，影视运用蒙太奇来扩充影像的时空间，并营造影片的色彩情调。在一些叙事性比较强的电子游戏中，游戏和电影与小说一样，不断通过倒叙与插叙，将画面闪回到过去，从而具有极强的艺术性。而电子游戏实质上是由影像碎片组成的一个数据库，其实时画面、叙事画面、战斗画面与角色移动等画面与镜头的切换实质上就是玩家凭借情节与技巧，点击这些碎片而形成的连续性画面，不同的玩家会营造出不同的只属于自己的蒙太奇效果，这样，游戏特有的互动性本质就让游戏玩家拥有了导演般的权力，可自由剪辑、拼接镜头画面，从而获得特殊的乐趣。

当下，电子游戏与电影愈来愈多地进行商业上的合作，相互影响。德国电影《罗拉快跑》就完全运用了电子游戏的闯关模式，《指环王》《哈利·波特》《生化危机》更是既有电影版本又有电子游戏版本，而乔治·卢卡斯（电影《星球大战》系列的导演）、彼得·杰克逊（电影《指环王》系列的导演）这种重量级的导演和派拉蒙、华纳这些电影工业的巨头们纷纷涉足电子游戏的开发，业已推出一大批基于电子游戏模式的交互式电影，取得了商业和艺术上的双赢。

情感慰藉性

当代人在现实生活的琐碎中消解着爱情、家庭、事业的崇高性，从而将自身陷入一种平凡、卑微，几乎无法从现实生活中获取满足的尴尬地位。大家挣扎在这样一个由社会、道德、伦理制约的令人窒息的网中；在这样的社会空间中，人们每做一件事情，总是前思后虑、顾虑重重，被剥夺了自由选择的权利。在这个极度现实的社会中，人与人之间纯洁不再，交往充满功利性，友情、爱情也被势利的眼睛蒙蔽。当然，人的这种自身断裂和被异化的状态并不是肇始于现代，否则，康德和席勒也不会一再论述追求自由与审美的意义。正如他们所提到的，他们都看到了游戏与艺术、审美的共同之处。人们在艺术空间与自由的情感中追寻着人性的复苏、人本质的回返，如果说以往这种自由的对应物是文学、绘画、音乐乃至电影、电视，那么在大众文化泛滥的当代，电子游戏就成为这种情感慰藉物最好的继承者，成为当代人们温情的“保姆”，让人们找到久违的自由，让人们从中体会到亲情、爱情、友情，改善了现实中人精神世界幻灭和不满足的现状。就像所有的艺术都是对人心灵的一种观照，在很大程度上，以情感为主题的游戏占据分量较大，而即使在别的主题中，情感的因素也一样突出和明显。和培植花草、饲养宠物一样，电子游戏的人物与角色是玩家一步步培养起来的，他们无疑对这些角色倾注了自己的真情与渴望，这一点不只是在培养育成性游戏如《明星志愿》之类游戏中特别明显，而且在各种类型和题材的电子游戏中普遍存在。只要是富于叙事性的游戏，就必然会有故事性人物的存在，而这种人物也就必然被玩家寄托自身的无限情感，且因自身的参与而弥足珍贵。如果说电子游戏因其大众化的色彩而在内涵上显得逊色，在表达情感的深度与广度上无法与传统的艺术相比，那么在当代大众化的语境下，它这种看似肤浅的不足与缺陷反而成了它的优势。这是因为，现代文学与艺术多以思索、批判为基调，它虽表达了人性被扭曲、异化的真实现状，但其精英化的色彩、陌生化的艺术手法使它显得高深莫测，对于一般人而言，它们深刻有余，亲切不足，反而显得曲高和寡。但是电子游戏从不沉重，它用简单、轻松的基调，让人们在娱乐中体验到一段没有丝毫负担的情感旅程，它虽然显得虚幻，显得像一场梦一样，但它因完全属于自身而更显珍贵。

电子游戏的后现代艺术特征

在兼容了传统艺术的精华后，电子游戏不再恪守原有的规则，开始呈现自己独有的风采，它合并了文学、影像、艺术家与欣赏者，填平了精英和大众之间的鸿沟，它从一开始就投入金钱的怀抱，不断用物欲提醒我们关注当下物质消费生活。它把人类的日常生活引入艺术的殿堂，“打碎艺术和其他人类生活的种种界限，诸如商业性娱乐、工业技术、时装和设计、政治等，它也鼓励作家、画家、舞蹈家、作曲家和电影制作人打破专业界限，以混合媒介生产和表演来工作，这就创造出各种更丰富和更多元化的艺术”①。它在狂欢与笑声中消解着崇高，在物化与平面中将历史锤碎，幻化为一个个空洞的、虚无的碎片，历史的深度消失了，距离感被弥补了，电子游戏的玩家游荡在一个被架空了的历史背景下，是一个被消费的话语重叙，看似遥远的时代实则是我们当下时空的另类折射，看似陌生的历史人物角色其实是最熟悉的陌生人。这些被印证了的后现代性让电子游戏彰显了它作为新时期艺术的崭新意义，它倚靠在大众文化语境的怀抱中，紧密结合着后现代主义，体现它有别于传统艺术模式的独特面貌。

互动参与性

如果说，每一种艺术都因其自有的特质而区分于他者，就像文学有文学性，电子游戏若有“游戏性”的话，它首先指涉的一定是电子游戏的“互动参与性”。正是这种互动性使游戏玩家的参与感远远强于任何传统艺术的受众，尽管当代文艺理论一再强调对“接受”和“欣赏者”的重视，但传统的小说、戏剧乃至影视都因其艺术家与欣赏者二元阅读模式，长期囿于单向度交流而无法真正实现融合与互动。然而，游戏却具有与生俱来的互动参与性，电子游戏更是秉承了游戏一贯的互动参与性特点，使游戏玩家跳出了艺术家与欣赏者的二元模式，甚至将两者合二为一。对于电子游戏而言，在被玩家使用之前，它

① 周宪：《现代性与后现代性》，参见陈迈：《中国后现代话语》，广州：中山大学出版社，2004年版，第55～56页.

只是由 0 和 1 构成的二进制代码，没有任何意义，游戏的制作者也并非传统意义上的艺术家，他们只不过是一系列影像碎片组成的数据库的提供者，这样操控游戏的玩家便通过自身的互动性操作成了真正意义上的艺术家，同时也成了电子游戏艺术的欣赏者。

电子游戏的互动具体呈现为两个层面："人机互动"和"人与人互动"。和传统的游戏模式不同的是，无论何种形式的互动，电子游戏的介入总要首先通过游戏机来进行，借助有效的人机界面，玩家具体操纵游戏中所扮演的人物与角色，形成了一个屏幕（眼睛）、键盘与鼠标（手指）、电脑（大脑）构成的循环模式，这也是人机互动中的物理互动。除此之外，玩家也会将自身的感情寄托、投射到游戏中的人物与角色上，赋予游戏角色个性，从而形成情感上的互动。这种互动成了衡量游戏是否具有"游戏性"的关键之所在，也就是说，一款电子游戏的互动性越高，它的游戏性也就越强，玩家从中收获的乐趣也就越多，这就是今天的电子游戏越来越趋向于大型化，对电子游戏运行电脑硬件的要求越来越高的本质原因。对此，美国当代学者瑞安在《虚拟真实与文学理论》一文中有明确的解释，她认为影响电子游戏互动的因素有三：电脑系统对玩家的反应速度、系统处理动作的速度以及系统转换为真实环境的能力。在当代世界迅速一体化并走向互相融合交流的大背景下，电子游戏也借助网络，实现了人与人之间或者说人群之间的互动，这无疑使电子游戏走向了更深广意义上的互动。网络游戏构建了这样一个虚拟的社区，在这样的社区，玩家能够及时、即时地互动，实现充分交流。这样，僵化的、固定的游戏剧本便不再重要，更重要的是游戏的玩家可以在其中通过网际漫游的方式，在搏斗、厮杀之余自由地与来自地球村的任何地方的玩家认识与交流。

虚拟仿像性

从某种程度上说，每种艺术都是虚幻与真实的结合体，我们欣赏艺术家们以卓越的想象力创造出的一个个自由的幻象，并从中洞悉背后感性与理性交织的现实空间。所以歌德说："每一种艺术的最高任务，即在于通过幻觉，达到产生一种更高真实的假象。"[1] 电子游戏艺术更是如此，不过，它所塑造的假

---

① 歌德：《诗与真》，上海：上海译文出版社，1979 年版，第 446 页。

象的真实程度似乎是任何传统艺术都无法企及的，它与传统的艺术和游戏依赖人的想象性而获得真实感不同，人类在当代运用电子科技的手段创造出了一种前所未有的“真实性”，成功地复制了现实生活，但它区别于传统的模仿，而是一种“没有原本的摹本”[①]，也就是仿像。仿像与摹本是不同的，“摹本是对原本的模仿，而且永远被标记为摹本，原本具有真正的价值，是实在”[②]。而仿像则不存在这样的问题，仿像在使所有的对象都成为原本的同时，也打破了摹本与原本的界限，使其合二为一。电子游戏的世界显然成了真实世界之外的另一个世界，它同时是一个被虚拟出的世界，是一个仿像的世界，不过游戏的玩家在面对这样一个本质虚假，表象却显得无比真实的世界时，往往产生了身临其境从而完全沉迷的错觉。这种错觉使进入游戏的玩家，忘记了除却记忆之外的真实世界，于是，用技术手段创造的数字虚拟空间便取代了真实空间，成为唯一被经验着的空间。仿像取代了外部现实成为唯一的真实。这种空间的本质虽是虚拟，但人们对此投入了真实的感情，这使人们沉浸在虚幻之中，无法自拔，人们与其对象之间消除了距离感。在当代出现这种由电子游戏营造的虚拟仿像并不是一种偶然，波德里亚在论述消费社会时，便论述了当今的世界是一个由符号和幻象构拟的超级真实世界，是比现实的真实还要真实的世界，它在仿真的方式上与超现实合为一体，业已完全进入了自身的游戏领域，比任何艺术的虚构都更加真实，因为没有任何的虚构可以和生活本身相匹敌。而这无疑就是电子游戏当下所处的历史语境。

随着电子游戏技术的进一步开发，也许某一天，我们借助三维立体建模、VR头盔或是能够接收到触觉的晶片等，可以在游戏的互动中看到一个超级真实的对方，不但可以听到对方的声音，甚至可以嗅到对方的气息，几乎和面对面坐着一模一样。如若这一幕真的能够实现，不但电子游戏的虚拟仿像性会进一步加深，而且人类关于生活真实与艺术真实的内涵和外延也都必将被改写。

[原文发表于《湖北民族学院学报（哲学社会科学版）》2013年第5期：108—111]

① 杰姆逊：《后现代主义与文化理论》，唐小兵译，北京：北京大学出版社，1997年版，第174页。

② 陈迈：《中国后现代话语》，广州：中山大学出版社，2004年版，第79页。

第三部分
游戏文化研究

后互联网时代的传播游戏化及其表征

——一种符号学视角

◎蒋晓丽[1] 贾瑞琪[2]

网络技术的发展已经将人类社会推向了“后互联网时代”。所谓“后互联网时代”是相较于“互联网时代”而言的，这里的“后”如同“后现代”之“后”，意味着一种新时代、新范式的到来。如果说互联网时代是具有结构的，那么后互联网时代则是充满解构意味的。在解构主义的影响下，后互联网时代的大众传播已经走向打破一切、颠覆一切、表意自由、信息破碎的全民狂欢新局面。在这一局面之下，个体的主体性意识日益萌发，传播行为的“反向驯化”日渐形成，而游戏化这一传播的内在精神也逐渐复苏，并呈现蓬勃发展之势。

事实上，有关游戏以及传播游戏化的论述早在古典主义时期就已有之，早期的游戏研究源于人类学、行为心理学和哲学等领域。[3] 然而直至 20 世纪 30 年代，约翰·赫伊津哈的著作《游戏的人》才开启了现代游戏研究的大门。在该书中，赫氏从本体论视角对游戏作为人类文化本质特征的观点进行了论证，指出游戏是一种重要的存在，“从文化最早的起点一直延展到我们目前生活其中的文明阶段，游戏伴随着文化又渗透着文化”，并一再强调，游戏并非人们在传统意义上理解的盲目、沉溺、无意识的取乐行为，而是“在某一固定时空

---

① 蒋晓丽，四川大学文学与新闻学院教授，博士生导师。

② 贾瑞琪，博士，四川大学文学与新闻学院。

③ 周逵：《作为传播的游戏：游戏研究的历史源流、理论路径与核心议题》，《现代传播》2016 年第 7 期。

中进行的自愿活动或事业，依照自觉接受并完全遵从的规则，有其自身的目标，并伴以紧张、愉悦的感受和‘有别于’‘平常生活’的意识”[①]。赫氏将游戏置于人类文明发展的历程中去分析，探究人类文明在何种程度上具有游戏化特征，打破了以往观念对游戏的误解与偏见，为游戏“正名”。斯蒂芬森深受赫氏游戏理论的影响与启发，在此基础上进一步聚焦，将游戏理论投射于传播领域，并在其《作为游戏的传播》一书中，开宗明义地指出：“大众传播之最妙者，当是允许阅者沉浸于主观性游戏之中者。”[②] 传播的游戏理论强调一种站在受众立场上的自我参与式的主观体验，换言之，传播的游戏化关注的是“游戏中主体的自由、投入与愉悦，所以传播游戏并不强调规则，而强调人们在传播中的主观经验，即传播快乐”[③]。从这一立足点出发，传播的游戏化实际上是将游戏化的思维与理念运用于传播活动中，充分发挥受众的参与性与创造性，真正发挥传播作用的有益路径。传播活动如何赋予传播内容一种类似于游戏的阅读体验，引导受众沉浸其中，获得最大程度的阅读乐趣与情感体验，是游戏化传播待解决的核心问题。而这一游戏化的追求，与大众传播一直以来所追求的传播效果最大化无疑殊途同归。后互联网时代，游戏已经进入数字化时代，游戏化思维也已经渗透到传播内容的生产、意义的呈现等各个层面，成为传播活动的显性基因，并深刻影响传播活动的内在操作与外在表现。

从符号学视角来看，任何表意行为均离不开符号的参与，符号之所以被创造出来，就是为了向人们传达某种意义，而包括新闻在内的传播活动，其本质就是外在客观世界的事件被人符号化后的产物。[④] 因此，传播行为本质上是一种表意行为，是一个借助符号的选择与组合来传达意义的过程。构成传播基本内容的各类符号，其基本功能在于表征。因此，从根本上说，表征一方面涉及符号自身与意图和被表征物之间的复杂关系，另一方面又与特定语境中的交流、传播、理解和解释密切相关。[⑤] 尤其是在符号极其丰富与充盈的后互联网

① 赫伊津哈：《游戏的人》，多人译，杭州：中国美术学院出版社，1996年版，第30页。

② W. Stephenson, *The Play Theory of Mass Communication*, New Jersey: Transaction Publishers, 1988, p. 1.

③ 刘海龙：《大众传播理论：范式与流派》，北京：中国人民大学出版社，2008年版，第17页。

④ 蒋晓丽：《走向符号学：新闻学研究的拓展与深化》，《中外文化与文论》2015年第3期。

⑤ 亨利·詹金斯：《融合文化：新媒体和旧媒体的冲突地带》，杜永明译，北京：商务印书馆，2012年版，总序，第1页。

时代，对于传播游戏化现象的探讨唯有借助符号学视域才能最大限度地确保方法及理论上的合理性。正因为如此，本文以符号学作为理论视域，力图从更深层面，更科学地探讨传播的游戏化问题。

游戏化传播的基础——创造性与多元化并存的语义空间

传播是建立于符码这一元基础之上的能动性行为，后互联网时代符码的爆发式繁殖与再生产为传播提供了深厚的基础，而语义空间的不断扩大所导致的表意多元化，反过来又促成了游戏化这一传播之内在精神的复苏与勃发。

1. 网络环境下的元语言体系再整合

元语言是一套解释的规则体系，是抽象化的。任何一个文本的解释都必须依托于一套系统的元语言集合，每一个解码的过程，其背后都有一套相对应的、由种种复杂因素组成的元语言集合，只有这样，文本的解释才成为可能。赵毅衡在其《符号学：原理与推演》一书中将元语言因素分为语境元语言、能力元语言以及自携元语言三类。其中，语境元语言是元语言组成因素最主要的来源，指的是“文本与社会发生的诸种关系，引出的文化约定的对信息的处理方式”①。换言之，文化对信息的处理方式受到文本与社会关系的影响，即文本与社会关系的变化会导致信息处理方式，也就是解码行为的变化。因此，元语言是伴随着文本及其所处的社会环境的变化而不断改变的，元语言体系的变化则会进一步引发更深层次的信息传播系统的变革。

如果说元语言体系的变革贯穿人类历史的每一个时期，那么，在后互联网时代，这一变革的剧烈与深刻程度则可谓史无前例。后互联网时代，传播已经突破了以往的阶级、等级与时空界限，信息呈现爆炸式增长。与此相对应的是信息繁殖与更迭速度的加快，新的符码不断被创造出来，并借助互联网这一媒介广为传播，冲破元语言体系的壁垒，进而被编入既有的语言体系，成为信息处理的重要元语言集合。而在这一过程中，新符码逐渐建立起了与社会体系之间的强关联，被受众接纳与认可，从而导致个体元语言体系重叠面积的不断扩

---

① 赵毅衡，陆正兰：《元语言冲突与阐释漩涡》，《文艺研究》2009 年第 3 期。

大，形成了共同语义区的蔓延与膨胀。后互联网时代的元语言变化最显著的表征是网络词汇对传统主流话语体系的“闯入”。网络词汇作为网络文化的一部分，已经成为后互联网时代文化领域十分重要的内容。这类词汇往往使用隐喻的修辞手法，破坏了能指与所指之间的既有纽带，从而突破能指的范畴，同时赋予所指更抽象化的内涵，在更广泛的空间内为能指和所指创造更丰富的意指。如网络热词“蓝瘦”“香菇”，原本是由于发音问题导致的闹剧，却迅速被广大网友在网上传播，最终成为“难受”与“想哭”的代名词，进入既有的元语言体系。可以说，一大批网络话语的出现已经大大冲击了原有的话语体系，而伴随着网络词汇的“闯入”以及受众作为个体的接纳，这类词汇必然通过对个体元语言体系的调整，进而影响整个社会的元语言体系重组，从而使得新符码与被指对象之间保持意义的“可翻译性”。这就同时大大充盈了既有的表意体系，为充满愉悦化与趣味性的游戏式传播提供了肥沃的土壤。

2. 从任意性到理据性的滑动

德国符号主义哲学家卡西尔在《人论》一书中提出了他的“符号哲学”。他认为，在人类的进化过程中，符号的印记越来越重，与其说人类是“理性的动物”，倒不如说人类是“符号的动物”。人类正是通过符号的构筑与运用，创造着历史文化，拓展着生存时空。[①] 因此，可以说历史创造符号，而符号记录历史。然而，历史对符号的创造并非一蹴而就，而是经历了一个不断重复与强调，不断将其必然化与固定化的过程。符号的意义也并非一成不变，而是经历不断固化、改变甚至消弭的过程。这便是符号的理据性上升或下滑。在索绪尔看来，符号与意义之间仅存在任意性的关系，而不存在理据性，也即符号与意义的关系是任意武断的，不可能也无须论证。与此相反，皮尔斯则将其符号理论建立在理据性的基础之上，从而将符号学拔出了系统观的泥沼。符号的理据性是在符号使用过程中获得的，社会对某一符号的使用频率越高，该符号的理据性则越被强化，并最终成为一个象征。相反，某一符号也可能在使用中遭到意义磨损，从而导致理据性的丢失。人类符号的使用过程往往伴随着意义的生产与传播，以及理据性的上升与下滑。

---

① 卡西尔：《人论》，甘阳译，上海：上海译文出版社，2004年版，第6页。

在后互联网时代，符号的加速流动使得符号意义的赋予与磨损周期大大缩短，符号的理据性上升与下滑更具普遍性与常规性。而符号从任意性到理据性的滑动成为当前传播活动得以丰富化并迈向游戏化的重要动因。后互联网时代，强大的传播技术引发非主流话语的活跃，高频率的出现与使用促使非主流话语的理据性上升，并由此引发了主流话语体系对非主流话语的接纳与收编，成为传播活动符码的重要补充。如《人民日报》对“给力”一词的使用所表征的主流话语对非主流话语的收编等。伴随新词汇的流入，依托符码的表意行为有了更丰富的表征与呈现。语言系统获得了源头活水，从而有力祛除了陈旧、乏味、格式化的常规符码与表意方式，使表意全面活跃起来，为包括严肃性的媒体传播在内的传播行为增添了活力，使传播成为充满趣味性、生动力的活动，继而为受众提供了愉悦、新鲜的阅读体验，使传播的游戏化体验与表征成为可能。伴随着符号由任意性到理据性的滑动，人类语言体系还将进一步充盈，促成更加丰富多彩的传播行为，并进而使传播活动同时代相结合，创造无尽的新鲜感。

3. 能指丰富性引发的语义狂欢

能指与所指可谓是符号学中最基本的一组概念，能指即符号可感知的部分，是符号外显的部分，而所指则是符号所指向的部分，是符号内隐的部分。不同的能指可以指向同一所指，同理，同一所指可以对应众多能指。在符号表意过程中，能指的多元化可以提供多样的表意渠道，从而丰富表意形式与文本内容，使传播表征更加多样化与趣味化。而能指的多样化往往是通过对既有意指关系的重构实现的，这一点在后互联网时代尤为凸显。

后互联网时代，媒介技术推动着多元化的符号能指的制造。它使符号能指与其直接意指的所指之间的联系被粉碎，借助视听语言符号能指的排列组合来规划和处理信息，企图达到建立新的意指组合的目的。[①] 数字简化语言即能指重新排列组合的典型案例。如“666”本是一组数字，然而，伴随着英雄联盟(*League of Legends*，简称 LOL) 这款游戏的火热，“666”与数字“666”之

① 隋岩，姜楠：《“能指狂欢”的三种途径——论能指的丰富性在意义传播中的作用》，《编辑之友》2014 年第 3 期。

间的直接意指关系被打破，而具有了形容词“溜”的含义，成为表达对一种事物熟练程度的能指。除此之外，“333”与“散散散”的指示关系，“555”与“呜呜呜”的指示关系，均打破了既有的意指关系，而使得“散开”“哭泣”等相应的所指有了更丰富的表意形式。值得注意的是，后互联网时代能指的再造已经冲破了全领域、全社会的局限，而向小范围、窄领域渗透。如环保行业形容环保建设工作的“戴绿帽”，企业领域标志着专业主义精神的“做匠人”等。能指的丰富性已经无处不在。不可否认，能指与所指关系的断裂与再造是一个伴随着社会发展与变迁而不断更新的过程，它来源于时代文化，折射着时代文化，实现着时代文化的语义表达，不仅存在于当前的后互联网时代，在以往的历史进程中亦有踪迹可寻，且在未来还将杂糅和繁衍出更丰富广阔的含义。然而，不得不承认的是，后互联网时代，在技术因素的作用下，这一断裂与重组正在以前所未有的速度进行着，并迅速在传播与使用中获得理据性，进而进入大众传播的话语体系，获得或长或短的生命力。而这一过程所带来的必然是能指的极大丰富以及表意的多元化。

游戏化传播的实践——协同化与时代性为特征的表意路径

后互联网时代是“人人都是麦克风”的时代，传播不再是一部分人或某一个组织的集体事务，而是具有强烈的个性化色彩。作为个体的受众对传播行为的协同化参与在不断丰富符号表意路径的同时，也进一步激发了潜藏于个体内部的传播热情，增强了其信息生产与消费的愉悦感，并最终通过对“人”的主体性的关注与满足实现传播的终极目的。

1. 协同化的编码行为

加拿大的传播学怪才麦克卢汉在《理解媒介：论人的延伸》一书中把游戏归为媒介的一种。在麦氏看来，游戏是人类心灵生活的戏剧模式。通过游戏，人们各种具体的紧张情绪得到了发泄；作为大众艺术形式的游戏，给所有人提供了充分参与社会生活的直接手段，任何单一的角色或工作，都不能给任何人提供这样一种直接的手段。[①] 游戏作为人类文明不可或缺的一部分，在人们生活中扮演了非常重要的角色。现在，游戏已经从最初物化的形式转化成一种内在的精神，人们推崇、向往这种游戏精神。进而言之，游戏的参与性强调一种强烈的个体精神，而通过这种个体精神所表现出来的对于自由与独立的追求是人们参加游戏最原始的动力之一。

大众传播发展到今天，已然开始注意并利用这一游戏精神，让受众参与到内容的生产过程中，并借此来凝聚用户群，提高用户忠诚度。事实上，包括英国广播公司（BBC）、美国有线电视新闻网（CNN）以及日本放送协会（NHK）等在内的众多专业媒体都在尝试专业内容生产与用户内容生产的融合，以此来对专业记者无法企及的报道区域做内容上的补充。以《赫芬顿邮报》为例，该报纸借助互联网平台，已经发展出上万人的公民记者队伍；公民记者通过对新闻线索以及新闻内容的发现和补充，大大充实了新闻报道的内容。可以说，在后互联网时代，受众已经不再只是大众传媒的被动消费者，而成为媒介景观的积极建造者。[②] 受众对内容生产的参与本质是一种编码的协同化，这一协同化的编码过程实质上是一个双赢的过程，渗透其中的强烈的参与感、对于专业记者身份的体验感以及作为公民记者的荣誉感，无疑是促使普通受众参与其中的强大动力，而这些均是游戏精神的集中体现。尽管目前看来，专业媒体与用户生产内容的融合仍然处于尝试的阶段，然而，我们有理由相信，在互联网技术以及媒介平台如此迅猛发展的背景下，这一基于游戏精神的参与行为仍将继续。

2.“伴随文本”充盈的呈现模式

正如人类文明与文化从来都不是孤立存在的，作为文明与文化表现形式的文本从来也不能脱离语境而独自表意。这是由于任何文本都是存在于广阔的、由文化交织而成的网络之中，对于文本的解读需要借助存在于文本之外的、为文本接收者所认可的社会约定与联系。而这种文本之外的、由文本“顺便”携带的符号文本则被称为“伴随文本”。“任何一个符号文本，都携带了大量社会

① 麦克卢汉：《理解媒介：论人的延伸》，何道宽译，北京：商务印书馆，2004年版，第295页。
② 曾祥敏，朱玉芳：《专业媒体用户生产内容的求证机制研究》，《当代传播》2015年第3期。

约定和关系……所有的符号文本都是文本与伴随文本的结合体。”[①] 从定义来看，伴随文本并不是后互联网时代的产物。然而，互联网技术的发展却催生了形式多样、内容丰富的伴随文本，并且推动伴随文本由“隐性”转向“显性”。

尽管伴随文本随处可见，然而在后互联网时代，伴随文本的丰富性集中体现为链文本的极大充盈与凸显。所谓链文本是指在接收一个文本时，与其相连接起来的，为受众所主动或被动接受的一类文本形式，网络链接、参考文献等均属此类文本。后互联网时代依然延续了互联网时代的“链接”特征，在网络超空间中，信息被以一种非线性的网状结构组织起来，受众只要点击某一个文本，则会出现含有同样词语或者短语的其他相关文本。这种以链接为基本形式的信息呈现方式使有关联的文本之间得以形成通向彼此的纽带，从而将文本在互联网平台上紧密地联系在一起，形成一个网状的信息环境，将受众包裹其中。这种信息的包裹感与密实感恰恰为受众营造了一个类似游戏空间的、极具沉浸感的三维立体信息空间。通过各类形式的链接，受众可以长时间沉浸在大众传播所建构的信息环境中，并在文本的搜寻、意义的拼接、信息背景的挖掘等过程中产生十分强烈的沉浸感与愉悦感。这种充满未知与未确定性的探寻行为同时为受众提供了类似于游戏所带来的挑战性与趣味性。换言之，链文本这一伴随文本在后互联网时代的进一步凸显，使传播与游戏在某种程度上实现了意义的衔接与重叠，为大众传播注入了游戏化的内涵与操作维度。

3. 标出性“反转”带来的定向化传播

“当对立的两项之间不对称，出现次数较少的那一项，就是‘标出项’。”[②] 相较于正项即非标出项，标出项是“被排斥”与不具普遍性的“异项”。人类文化发展的过程中，正项与异项总是处于动态的对抗关系中，并通过对中项的收编而实现标出或者被排斥的反转。标出性的反转是一个存在于各个领域的，随着社会历史进程缓慢且持久发生的过程，在大众传播领域同样如此。从大众传播的视角来看，“大众”一词本就具有明显的非标出特征，是相对于“小众”“分众”等标出项词而言的。长期以来，“大众传播”以傲视群雄的姿态将目标

① 赵毅衡：《符号学：原理与推演》，南京：南京大学出版社，2016年版，第139页。
② 赵毅衡：《符号学：原理与推演》，南京：南京大学出版社，2016年版，第275页。

瞄准一般化的受众，而忽视了处于边缘状态的分众；分众群体的被忽视导致了其对大众传播的疏离感，大大降低了分众群体的媒体参与度和积极性，进而影响了大众传播的覆盖面和传播效果。后互联网时代的到来为分众群体提供了发声渠道，分众成为不可忽视的传播力量，大众媒体或通过普遍化内容生产的转向，或通过技术的力量，向分众化、精准化传播靠拢。小众、分众从边缘逐渐走向舞台中央，显示出标出项历史反转的极大趋势。

分众化作为传播的新趋势，在改变既有传播特征的同时大大改变了受众的参与形态，使传播行为具有了高覆盖面、高参与性、高自主性的表征。而伴随分众化传播兴起的一系列对于分众群体智慧的挖掘与激励机制也在无形中为传播行为增添了一抹游戏化的色彩。具体而言，分众化传播的游戏化色彩体现在两个层面：一方面是传播本身表达方式向受者喜好靠拢，另一方面则是通过游戏化规则的运用凝聚与挖掘分众化力量。如一些媒体在针对动漫爱好者的传播中运用“UP主”（上传视频的用户）、“新番”（新上映的动画）等二次元词汇①，在针对网游爱好者的传播中使用“GM”（游戏管理员）、“点卡”（游戏中的计费卡消费模式）② 这类术语，极大地契合了此类受众的阅读与表达习惯，使其产生亲切、愉悦的阅读体验。后者则以“知乎”“头条问答”“Whale”“YAM”等近年来国内外兴起的问答网站及App为例，此类网站或App均通过采取游戏化的运营策略与规则，为优秀的回答者提供物质或精神层面的奖励，从而实现积累人气与盈利的目的。这一模式将游戏原初的规则与竞赛机制引入传播，引领了一种潮流。可以说，在后互联网时代，大众传播的分众化趋势以及分众自身力量的觉醒已经成为不可阻挡的趋势，且与游戏精神实现了对接与黏合。无论是受众从中主观产生的轻松愉悦的阅读体验，抑或是由于客观的激励机制产生的竞争感与成就感，均将推动这一趋势继续向前。

游戏化传播的效果——个性化与循环性助推的意义再造

传播的游戏化实践为符号的排列与组合提供了多样化的路径，使文本的表

① 《打破次元壁！AB站的二次元究竟是什么》，http://m.sohu.com/n/451791727/。

② 《常见游戏词汇知多少》，http://m.sohu.com/n/438563029/。

意更丰富，形式更多元。而编码的多元化为解码提供了广阔的创造性空间，受众的个性化进一步释放，并在无限的创造性之中推动意义的不断流动与再造，从而使整个传播行为具有了更鲜活的生命力。

1. 多媒介联合解码与再解码

媒介载体丰富化是后互联网时代的一大特点，以往单一化、平面化甚至有些枯燥刻板的文字呈现方式已经不再是媒体表意的唯一符号。传播技术的兴起以及传播媒介与平台的极大兴盛，使对于同一信息内容的表意可以综合使用图片、视频、漫画甚至 VR（virtual reality）直播等多种媒介方式呈现。对于信息接收者而言，对同一信息的解码拥有了更丰富多样的符号载体，而由于不同符号载体在意义传播中所具有的个性化的独特表意优势，接收者由此可以对不同媒介传送的意义进行综合解码，最终形成完整的意义感知。换言之，后互联网时代表意形式的多元化大大拓宽了意义的呈现维度，从而为受众提供了更大的意义发掘与阐释空间。

在后互联网时代，多媒介联合解码更深层的意义在于这一解码形式所带来的受众对“解码的解码”。所谓“解码的解码”是指受众对大众传媒呈现的多媒介解码形式的一种自发性、深层次、联合性的二次解码行为。在后互联网时代，受众的解码行为已经不再局限于对信息内容的被动接受，而是杂糅了主观的精神意志，在多样化的表意形式中融入了发现的眼光与批判的视野。因此，就这一意义层面而言，与多元化的编码行为相对应，后互联网时代的解码是一种充满趣味性与创造力的，具有游戏精神的合作行为。尤其是面对娱乐化或者深度性报道时，这一解码行为的游戏特色更加明显。“手表哥”杨达才事件、“罗一笑，你给我站住”事件等均是网友联合解码，通过多方协作与配合，从而揭露事件真相的“二次解码”行为。“二次解码”行为一方面是受众对媒体公信力的再检验，另一方面也是受众在纷繁复杂的网络环境中探寻真相、寻求共赢的动力使然。值得一提并加以肯定的是，在当前的网络传播中，网民通过对媒体解码的再解码行为已经越来越多地参与到对公共事务的监督及对舆情生态的应对之中。解码不再仅仅是出于个人信息接收的需要，而是拥有了更社会化、集体利益化和更深层次的意义内涵。这是后互联网时代对于自愿参与、协同操作以及追根究底等作为人的本能的游戏精神的直接体现，也是作为主体的

"人"在与技术或组织力量对峙中的一种胜利。

2. 弱编码导向下的差异化意义接收

所谓弱编码就是所采用表意符号不具有强烈指示性，或者对能指与所指之间对应关系较任意的符号进行编码的行为，由于能指与所指的"松散连接"，采取弱编码的表意行为拥有更宽松的意义解读区间，受众对文本的解读也更具个性化和创造性。一般而言，在艺术领域中尤其是抽象派艺术中，这种弱编码更具广泛性，正如"一千个读者就有一千个哈姆雷特"，主观意识在艺术领域对于意义的解读与接受影响巨大。而在具有严肃性特征的新闻报道尤其是以语言文字作为媒介符号的报道中，强编码占据主导地位；换言之，受众对于新闻信息的接受极大程度上按照编码者的导向进行，这在某种程度上为"媒体建构"行为提供了佐证。然而，后互联网时代的到来已经大大改变了信息的内在结构与呈现方式，使严肃新闻同样具有弱编码倾向。后互联网时代，能指的极度丰富化、多重表意形式的兴起与协同化的编码行为在打破文本与意指的关系的同时，也使符号的表意更多元，进而在能指与所指之间建立了普遍的弱关联，促成了弱编码的普遍化。加之意义接受者自身年龄层次、知识体系、语义空间以及信息需求范围的差异，受众在解码过程中的创造性与个性得以释放，个性化的信息接收与意义解读成为后互联网时代受众解码的新趋势。

正如对于不确定性以及刺激感的追求是游戏精神的重要内核，受众在弱编码的解码过程中所获得的自由化、个性化、富有创造性的意义阐释行为也充满了游戏化的元素。在后互联网时代，受众对于信息内容的差异化接收为解码行为提供了多元化的视角，通过网络这一纽带将多元视角链接与杂糅在一起，从而在媒体报道之外形成了更丰富的解码意义。在2016年美国大选之中，中国网民的高度参与成为一个显著的特点。尽管媒体对于美国大选基本保持了统一的报道基调，然而，视频、漫画、图片等报道形式所具有的弱编码倾向仍然为受众留足了解码的空间。网民通过媒体转播的辩论画面、发布的新闻图片、候选人的背景资料等信息解构出丰富的意义内涵，如有网民通过辩论现场二人的面部表情，得出希拉里"精明"、特朗普"执拗"的结论，也有网民认为希拉里具有"端庄大气"的领袖风范，相较之下，特朗普则略显"猥琐"。还有不少网友甚至总结出二人的执政倾向、语言风格，进而推测其国民支持率等。换言之，当前多元化的表意方式已经导致强编码在严肃新闻传播中的“失效”，意义已经冲破强编码的锁链，得到充分的释放，由此带来的受众的差异化解码恰恰解析出媒体报道意图之外的更丰富的内涵。而在差异化解码过程中产生的参与和分享、碰撞与摩擦、认同与共识等无不凸显了游戏化的影子。

3. 无限衍义作用下的意义再传播

在皮尔斯看来，符号必须有接受者，在接受者心里，每个解释项都可以变成一个新的再现体，构成一系列无止境相继的解释项。换言之，符号的解释项是意义，但它必然是一个新的符号，通过对接受者本人心中等同或者进一步发展的符号的唤醒，完成对符号意义的解读。可以说符号的无限衍义自符号诞生之时便一直存在，然而受制于技术、人类自身开化程度等因素的影响，无限衍义仅仅是一种蒙昧化的状态，是被隐藏着的，未被清醒认识的，或者说即便被认识到也无法也显露的状态。在后互联网时代，知识的生产速度远远超过以往任何时代，文明极度开化，信息的流状瞬时传播为人们塑造了一个高度重叠的共同话语场，意义的接受与再创造达到了全新的高度，加之参与、共享等游戏化传播行为的刺激，符号的无限衍义已经成为后互联网时代的新特征。

后互联网时代，符号的无限衍义无处不在。且不同于以往严肃的“背景交代”式或“深层挖掘”式衍义，当前的符号衍义充满了戏谑、反讽、夸张等一系列极具解构特征的游戏化色彩。网友对“舌尖体”的衍义与再创造，正是融入个性化背景、环境以及人生体验，从而使“舌尖体”在官方媒体之外有了特色化的再创造与再传播的典型例证。网友对“舌尖体”的意义阐释使其冲破了“美食”的对象局限，在针对股票、雾霾、搓衣板等一系列对象的描述中出现，甚至跨越国界，出现了舌尖上的德国、法国等异邦版本。[①] 这就使“舌尖体”这一符号意义得以再延续与再创造，具有了无限而又持久的表意作用。此外，网友对“中国梦”等系列符号意义的再赋予也是无限衍义的具体体现。简而言之，在后互联网时代，受众对于某一符号意义的无限衍义尽管并非完全遵循传者的传播意图，却在客观上促进了该符号的流动，延长了其生命力。而这种凝

① 《网友解码舌尖体，有话偏不好好说》，http://www.chinanews.com/life/2014/05－27/6215519.shtml。

结了受众自愿性与非功利性的，富有游戏化色彩的意义再创造行为，同时也是提升媒体用户黏性与受众忠诚度的一个促进因素。不得不说，当前媒体对于符号的“生产”以及受众对于符号意义的再创造，共同构成了影响媒体影响力的重要因素，而这也恰恰是媒体通过游戏化的传播实践想要实现的效果之一。

结　语

后互联网时代是一个个体被激活的时代，“媒介旧有的限制被极大地削减了，权力一点点地向‘原本的受众’汇聚。一则新闻可以在刹那间由一个地方扩散到全球，而一个群体也可以轻易而迅速地因合宜的事业而被动员起来”①。正如克莱·舍基所言，互联网技术的发展已经打破了存在于个体之间、个体与群体之间乃至群体与群体之间的隔阂与壁垒，并通过网络连接起来，形成一个新的信息流动与关系网络。在这种关系的破坏与重组的过程中，个体作为独立的主体，其主体性与能动性已经得到了极大的释放，而由个体主体性的汇聚所带来的不可忽视的“类组织力量”，已经广泛作用于社会生活的各个领域，甚至产生了比组织力量更持久、更强大的效应。毋庸讳言，后互联网时代，个体对于各领域事务的参与性已经大大提升，任何一个领域都无法忽视个体的力量，任何一个领域也都必须直面并设法利用个体力量。

而无论从何种层面而言，游戏化思维都无疑是调动个体能动性的最关键的切口。正如文中所述，游戏作为人类的本能，其作用恰似触动个体能动性的开关，蕴含在游戏中的一系列特征对于个体产生的强大吸引力是促成个体投入乃至沉浸其中的重要动力，而由游戏所激发的个体之间的协作互助、互利共赢的精神正是“类组织力量”的重要凝聚形式。从这一层面而言，游戏化思维正是激发个体潜能的强大按钮。而传播的游戏化思维也恰恰提醒我们，“传播不仅是外在的、工具性的，不能只从信息、实用的、效果的角度来思考，还要关注个人在传播过程中的主观感受、自我存在与发展”②。因此，可以说大众传播

---

① 克莱·舍基：《人人时代：无组织的组织力量》，胡泳、沈满琳译，北京：中国人民大学出版社，2012年版，第10页。

② 刘海龙：《传播游戏理论再思考》，《新闻学论集（第20辑）》，北京：经济日报出版社，2008年版。

对于游戏化思维的关注，以及在具体实践中对于这一思维模式的尝试，彰显了互联网时代下传媒对于人的尊重与回归，同时更是调动个体能量为我所用的鲜明注脚。因游戏化思维的运用而产生的一系列符号表意，以及凝结于其中的、正在被源源不断激发的受众力量，也必将指引大众传播探寻更深处的风景。

因此，尽管我们无法否认现阶段的传播游戏化尝试才刚刚开始，有关游戏化的探索仍然“道阻且长”，然而，我们也必须承认这并不妨碍它预示了一种趋势，且必将成为一种趋势。因为，游戏化的精髓绝不是单单提供一种参与机制和激励机制，它更是在推动一个非常强有力的系统革命。正如简·麦戈尼格尔在其《游戏改变世界》一书中所言——“人类出现以来，我们几乎一直在玩各种精彩的游戏……团结一心，我们可以攻克一个或许是最值得尝试、规模也最为庞大的障碍：利用游戏提高全球生活质量，为未来做好准备，让地球顺利进入下一个千年的全球性使命。”①

（原文发表于《社会科学战线》2018 年第 1 期：149－156）

① 简·麦戈尼格尔：《游戏改变世界》，闾佳译，杭州：浙江人民出版社，2012 年版，第 319 页。

游戏社群情感团结与文化认同的动力机制研究

◎诸葛达维[1]

一、问题的提出

社群（community）是一种基于互联网的新型人际关系，是当今互联网中社会关系的主要组织形式。1993 年，美国学者霍华德·瑞恩高德（H. Rheingold）首次提出了虚拟社区/社群（virtual community）概念，即一种有足够多的人以充分的情感进行长时间的公共讨论而形成的一种人际关系网络。[2] 何方认为，互联网新型社群是因兴趣追求与价值认同、共识达成、情感交流、信任建构而聚集在一起的相对固定的群组及其社会关系。[3]

游戏社群是典型的基于共同兴趣与价值认同形成的互联网社群。互联网时代，玩家通过社群寻找志同道合的朋友，交流兴趣与话题互动，构筑独特的社群形态，形成富有特色的社会文化现象。据第 41 次《中国互联网络发展状况统计报告》显示，我国游戏用户规模达 4.42 亿人，占整体网民的 57.2%。[4]《中国移动社群生态报告》显示，游戏社群的粉丝数量和访问量均居于各类兴

---

① 诸葛达维，浙江传媒学院助理研究员。

② H. Rheingold, *Virtual Community: Homesteading on the Electronic Frontier*, New York: Basic Books, 1993.

③ 何方：《新型社群与共享经济的持续发展》，《浙江学刊》2016 年第 6 期。

④ 中国互联网信息中心：第 41 次《中国互联网络发展状况统计报告》，2018 年 1 月。

趣社群首位。[①] 可见，游戏社群是互联网中人数最多、活跃度最高的亚文化社群之一，是当今互联网社群的典型代表（如图 1）。

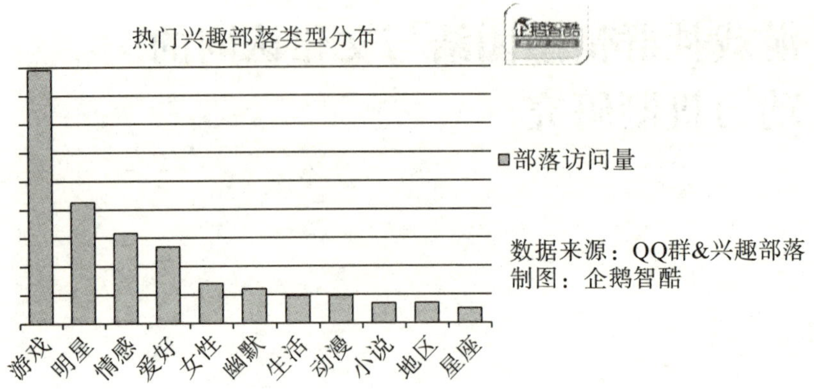

图 1　热门兴趣社群类型分布

（数据来源：《中国移动社群生态报告》）

因此，对游戏社群的研究，不仅是我们研究当代游戏玩家及其文化的重要选题，也是我们观察互联网社群建构与传播的重要缩影。那么，游戏社群是如何形成的？游戏社群形成的内在动力机制是什么？游戏玩家的社群互动是如何促进与维系游戏社群的文化认同与团结的？游戏玩家的社群交往对游戏玩家的社会化成长又有何影响？要回答这些问题，我们需要进入游戏玩家社群内部，通过近距离观察来分析游戏玩家及其社群文化的生成与传播。

二、理论建构与分析框架

社群的建构需要一套能够激活组织情感与凝聚力的文化机制。克莱·舍基在《人人时代》中认为社群的基础有三个，即共同的目标、高效率的协同工具、一致行动。人类学家拉尔夫·林顿认为强有力的部落群体必须具备三个特征，即相似的文化、频繁的互动以及共同的利益。[②] 金韶等人指出，聚合力和裂变效应是社群的外在传播特征，情感价值是社群的内在传播特征，自组织传

① 腾讯 QQ、企鹅智酷：《中国移动社群生态报告》，2015 年 8 月 6 日。

② 卢彦：《社群+：互联网+企业行动路线图》，转引自《互联网+社群方法论：九阳神功》，新浪博客，http://blog.sina.com.cn/s/blog_14ccb27a10102w4hj.html. 2016－04－12。

播和协作是社群运行和发展的核心逻辑。[①] 蔡骐从媒介与文化的角度分析指出，网络社群的聚合是在新媒体环境下，人与人之间从技术连接到情感共振的结果，是一种以兴趣和情感为核心的亚文化传播现象。[②] 可见，在互联网时代，情感传播与价值认同是社群形成的重要特征。围绕共同的文化价值取向，成员间开展情感交往与社群互动，是社群建构的重要传播基础。

一则，人是情感的社会动物。情感社会学家乔纳森·特纳等人指出，情感一方面是文化和社会结构动力机制的关键，另一方面是人际互动的关键。[③] 在人际互动和群体中，情感是隐藏在对他人的社会承诺背后的力量，也是决定社会结构形成的力量。[④] 情感唤醒是微观层面人际互动最终导致中观和宏观水平社会文化建构的基质的导火索。[⑤] 二则，人也是符号的动物。符号学家卡西尔指出："符号化的思维和符号化的行为是人类生活中最富于代表性的特征。"[⑥] "我们应当把人定义为符号的动物（animal symbolicum）来取代把人定义为理性的动物。只有这样，我们才能指明人的独特之处，也才能理解对人开放的新路——通向文化之路。"[⑦] 因此，我们在观察文化传播现象时，离不开符号分析。而我们知道，人类互动的本质是符号互动。[⑧] 因此，情感交往与符号互动是我们观察游戏社群建构的重要视角。

互动仪式是我们观察情感交往与符号互动的重要理论。互动仪式理论家兰德尔·柯林斯指出，仪式是一种相互专注的情感和关注机制，它形成了一种瞬间共有的现实，因而会形成群体团结和群体成员性的符号。[⑨] 他将互动仪式描绘成一组具有因果关联与反馈循环的情感-符号运行过程。该过程包含四个初始条件：(1) 两个或两个以上的人聚集在同一场所；(2) 设置排斥局外人的界

① 金韶，倪宁：《"社群经济"的传播特征和商业模式》，《现代传播》2016 年第 4 期。

② 蔡骐：《网络社群传播与社会化阅读的发展》，《新闻记者》2016 年第 10 期。

③ 乔纳森·H. 特纳，简·斯戴兹：《情感社会学》，孙俊才、文军译，上海：上海人民出版社，2007 年版，第 242 页。

④ 乔纳森·H. 特纳：《人类情感——社会学的理论》，孙俊才、文军译，北京：东方出版社，2009 年版，第 7 页。

⑤ 乔纳森·H. 特纳：《人类情感——社会学的理论》，孙俊才、文军译，北京：东方出版社，2009 年版，第 64 页。

⑥ 恩斯特·卡西尔：《人论》，甘阳译，上海：上海译文出版社，2004 年版，第 35 页。

⑦ 恩斯特·卡西尔：《人论》，甘阳译，上海：上海译文出版社，2004 年版，第 37 页。

⑧ 乔治·H. 米德：《心灵、自我与社会》，赵月瑟译，北京：华夏出版社，1998 年版，第 11 页。

⑨ 兰德尔·柯林斯：《互动仪式链》，林聚任、王丽君译，北京：商务印书馆，2009 年版，第 36 页。

限；(3) 参与者具有共同关注的焦点，并通过相互传达关注该焦点；(4) 人们分享共同的情绪或情感体验。当这些要素有效地综合，并积累到很高程度的相互关注与情感共享时，参与者会体验到以下互动结果：(1) 群体团结，一种与认知相关的成员身份感；(2) 个体的情感能量 (emotion energy，简称 EE)，即一种采取行动时自信、兴高采烈、有力量、满腔热忱与主动进取的感觉；(3) 代表群体的符号，使成员感到自己与集体相关；(4) 维护群体、尊重群体符号的道德正义感。[①] 因此，互动仪式 (IR) 作为人们最基本的活动，是一切社会学研究的基点。[②] 大部分社会传播现象都是通过各种形式的互动仪式活动进行和维持的。

互动仪式的相互关注情感连带模型如图 2：

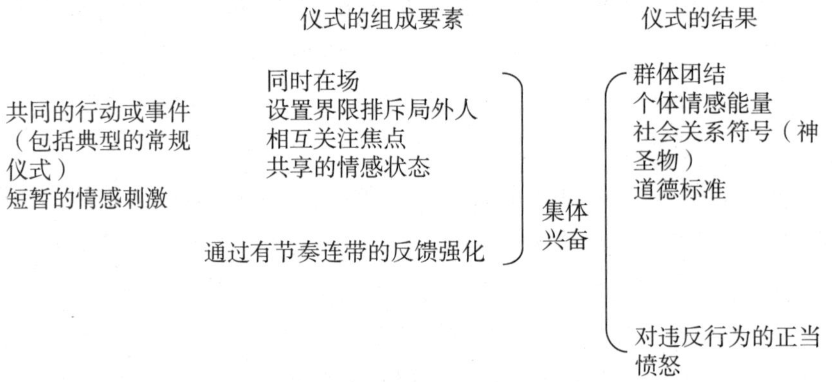

图 2　互动仪式的相互关注/情感连带模型

柯林斯进一步指出，符号资本与情感能量是互动仪式中最关键的两个资源要素，它们互相作用，推动组织形成情感团结的市场。互动仪式市场是一种抽象意义上的社会关系市场。成功的互动仪式能够产生高度的情感能量与符号资本，它们又可以作为仪式活动的资源在互动仪式市场中进行社会关系与文化情感的再投资。因此，情感能量与符号资本是互动仪式市场中最重要的两种资源。这两种资源在互动仪式市场机制作用下促进了宏观社会结构的形成。因此，互动仪式对社群的形成与关系维持来说是至关重要的。游戏社群作为因共

① 兰德尔·柯林斯：《互动仪式链》，林聚任、王丽君译，北京：商务印书馆，2009 年版，第 86～87页。

② 兰德尔·柯林斯：《互动仪式链》，林聚任、王丽君译，北京：商务印书馆，2009 年版，第 1 页。

同兴趣与文化价值取向而聚集起来的亚文化社群，其内部的符号互动与情感表达也遵循互动仪式的基本规律。接下来，笔者将借助互动仪式理论，分析游戏玩家是如何通过社群交往与仪式活动来建构社群团结与文化认同的。

三、研究方法与研究对象选择

（一）研究方法

本文主要采用虚拟民族志与交流民族志相结合的民族志研究方法。虚拟民族志是以网络虚拟环境作为主要的研究背景和环境，利用互联网的表达平台和互动工具来收集资料，以探究和阐释互联网及相关的社会文化现象的一种方法。[①] 由于游戏社群的活动大多是在互联网空间进行的，因此，虚拟民族志是观察和分析网络空间中游戏玩家社群活动的有效方法。交流民族志方法着重研究一个文化群体内成员之间以及不同文化群体成员之间的社会互动模式，考察微观层面的互动方式与宏观层面的社会文化结构之间的联系。通过观察和描述这些面对面的人际交往方式，研究者可以了解特定文化群体中重要的社会交往规则、文化解释模式以及由社会交往带来的社会结果的过程和动因。理论上来说，线上的世界与线下的现实是内在地联系在一起的，两者是相互建构、相互生产的。[②] 并且，尽管虚拟世界和真实世界有本质区别，但其人际交往方式在某种程度上趋于一致。[③] 因此，本研究综合运用虚拟民族志与交流民族志方法，对玩家线上与线下的各种社群交往活动进行分析研究。

（二）研究对象选择

把握游戏社群文化需要进入其社群组织内部，从源头理解游戏玩家如何通过社群交往实现文化认同与情感团结。本研究选择《仙剑奇侠传》玩家后援会社群作为研究对象，理由如下。

---

① 卜玉梅：《虚拟民族志：田野、方法与伦理》，《社会学研究》2012 年第 6 期。

② 卜玉梅：《虚拟民族志：田野、方法与伦理》，《社会学研究》2012 年第 6 期。

③ 邓天颖：《流动、拟仿与互动：网络游戏虚拟社区人际交往研究》，《社会科学论坛（学术研究卷）》，2009 年第 6 期。

首先，《仙剑奇侠传》系列是著名游戏品牌，自 1995 年诞生至今已有 20 余年，拥有众多玩家和粉丝。其次，《仙剑奇侠传》游戏拥有覆盖全国的玩家社群系统——仙剑奇侠传后援会（以下简称“仙剑后援会”）。全国及各省仙剑后援会，在经过《仙剑奇侠传》游戏官方认证后拥有自己的群组织，各后援会群由会长、副会长及玩家成员组成（如图 3）。再者，仙剑后援会成立至今举行了丰富的线上线下活动，是开展本研究的典型个案。

> 仙剑奇侠传后援会由全国各地热心的仙剑迷组建成立，并得到了官方的支持，不定时的（地）举办一些仙剑线下活动和宣传等，让广大玩家能够有组织可寻，随时随地了解更多仙剑相关的消息和活动。对仙剑游戏的发展起到了巨大的推广宣传作用。（仙剑后援会官方介绍[①]）

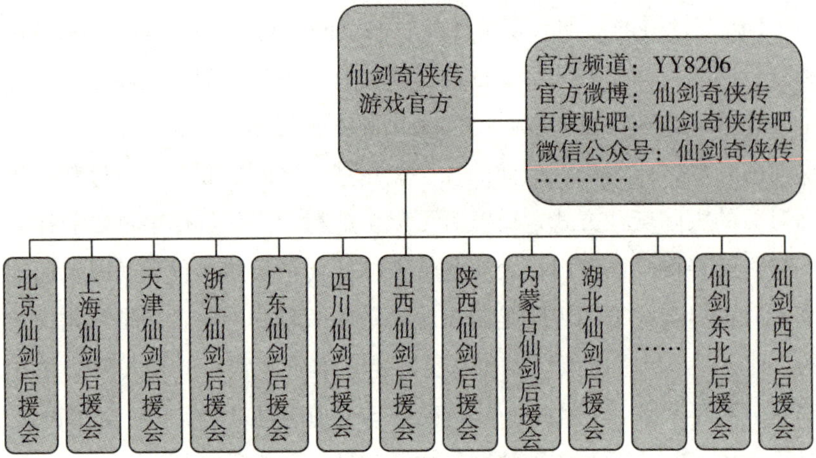

图 3　仙剑玩家后援会社群组织网络

四、仙剑后援会社群的民族志观察

仙剑后援会成立至今举办了丰富多彩的社群活动。笔者以“线上/线下”与“仪式化程度高/仪式化程度低”为坐标，将仙剑后援会的社群活动划分成四大类别，每个类别选取典型的活动进行分析：线上非正式活动——线上日常

① 引自仙剑后援会官方主页：http://www.softstar.net.cn/news/palhyh/。

会话交流；线上正式活动——线上晚会/歌会直播；线下非正式活动——日常见面聚会；线下正式活动——游戏主题晚会/展会（如图 4）。

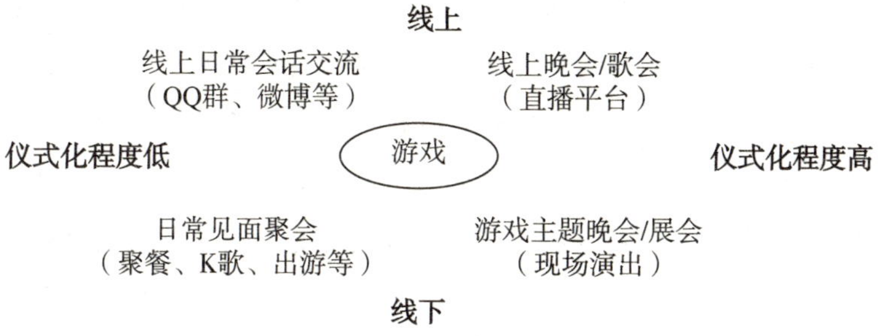

图 4　仙剑后援会社群组织开展互动仪式活动的主要类型

（一）线上非正式活动——以线上日常会话交流为例

游戏玩家的线上日常会话交流是最常见的互动仪式活动。对话交流看似平常，但其中蕴含着互动仪式机制。因为会话跟人们在 KTV 唱歌一样，有共同的关注话题，并共同创造了一种会话的实在，具有共同的情感。

仙剑玩家后援会以 QQ 群、微博、贴吧、微信等社交媒体为线上互动交流平台。会话仪式的成功开展需要以遵守对话情境中的基本规则为前提。为保证游戏组织内的良好互动环境，促进和谐交流，避免不必要的争论，仙剑后援会组织都会制定基本的组织互动规则，以确保会话仪式的顺利进行。浙江仙剑后援会的群规要求如下——

> 对所有群成员的要求：
>
> 一、身为群内人员，禁止在群内发广告和一些类似的地址链接。
>
> 二、群内成员需保持良好的关系，禁止对他人的辱骂或言语攻击或爆出现实中的事情威胁等行为。
>
> 三、聊天内容没有限制。但禁止聊色情，发现后警告，再犯或不改踢出；谨慎聊宗教政党等会引发矛盾的话题。
>
> 福利和活动：
>
> 一、因后援会有时候会有福利，经常在线的高等级童鞋们拥有优先享受福利的待遇。

——浙江仙剑后援会群规

可见，在遵守群规的前提下，仙剑后援会社群内的日常会话活动比较自由：一方面给予玩家充分的会话自由，希望各玩家之间和睦相处，体现了包容成员共同在场的仪式条件；另一方面坚决维护游戏社群的文化属性，禁止发不雅内容和无关广告，体现了排斥局外人的仪式界限。这是大多数玩家组织对成员开展会话互动的基本要求。中国最大的游戏粉丝组织百度游戏贴吧的负责人也表示，游戏玩家组织在确保组织文化底线的情况下对成员互动具有极大的包容性。[①] 此外，仙剑后援会还制定了成员权利和义务制度，违反群规的成员将受到惩罚，积极活跃的成员拥有优先享受福利的资格。这也体现了仙剑后援会社群鼓励成员积极参加组织活动的激励措施。

除了自由会话，游戏社群管理员有时也会对谈话内容进行议题设置，引导谈话内容走向，形成一种统一的集体仪式现象。以下是浙江仙剑后援会 QQ 群中的一次禁言仪式活动的群公告：

> 从现在起，本群禁止剧透剧情和支线任务，只能一起研究 boss 战，迷宫攻略，凡剧透者一律禁言至下个月。（荆门♀羲和发表于 2015－07－08 00：00）
>
> 从今天起，本群全面解除关于剧透禁言的规定，童鞋们不用再担心被关小黑屋了！尽情的（地）释放你们对仙 6 的不满吧！［表情］［表情］（荆门♀羲和发表于 2015－07－30 13：33）

从话题禁言活动可以看出，社群管理员为了协调已玩过游戏与还未玩过游戏玩家之间的交流，特意限定一个时间段禁止讨论游戏内容。等过了话题禁言时期，管理员才通知大家可以畅所欲言。在禁言期间，大部分成员都按照管理员要求不剧透游戏剧情。虽然这种活动未必很正式，但它在一定程度上促成了组织全体成员的一致行动，促进了社群和谐，具有仪式化的效果。

综上所述，游戏玩家社群组织的日常会话交流是一种典型的互动仪式活动。游戏社群成员在遵守基本会话规则的前提下，可以自由交流。游戏玩家社

① 新浪游戏：《揭秘百度贴吧：中国最大的游戏粉丝组织》，http://games.sina.com.cn/y/n/2015－09－09/fxhqhuf8257393.shtml.2015－09－09。

群组织设置权利与义务、福利与奖惩措施，促进会话仪式的有序开展。游戏社群对互动话题的设置有利于社群成员形成共同关注，产生一致行动，促进社群团结。因此，对话者在遵守互动规则的前提下进行和谐有序的话题互动是成功开展会话仪式，进而形成社群团结的关键。

（二）线上正式活动——以线上晚会直播为例

在线上活动中，游戏社群的演出活动是线上正式仪式活动的典型。直播平台的兴起为游戏社群举办线上晚会仪式提供了便利的平台。YY8206 是仙剑后援会的线上直播频道，其主要功能就是举办各种类型的线上表演晚会。

在举办线上晚会前夕，仙剑后援会通过各种渠道发布晚会海报，预告晚会的开播时间、频道、出席嘉宾、节目内容等演出信息。仙剑玩家与粉丝可以通过登录 YY 直播平台开展晚会互动仪式。

在晚会直播过程中，主持人和场控负责安排表演嘉宾按顺序出场。表演嘉宾在线演出时，观众可以发弹幕、送鲜花和礼物等符号与大家互动。有些玩家或观众为了表达自己对嘉宾的喜爱，会将花式符号、礼物符号发送到公屏上，形成别具一格的情感符号表达方式。观众与演出嘉宾之间的这些符号表达方式是大多数直播平台中情感表达与符号互动的具体形式。嘉宾收到的鲜花、礼物与赞都会在其个人主页上显示出来，这些都是嘉宾受欢迎程度的重要指标。那些鲜花、礼物与赞数量很多的社群成员通常拥有较高的受关注度与社群符号资本。

综上所述，直播平台的在线演出是游戏玩家社群开展线上正式互动仪式的典型活动。在直播中，所有成员在自己的电脑屏幕前观看这一同步直播的节目，具有共同的关注焦点与情感连带，会形成一种“天涯共此时”的现场感。在晚会过程中，主持人与场控负责掌握整场晚会的进度和节奏，观众与嘉宾通过发弹幕、送鲜花、点赞等形式进行符号互动与情感表达。那些获得鲜花和赞美数量较多的成员通常也拥有较高的情感能量与符号资本储备，这些资本储备可用于他们开展后续的互动仪式活动，因此，他们往往也是游戏社群中的社交明星。通过晚会直播的互动仪式，游戏玩家不仅获得了富有社群文化特色的娱乐体验，而且获得了一定的情感能量满足与符号资本储备，形成了对游戏社群的文化认同与情感团结。

（三）线下非正式活动——以日常见面聚会为例

线下活动是线上活动的深入与延伸。玩家的线下日常聚会活动主要有聚餐、“K歌”、桌游、旅游等。柯林斯指出，人与人之间的日常交际是最基本的互动仪式。“小范围的、即时即地发生的面对面互动，是行动的场景和社会行动者的基点。”① 玩家组织的线下聚会活动蕴含着互动仪式机制。

12.7 西北仙剑后援会新疆活动

第一届新疆仙剑后援会拌面加面大赛于2013年12月7日北京时间11点30分在新疆农业大学举行～活动内容唠唠嗑儿～溜溜（遛遛）弯儿～吃吃面儿～前三名将获冬日祭门票各一张加面一盘～温馨提示～天冷注意保暖～联系人止血艹（草）～亲爱的们，我在农大等你们～

联系人：止血草130＊＊＊＊＊＊＊＊

——西北仙剑后援会微信公众号

后援会仙剑舞台剧——厦门站活动公告

仙剑后援会的众老们：

此次仙剑舞台剧已经确定在厦门地区展开，具体时间是2015年9月3日—2015年9月4日。

借这个机会，仙剑后援会的粘米来一场神鬼莫测的面基。

此次聚会预计时间（两天一夜），各位粘米请妥善合理安排时间。另：请准备好鼓鼓的荷包＊1，满满的节操＊N。

特别注明：7月中旬我们将开始进行人员统计，请待初恋般的，密切关注群邮箱通知。

福建仙剑后援会管理组（全体管理人员携手邀请）

以上是两个不同地区仙剑后援会组织的线下聚会活动公告。从公告内容可以看出，线下聚会似乎只是很普通的社交活动，而且与线上活动相比，线下活动通常需要玩家花费一定的时间、金钱等物质成本。但为什么玩家会积极参加

① 兰德尔·柯林斯：《互动仪式链》，林聚任、王丽君译，北京：商务印书馆，2009年版，第3页。

社群组织的线下活动呢？除了能够在现实世界里见到虚拟世界中的朋友，另一个重要原因是，玩家通过现场互动往往能感受到更多的仪式氛围与符号信息，使其关注焦点与情感连带更加充分，由此获得更加深刻的参与体验与情感满足。可见，虽然参加线下活动具有更高的成本，但玩家会评估自身的成本投入与活动收益。因此，愿意花费一定成本前来参加线下聚会的玩家往往具有更高程度的社群认同感，并能够通过聚会仪式形成更深的社群归属感。

此外，玩家通过线下聚会活动，不仅可以增进线上社会关系，而且可以拓展现实世界的人际关系。以下是几位游戏玩家对线上二次元游戏世界与线下三次元世界关系的看法。

> 我（是）把二次元世界和三次元世界两者结合起来的。我给你看手机通讯录。所有号码空格后面是什么，前面是网名，后面是真名，只要知道真名的我都注在后面。三次元是一个现实社会，二次元也是一个交友平台。因为我的二次元朋友里面以仙迷为主，哪怕之前没有见过面，只要一见面就（有）莫名的亲切感。我可以把二次元发展成三次元，二次元以兴趣为主，容易聚成圈子。（小 2 逍遥）

> 只要玩过共同的游戏，就有许多话题可以聊。很多面基的朋友都是游戏里的亲友队友。比较理想的线上线下关系模式是因游戏而认识，并且发掘出游戏以外的其他共同话题与社会关系，这样的友谊比较长久。（二次元 CY）

从中可以看出，以共同兴趣为纽带的游戏玩家可以通过线下聚会活动将线上关系拓展到线下生活中来，拓展自己的社会关系网。萨默-伊佛勒指出，当人们能够通过探究和发展新的关系、新的团结和新的角色来拓展自我的意义时，人们将体验到情感能量的增加。[①] 可见，玩家通过穿梭于现实世界与虚拟世界，在拓展人际关系的同时，也能获得情感能量的增加。

综上所述，以日常聚会为代表的线下互动仪式活动是玩家线上关系的延伸与深化。线下活动因为具有更多的现场符号与情感连带，吸引着玩家从线上走

---

① 乔纳森·特纳，简·斯戴兹：《情感社会学》，孙俊才、文军译，上海：上海人民出版社，2007 年版，第 77 页。

到线下。游戏社群通过组织线下聚会活动赋予参与者鲜活的符号资本与情感能量，进一步增强了社群的团结情感与文化认同。玩家也通过线下活动拓展了自己的社会关系，在一定程度上有利于个人社会化的发展。

（四）线下正式活动——以线下游戏主题晚会为例

仪式化程度高的正式活动往往能够吸引更多核心用户关注。其中，大型游戏主题晚会/展会是较为正式的线下互动仪式活动。

仙剑游戏相继在上海、合肥举办过 17 周年庆典晚会和 20 周年庆典晚会，吸引了全国各地的仙剑玩家前来观看。在举办全国性大型晚会/展会前，组织方通常会将信息公布在微博上以告知所有玩家，游戏官方会制作宣传片、海报，并通过微博话题互动等形式进行前期预热。各地后援会也会将这一消息在社群中转发扩散，配合宣传。同时，各地仙剑后援会会组织社群成员组团前往晚会现场观看。通常，各地后援会都会对自己的团队进行符号化设计，包括醒目的会牌、会徽和统一的文化衫，有的后援会还会拉着横幅、举着会旗前来参加活动。出发前，负责联络的成员会将汇合地点群发给成员，队长会在抵达后高举后援会标识等着成员归队。

大型游戏主题晚会大多以游戏主题的歌舞、角色扮演（cosplay）、声优表演为主要节目形式。仙剑 20 周年庆典晚会邀请了历代游戏主题曲的原唱歌手、为仙剑游戏配音的声优、国内知名 cosplay 演员等前来表演。这些表演嘉宾可能并不一定为圈外人所熟知，但他们身上具有仙剑游戏的文化符号，能够在玩家中引发热烈反响，体现了互动仪式社群设置进入边界的身份符号条件。晚会通过演出仪式产生了丰富的与游戏相关的文化符号，在玩家中形成了一系列情感连带与聚焦，在营造庆典晚会氛围的同时，也增进了玩家的情感团结与成员身份认同感。

综上所述，由于线下大型主题晚会有游戏官方的介入而使活动的意义更加丰满且正式。大型线下活动在玩家心中的神圣性，使参加这类活动对玩家来说更加珍贵，许多玩家都以参加过大型现场活动为言谈的资本。因此，线下大型互动仪式因其正式性、神圣性与珍贵性，能够激发参与者更高的文化认同与社群团结，这是其他互动仪式难以实现的。此外，游戏玩家通过参加这类机会难得的大型线下活动，能够获得更加珍贵的符号资本与情感能量，而且能够在更大范围内接触社群内的好友，拓展自己的社会关系。

五、研究发现与讨论：游戏社群情感团结与文化认同的动力机制

笔者通过对仙剑游戏玩家社群研究发现，互动仪式是游戏社群形成情感团结与文化认同的基本动力结构。游戏社群以统一的价值取向与文化认同，通过有组织的管理，将分散在天南地北的玩家聚拢起来，并通过各种社群互动仪式活动增进玩家间的交流与情感，促进社群情感团结与凝聚。玩家在社群活动中积累了游戏相关的符号资本与情感能量，这些情感能量与符号资本流动不仅有利于个人多重资本与情感的积累，也有益于维护社群的文化认同与情感团结。具体对游戏社群组织而言，游戏社群的互动仪式活动能够产生集体团结与社群归属的向心力，并将这种集体情感进行符号化表征，形成社群凝聚力的情感符号资本。当社群为符号所象征，玩家对符号的认知也能够唤醒他们内心的情感能量。对游戏玩家个人而言，社群中的成员不仅能够通过社群活动感受到自己与社群集体的情感联系，产生“我们”的团结情感，而且能够以互动仪式社群产生的情感与符号为资源，进行后续的社会互动，拓展更广阔的社会关系。因此，互动仪式中的情感与符号循环模式，即“互动仪式－情感/情感能量－符号/符号资本－互动仪式”，是游戏社群情感团结与文化认同的基本动力结构（如图5）。

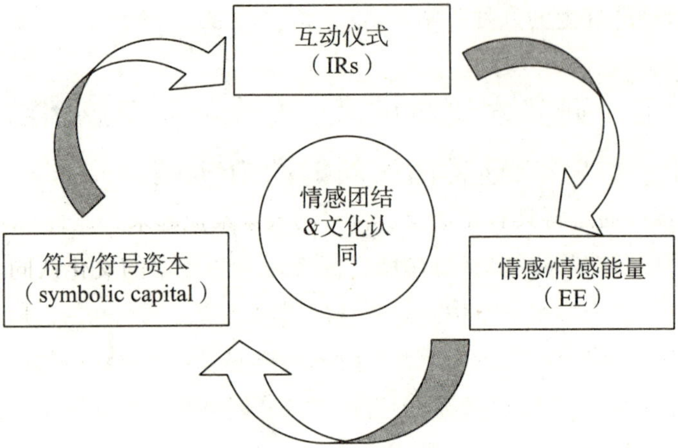

图5　游戏社群互动仪式的动态循环结构

（一）成员身份符号：统一游戏玩家身份认同的符号资本

物以类聚，人以群分，各个文化族群往往是由身份符号相似的个体组成的，个体在互动仪式市场中也通常会寻找那些与自己的身份符号属性相匹配的人进行交往。身份符号作为进入互动仪式市场的必要条件与特殊符号资本，不仅使玩家成员的身份获得社群同侪的认可，而且使玩家获得了所渴望的身份符号认同，积累了身份符号资本，有利于其在游戏社群交往中进行人际关系再投资，实现自我拓展，促进社会化发展。此外，因为身份符号蕴含着特定文化的情感张力，因此玩家在进行身份认同的时候，实际上也在寻求自身文化与社会的认同。

1. 身份符号是玩家进入社群的必要条件

开展互动仪式要求设置局外人的进入界限，其中成员身份符号就是互动社群的准入钥匙。游戏玩家寻找社群组织的第一步就是玩家身份识别，只要是仙剑游戏玩家，就可以顺利通过认证，进入仙剑后援会社群互动交友。游戏社群对玩家成员身份符号的认证兼具包容性与严格性。只要不违反组织的规章制度，具有相似身份符号的成员游戏社群都愿意接纳。游戏社群的身份符号准入门槛使社群文化身份更纯粹，有利于激发共同的文化情感。

2. 身份符号是实现玩家文化身份认同的特色符号资源

身份符号承载着成员身份的文化意义，是玩家进行文化身份认同的基础。

互动仪式活动不断生产出身份符号所蕴含的文化成分，唤醒社群的文化情感，从而使社群成员更充分地体验到团结感和认同感。拥有代表组织文化的符号使成员与组织相关，赋予玩家以成员身份能够使玩家感受到自己与社群相关，产生“我们”的团结情感，有利于增进玩家对游戏社群的认同感与归属感。因此，游戏社群通过将具有相似身份符号的玩家聚拢起来，通过互动交往，形成一种与身份认知相关的成员身份感，促进玩家对社群的文化认同与情感团结。身份符号为成员提供了谈论与互动的内容，代表社群文化的符号在完备的互动仪式活动中被重复使用，会激发社群成员的团结情感。因此，成功的游戏社群往往善于生产和激发玩家身份符号所具有的文化情感张力。

3. 身份符号促进玩家符号资本的再投资与社会关系拓展

玩家积累的身份符号能够转化为交往的符号资本，用于互动仪式市场中的再投资，拓展个体的社会关系，不断延伸个体的互动仪式链。一方面，那些善于利用自身符号资本储备的成员常常会利用共同的玩家身份符号进行社群关系再投资，从互动仪式市场中获得更多的资源、权力与地位。他们以身份符号为桥梁，在社群中结交更多的玩家好友，积累人际关系，逐渐成为游戏社群中的网红明星成员。他们能够凭借自身的受关注程度成为社群中的社交明星，吸引更多人的关注，获得一定社群地位和权力。另一方面，这些社交明星成员不仅善于利用身份符号进行游戏世界的关系投资，他们往往能够将线上关系延伸到游戏外的生活世界，以游戏身份为媒介建立更广泛的社会人际关系。这种利用身份符号的再投资在一定程度上促进了虚拟游戏世界与现实生活世界的联系互通，巩固与拓展了玩家的社会关系网络。

（二）情感能量：推动游戏玩家情感团结与文化认同的内在动力

互动仪式成功运行的结果就是产生团结情感。其中，情感能量是推动互动仪式情感团结与文化认同的内在动力，是个体在互动中寻求的重要回报。高度的情感能量是一种对社会互动充满自信与热情的感受。它是个人所拥有的大量涂尔干所言的对于群体的仪式团结。[①] 一个人能够获得的情感能量的多少是决

① 乔纳森·特纳，简·斯戴兹：《情感社会学》，孙俊才、文军译，上海：上海人民出版社，2007年版，第161页。

定其是否愿意进一步参与互动仪式交往的关键资源。因此，情感能量也是个体在互动交往中做出决策的重要标准。情感能量最大化是个体做出社会选择的共同标准。

1. 情感能量是玩家形成社群情感团结与文化认同的内在动力

情感能量是推动互动仪式进行的内在驱动力。玩家进入社群参与互动是为了寻求作为社群一员的情感能量的满足。同时，情感能量具有社会认知取向，能够产生定向的文化情感认同。当参与者从参与互动的群体活动中得到充分的情感能量后，他会成为该群体的热情支持者，促进社群的情感团结。因此，游戏社群的情感团结与文化认同是玩家情感能量推动的结果。以仙剑后援会为代表的玩家社群通过线上线下的各种互动仪式激发成员内心的情感能量，并利用情感能量维持社群的活力与凝聚力。

2. 情感能量是玩家进行社会关系投资的重要资源

情感能量是互动仪式市场流通的重要资本，与符号资本一样是成员决定其是否愿意进行互动仪式的关键资源。游戏玩家利用从社群互动中获得的情感能量储备投资现实社会人际关系是典型的社会关系再投资行为。仙剑后援会玩家在情感能量的驱动下发展出以游戏为媒介的多重社会关系。在社会关系拓展中，那些拥有较高情感能量储备的玩家往往具有较高积极性，是社群中的社交明星。他们往往能够在社群中建立更多的社会关系，从而获得更多情感能量回报。他们在建立与拓展自身社会关系的同时，促进了社群人际关系的进一步互动，推动了游戏社群的人际往来与凝聚。

3. 情感能量促进社会结构多元化与玩家个体社会化成长

情感能量收益最大化是人类社会选择的共同标准。玩家投入各种物质与情感成本进行社群互动仪式活动，最终都是为了获得情感能量收益最大化。迈克尔·哈蒙德认为，人在社会进化过程中形成了追求积极情感最大化的社会取向。多样化的社会生活结构能够满足人们多样性的情感联系，使个体获得多种积极情感的选择。① 游戏等二次元世界丰富了玩家的生活世界体验，使玩家的

---

① 乔纳森·特纳，简·斯戴兹：《情感社会学》，孙俊才、文军译，上海：上海人民出版社，2007年版，第226～232页。

生活圈子更加多样化，能够增加玩家社会情感联系的多样性。此外，长期处于单一情境会减弱人的情感唤醒体验。玩家通过在游戏世界与现实世界之间穿梭，不断切换着社会互动的情境，可以在一定程度上避免日常生活惯习对玩家积极情感体验的束缚。虚拟的游戏世界之所以对玩家具有吸引力，是因为游戏世界在一定程度上打破了现实世界的成规，创造了还没有被习惯化的新奇的情境。因此，以互动仪式为主要机制的各种游戏文化社群活动，不仅有利于促进社会结构多元化与社会文化的多样性，而且能够与玩家习惯了的生活世界形成互补，有利于玩家在不同情境世界的穿梭中塑造自我，促进个体社会化成长。

［原文发表于《现代传播》（中国传媒大学学报）2019 年第 2 期：102－108］

试论网络游戏玩家的“游戏内传播”：格雷马斯方阵视角下的游戏价值论

◎关萍萍①

作为一种新兴的流行媒体，计算机游戏（video game）越来越成为一种大众文化意识，但其所涉暴力、色情等问题也引发了激烈的争论。众多研究者认为，游戏可以并已经影响到玩家在虚拟空间乃至现实世界的生活，以致玩家漠视现实生活，完全沉浸在自己的虚拟空间中，满足于一种“游戏内传播”状态，甚至危及其现实生活能力。

传播指的是人类通过符号和媒介交流信息以期发生相应变化的活动。我们可以认为玩家的游戏行为本质上是一种信息传播活动，玩家通过网络游戏这一虚拟媒介，依据个人价值理念，与其他玩家进行信息传播活动。传播学认为，任何传播活动都是有价值取向的，“游戏传播”也不例外。那么，这种信息处理活动及其价值取向是否影响以及如何影响到玩家的真实世界？玩家究竟在游戏中寻求怎样的价值理念？本文结合价值理论的观点，以格雷马斯方阵这一符号学分析工具对网络游戏及玩家的“游戏内传播”行为进行分析，从中发现玩家在游戏过程中寻求的“价值”所在。

“游戏内传播”构建起玩家的价值体系

生命短暂且只有一次，面对绚烂多彩的生命意义和无法预演的生命体验，

① 关萍萍，浙江传媒学院文化创意与管理学院副教授，传播学博士，硕士生导师，主要研究方向为传播学与文化产业。

人们需要借助其他方式和手段来丰富。网络游戏就是一种类似于人生演绎的体验方式，不同之处在于，它是一种借助游戏这种媒体进行的以"游戏内传播"为主的方式。

在互联网的各种行为方式中，网络游戏的生存模式最具连贯性和戏剧性，如同真实的人生一般有始有终。可以说，游戏者在游戏中所寻求的是一种异于现实又与其类似的存在方式，从人的存在到游戏者的存在，需要跨越的鸿沟远没有我们想象的那么大，因为二者的价值取向是如此类似。随着网络游戏对人们生活影响的不断深入，它已经成为互联网时代人们在虚拟空间内的主要生存方式之一。在这个异度空间内，人们借用各种浪漫的或恐怖的、魔幻的或写实的形象角色行走在不同的叙事中，做着现实生活中被允许或者不被允许的事情，寻求着各自的生命体验与价值哲学。这种并行于外在大众传播行为的"游戏内传播"，帮助玩家构建起虚拟世界以及现实生活的价值体系。

现有关于网络游戏的媒体报道多以负面为主，几乎到了"谈网游色变"的程度。然而，斯坦福大学 2006 年做的一项调查发现，68.3%的人是正常网络使用者，仅有 5.9%的人感觉到他们的正常社会关系被过度的网络使用伤害。[①] 据此数据，大多数网络游戏玩家具有正常游戏行为，成瘾比例并不高。

因此，我们应该客观分析网络游戏玩家的心理：一方面，要看到网络成瘾和游戏沉迷确实给玩家的学习、生活造成诸多负面影响，少数玩家因沉迷游戏而损害身体健康、荒废学业等；另一方面，我们也要意识到，深入研究游戏玩家的游戏动机和价值取向，将有助于人们克服网络游戏的负面影响。从这个方面来说，"价值理论"为我们提供了一个全新的分析视角。

美国社会心理学家、精神病学家、密歇根州立大学教授弥尔顿·罗克齐（Milton Rokeach）认为，价值是"一种特定的行为模式或终极的存在状态模式，不论从个人或社会的角度看，都比其他行为模式或终极存在状态模式要好。价值一旦内化，它就自觉地和不自觉地成为指导行为的标准或准则。这种准则成了一个人的行为和态度的理据，从道德上判断自我和他人，以及把自己与别人比较"[②]。按照这样的定义，价值被看作一种关于"该做什么"的信念并

---

① Internet Junkies, "Hooked Online: One In Eight Americans Find It Hard to Log Off", *Joann Klimkiewicz Knight Ridder Tribune Business News*, 2007 (1).

② 李荣安：《从道德角度看价值、文化和教育》，载《全球教育展望》2001 年第 6 期。

指导人们的行为。那么在游戏中，人们是如何寻求个体价值并指导其游戏行为的呢?

尤尔给游戏所下的定义强调了游戏的六大核心要素：1. 基于一定的规则；2. 多样且可确定的结果；3. 不同的价值对应于不同的结果；4. 玩家需要花费大量精力以影响结果；5. 玩家感觉自己与结果息息相关；6. 行为的结果是可选择和可商讨的。[1] 该定义突出了游戏的价值及其评估的重要性，玩家是为着某种或某些特别目标而游戏的，这些游戏以价值的形式呈现出来。在游戏中，价值归因于某些特殊的要素，如寻找具有魔力的物件、获得高分值。玩家一般预先设定自己的价值类别，而游戏规则也要求玩家必须寻找这些价值以获得胜利。如在对抗性游戏《反恐精英》（*Counter Strike*）中，玩家通过接受“击毙恐怖分子”的价值取向，以获得游戏的胜利，反之则会丧失继续游戏的机会。

游戏不仅仅是一种娱乐软件，同时还是一种与他人互动交流的媒介。作为媒介的游戏，“价值”同样是一个重要因素，即具有丰富的信息价值。随着网络游戏形式的不断进步，其人物和规则设置也逐渐复杂多样。早期的单机游戏往往事先设定人物和情节，如角色扮演类游戏中的人物往往就是一个符号，不管是战士、法师还是道士，设计者把这些人物的特点固定下来，以满足不同游戏玩家的需要。而这些特点几乎是不变的，唯一变化的就是在过关斩将过程中人物功力的增减。这样一来，信息含量非常少，玩家从中所获的价值也很有限。

现在的网络游戏则不再只是事先设计好刻板的人机对话，而是提供人与人之间的动态交流，游戏的竞争性更强，对玩家的实力要求也更高，因此提升了游戏的意义和玩家的成就感、价值感，增强了游戏行为的复杂性和个人化的色彩，玩家玩游戏的乐趣随之增多，信息价值也随之提高。即使选择同一个游戏角色，不同的游戏玩家也会经历不同的过程细节，进而得到不同的游戏结果。以国产网络游戏《仙剑奇侠传》为例，该款游戏是由寰宇之星发行的经典国产游戏。该游戏以“武侠冒险”为背景，讲述主人公李逍遥行走江湖、寻宝觅爱

---

① James Pippin Barr, “Noble and Robert Biddle Video Game Values: Human-computer Interaction and Games”, *Interacting with Computers*, 2007 (2), p. 180.

的故事，其中最吸引玩家的是发生在李逍遥和赵灵儿之间的一段凄美的爱情故事。对于游戏者来说，不同玩家可以按照个人既有的人生价值观来演绎不同的爱情和人生，从中获得属于玩家自己的独特价值。

游戏玩家的“游戏内传播”行为所寻求的最基本价值是发现与收获，可分为两类：一是按照游戏规则的设定，玩家获得升级或分值，即游戏成功；二是在叙事性强的游戏中，玩家可超出游戏规则的范畴，践行个人独特的人生价值理念。事实上，这二者在具体的游戏过程中是密不可分的，就如同真实世界中的人生路途一样，个人在寻求事业成功的同时，也在践行既有的价值理念。

游戏价值的“格雷马斯方阵”展示

一种普遍的观点认为，网络游戏是人们消遣时间的方式，是玩物丧志的典型。那么，网络游戏真的仅仅是消遣时间的工具吗？在关注游戏的负面影响的同时，我们也应认识到，游戏中充满了生命信息的流动，玩家通过游戏可以探索人生价值，寻找在现实中无从找到的“如何存在”的答案。

美国实用主义哲学家杜威在《思维术》中提出了探索的五步法，他认为探索起源于疑难的境地，即感到疑难的存在。当出现疑难的感觉，或产生困惑时，探索就开始了。因此，如果我们把游戏看作一种探索“如何存在”的答案的方式，那么游戏的动因就不仅仅是无聊地打发时间了。“人类在生活中受到精神和物质的双重束缚，在这些束缚中失去了理想和自由。于是人们就利用剩余的精神创造一个自由的世界，它就是游戏。”[①] 游戏起源于人们对现实生活之外可能性的探索，而游戏之所以具有这样的功能，是源于游戏过程的多种可能性和结果的不确定性。

以上在价值理论的框架中初步分析了游戏玩家在游戏过程中的价值，为了更清晰地勾画玩家在具体的游戏过程中的价值取向和行为模式，我们引用格雷马斯方阵这一符号学分析工具，结合游戏案例进行深入分析。

法国符号学家格雷马斯所创制的“格雷马斯方阵”是一个主要用来解释符

---

① 弗里德里希·席勒：《审美教育书简》，冯至、范大灿译，上海：上海人民出版社，2003 年版，第 123 页。

号的意义体系的模型。其功能在于可以挖掘丰富多彩的符号背后存在的意义的生成机制，从而更加接近意义的深层结构，进而更加真实地认识事物。“符号学的一种基本理论前提是：意义是通过符号之间的差别来传达和解释的。例如，在时装的语境中，色彩鲜艳的蝴蝶结与其他样式和色彩的领带表达着不同的意思。”[①] 格雷马斯正是运用符号的这种差别原理，把符号之间的意义区分表示为反义关系和矛盾关系的两组符号，共四个意义单位，建构成一个方阵。这个方阵类似物理学上的“原子”以及列维-斯特劳斯的“神话素”概念，是分析符号意义生成的最本源的工具。任何意义的深层都存在这样一个方阵，只要正确地提取意义的四个义素，按照方阵的逻辑分析我们就可以深入事物的深层结构。这一方阵对于我们分析纷繁的游戏行为，把握其内在价值取向，具有重要的参考价值。

贯穿游戏整个过程的两个价值要素是“成功”与“失败”，而联系这两大要素的则是“挑战”。玩家本着获得“成功”的“价值目标”开始游戏，当“挑战”以对立于游戏玩家的立场出现时，就会激发玩家的行为，克服不断出现的挑战，获得阶段性成功，这对于玩家来说是“有价值”的。反之，则会失败而导致“game over”的结果，而这是违背游戏目标和玩家价值取向的。游戏者正是通过这一系列行为寻求和展示自我的存在价值，游戏的对抗性愈强，叙事色彩愈浓厚，游戏者的价值感就会愈强。

下面以 Valve 公司开发的《半条命》（*Half-Life*）系列游戏为例，运用格雷马斯方阵进行四维分析。该游戏是一种科幻类型的第一人称射击电子游戏，游戏的核心价值是“进攻”，游戏规则要求游戏者在对抗中完成杀敌、占领等行为。四个要素，即和平、进攻、非和平和非进攻，用方阵进行四维展示如图 1。

---

① 李思屈：《东方智慧与符号消费》，杭州：浙江大学出版社，2003 年版，第 27 页。

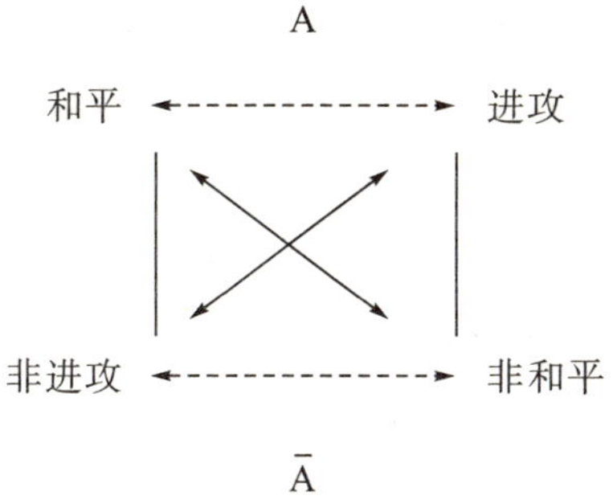

图1　《半条命》游戏四要素分析

与该游戏的核心价值“进攻”呈反义关系的是“和平”，其矛盾关系则是“非进攻”，“进攻”同时蕴涵着“非和平”。玩家要想获得该游戏的“成功”，就必须不断地“进攻”，这是游戏设定的规则。

如果你坚持“和平”的价值理念，就会在游戏中一次次死去，即“失败”。当然玩家可以一直坚持“和平”，但是“死亡”的惩罚将强烈地提醒玩家：“失败”的结果并非游戏规则所提倡的。同样，试图以“非进攻”立场存在于游戏中也是不可能的，必然会导致被杀的“失败”目标。而“非和平”的价值则暗示出：仅仅有做出反应的渴望，却没有实质的进攻行为，显然也无法达到“成功”的结果。整个游戏情境立场就建立在这些相反又相关的要素之上，玩家围绕“成功”与“失败”的基本价值理念践行着四维行动模式。

通过格雷马斯方阵的展示可以发现，玩家在游戏过程中寻求某些价值理念，实质上是一种回应现实人生的方式。在现实生活中，人们往往通过与他人比较来思考自我的存在，结果一般都是“我只是一个普通人”。而当人们切近地直接面对自己时，才会发现自己是独特的、珍贵的和不可替代的。网络游戏的设定恰恰指向这种独特、珍贵和不可替代：玩家通过不断过关斩将，战胜对手获得“成功”，体验“自我的存在”。游戏者的存在就是在游戏过程中昭告世人“我”的存在，因此，虚拟游戏中的“失败”所给予游戏者的打击绝对不亚于现实生活中的失败。

这种价值理念的寻求与践行在MMORPG（massive multiplayer online role playing game）中最为典型，即大型多人在线角色扮演类游戏。玩家可以扮演虚拟世界中的一个或者几个特定角色，在特定场景下，与身处世界各地的玩家进行对抗或合作，既类似现实生活中的角色定位，又更具挑战性和戏剧性。游戏角色根据不同的游戏情节和统计数据（例如力量、灵敏度、智力、魔法等）具有不同的能力，而玩家可以扮演游戏中的主角（可以不止一个人），在游戏所给定的世界里进行漫游、冒险；可以购买物品、装备来使自己与自己的队伍更加强大；可以与游戏中的敌人进行战斗，从而获得金钱、爱情与能使自己升级的经验值；可以通过对话、调查等行为来完成游戏中的剧情。这些都是玩家在现实生活中所渴望获得的代表“成功人生”的价值类别。

游戏内人物情节设置对人生体验的回应

艾瑞咨询发布的《2007 年第三季度中国网络游戏季度监测报告》发现，2007 年第三季度我国网络游戏市场规模创新高，达到 37 亿元，大型多人在线游戏的主导地位依旧；休闲游戏用户总有效使用时间与启动次数虽然达到最高，但有效时间远远低于大型多人在线游戏。[①] 从各个网站和调查机构对最受欢迎的网络游戏的调查结果也可以看出，类似《最终幻想》系列游戏、《魔兽世界》《魔兽争霸》等魔幻探险题材的大型在线游戏一直备受玩家关注和喜爱。这些情况可以佐证前面得出的结论，即大型多人在线游戏可以给玩家带来更多的价值体验和更多的满足感。

这些备受玩家迷恋的游戏虽然各有不同的故事背景，却具有一些共同特质，其主题都包含友情、爱情、亲情、牺牲、邪恶与正义等，其共同目标都是打败怪兽或邪恶势力，获得力量拯救世界。玩家在游戏中可以扮演各种角色，使用各种兵器施展魔力，在战胜怪兽的同时也战胜自我，获得自我价值和其他人的认可。在游戏中，玩家不单单是事件的观看者，也是参与者。

麦克·亚当斯在其“同一性人生故事模型”理论中，提出了人格的三个不同水平，恰与网络游戏的人格形成相对应。这三个水平是水平Ⅰ：倾向性特质；水平Ⅱ：个人关注；水平Ⅲ：人生故事。[②] 在网络游戏中，首先由设计者给予人物角色倾向性特质，一个去情景的、无条件的、相对稳定的人格维度，玩家往往通过这种人格维度选择进入游戏的身份；随着玩家的游戏行为不

① 艾瑞咨询：《2007 年第三季度中国网络游戏季度监测报告》，http://game.iresearch.cn/。

② 马一波，钟华：《叙事心理学》，上海：上海教育出版社，2006 年版，第 36 页。

断增加，通过打斗、过关等就使游戏角色获得个人关注，即个体的独特适应，包括个人奋斗、人生任务、防御机制、应对策略以及其他动机、发展、策略的建构；整个游戏过程中，玩家则在实践人生故事，一个由重构的过去、感知的现在、期盼的未来整合而成的内化的、发展的自我叙事。正是有了这三个水平的建构，玩家的游戏身份连同其现实身份才具有同一性，从而具有与其他人区别开来的独特性，进一步清楚地定位自我，完成个人的价值哲学体系。

当然，我们不应忽视网络游戏给少数玩家所造成的生活困扰，其负面影响已经引起学者和业界的高度重视。2007 年 4 月，浙江省新闻出版局公布并试运行了其开发的“网络游戏防沉迷系统”；2008 年 11 月，由北京军区总医院制定的我国首个网络成瘾诊断标准出台，结束了我国长期以来无科学规范的诊断标准的历史，这些都为科学有效地解决网络成瘾和游戏沉迷问题提供了保障。[①]

但是从客观的角度来说，网络游戏确实给人们带来了全新的娱乐方式和价值选择路径。人们在网络游戏中可以选择与现实中完全不同的生活经历，也就是选择完全不同的人生，从而获得更加丰富的人生体验和生命意义。沉迷网游实际上是沉迷于一种存在于别处的生活，作为自己真实生活的补充和试验，因此带着全部的欲望、喜悦与企盼——这种虚拟的情感体验与现实的生命体验和情感历程有着同样的心理真实性。从这个意义上说，每一次游戏的过程都是一种对生命的创造，人们在进行娱乐、与文本对话的同时，也对自己的生命意义进行填补或增值。而生存的价值和意义，正是由人们所追求的目标以及在追求目标的过程中得到的满足感构成的。

（原文发表于《湖南大众传媒职业技术学院学报》2009 年第 2 期：58－62）

① 《首部〈网络成瘾诊断标准〉将出台　家长赞同学生反感》，http://www.xinhuanet.com/chinanews/2008－11/10/content 14871370.htm。

电子游戏中的互动传播

——游戏中的游戏者分析

◎孟　伟[①]

戏剧、电影等艺术形式的观众如何与这些影像内容产生关联？观众坐在电影院中，几乎不能有任何行为干涉影片的进程和叙述内容，只有主题所揭示的冲突和矛盾与观众个体的感性经验相契合时才会引起他们的共鸣，使他们从中体验并有选择性地顿悟这些影像内容的表层含义和深层情感；在家里看影碟，观看者可以通过遥控器进行快放、倒退和选择片段等控制行为，这里面有了最初级的互动性，因为在这个过程中，人的控制能力是互动性的一个标志。

电子游戏的互动性在此基础上又迈进了一步，参与者强烈地依赖于游戏规则和基本情境，但个体的积极作为本身也构成了游戏内容，主体的意义在虚拟真实中延续。[②] 游戏者与游戏发生的互动体现为以下几个层面。

首先，游戏所形成的封闭环境与特定的规则相伴，游戏者进入游戏的前提是与这些规则发生联系，每一次对规则的遵循与违反都会给游戏者的选择带来一个现实的结果，而这样的结果正是游戏者与游戏互动的一个体现。

其次，尽管游戏者依然在制作者预先设定的范围内进行游戏，但游戏者是在虚拟的世界中通过亲身参与一系列事件的方式完成的，这种当事人的身份与影视艺术中旁观者的身份相比已发生了质的变化。尽管一部游戏作品的主题与玩者的实际生活有一定距离，但游戏者在参与的过程中，可以持续实现感性经验的积累。游戏者所做的不同选择，能导致人物不同的命运，这种即刻呈现的

① 孟伟，中国传媒大学传播研究院教授，主要从事媒介文本、媒介文化研究。

② 约翰·胡伊青加：《人：游戏者》，成穷译，贵阳：贵州人民出版社，1998 年版。

反馈可以赋予游戏者强烈的认同意识，同时也刺激游戏者产生再创造的可能，使其产生某种责任意识，游戏者与游戏的互动呈现出高度的参与感。

最后，游戏者对特定游戏的选择本身也是互动关系的第一步。那么，游戏中的游戏者究竟如何与游戏内容实现互动传播?

游戏者与角色扮演

电子游戏的设计师设计并提供游戏者之间交流和互动的平台。设计师扮演的是调解员，互动性是隐藏在玩游戏背后的真正的驱动力。[①] 电子游戏内容层面的互动，不仅仅表现为游戏者与游戏情节之间情感上的互动（这一点与书籍阅读和观看其他影视艺术是类似的），借助计算机的技术平台，游戏者还可以发出指令或者通过其他的点击方式，特别是与其中变化着的不同游戏者的角色进行交流，这种互动的模式在其他类型的娱乐媒体中是很难实现的。[②]

（一）扮演角色的选择性

游戏角色是游戏者与游戏之间的桥梁，这些角色反映了游戏者的一部分真实个性。游戏者通过角色的一些特征，展现出特定的游戏本身呈现出的风格、思想、意愿、计划等，在彼此之间进行交流。

游戏者选择不同的角色类型，使自己与其他游戏者区分开，并能够成为一个特定的群落和类属中的一员。游戏者可以选择自己的发型和服装，甚至设计自己的文身等。《无尽的任务》（*Everquest*）的游戏者可以选择 14 种不同的角色，角色都具有不同的才能和职业。

（二）角色的“去中心”化

我们需要提问：一个游戏者玩游戏的动机是什么？为什么人们在玩游戏的时候喜欢彼此合作或相互竞争？电子游戏往往能让一个人深深沉浸其中，以致

---

① 弗里德里：《在线游戏互动性理论》，陈宗斌译，北京：清华大学出版社，2006 年版。

② 弗里德里：《在线游戏互动性理论》，陈宗斌译，北京：清华大学出版社，2006 年版。

忘记了时间的流逝，意识不到自己的存在。[①] 这反映了互联网结构“去中心”的平权特质，互联网对主体身份、容貌、财富、地位和社会关系等“社会藩篱”的消除，使个人行为弹性空间空前加大。

作为不可重复的独特个体的人，是在与他人的交往中实现自己作为完整个体的构建的。也正是个体的独特性和差异性，造成了个体间的传播壁垒。“当对话和认同不能实现时，误解和隔阂便会产生。由于惧怕交往冲突，个体隐藏自己独特的一面，成为他人无法探知的角落，隐藏也成了个体借以维持自尊和免于伤害的必要手段。”[②]

网络游戏建立了一个虚拟的人类社会，游戏者之间产生的互动使人生百态在游戏里得到了淋漓尽致的展现，网络如同一面放大镜，将人们内心深处所隐藏的各种欲望真实地放大，并可以让人们在这个虚拟的空间里，赤裸裸地展现出人性中所有的美与丑，以至于让有些游戏者无法分清什么是游戏，什么是现实。

因为一旦个体可以借助虚拟空间的匿名性和隐身性特质，获得相对宽容和安全的传播环境，他对自我的展现就会更加自觉和主动。当个体突然摆脱了现实的羁绊，他甚至可以沉迷于多元自我的放纵而成为宣泄“本我”的“裸体蒙面人”。[③] 这意味着电子游戏中的角色扮演具有促使游戏者迷失自我的可能，或者在积极的层面上具有释放真实世界中压抑自我的功能。

《绝对档案》(*Majestic*) 通过模糊游戏者的现实生活与游戏体验之间的界限，实现了一种革命性的设计。依赖于不同的通信工具，例如电话、电子邮件或者传真系统，它试图使玩游戏成为游戏者现实生活计划中的一部分，玩游戏与现实之间没有可立即感知到的区别。[④] 游戏可能会永远存在于他的生活中，遍及其生活的每一个角落，而且在游戏互动与现实生活体验之间有一个完全无缝的衔接。

---

① Mihalyi Csikszentmihalyi, *Flow: The Psychology of Optimal Experience*, New York: Harper & Row, 1990.

② 王怡红：《人与人的相遇——人际传播论》，北京：人民出版社，2003 年版，第 174 页。

③ 李河：《得乐园·失乐园——网络与文明的传说》，北京：中国人民大学出版社，1997 年版。

④ 弗里德里：《在线游戏互动性理论》，陈宗斌译，北京：清华大学出版社，2006 年版。

（三）角色的情绪宣泄

角色对于游戏者的意义是情绪的自由宣泄和充分展示，游戏设计者与角色之间可能的关系意味着在情绪上把游戏者链接到游戏。情绪是一种非常强烈的、强大的联系，甚至在游戏者与游戏的互动中也是如此。[①] 游戏者的角色可以使游戏者体会到一种责任感，游戏者会考虑在游戏中生存的策略，甚至在脱机后仍然会考虑之后的一些计划。游戏角色是游戏中一个独立的成分，蕴含精神和感情，因此游戏者会长久地记忆它们及它们身上被赋予的情绪和精神。这样就构成了一个必然的联系——个体与角色之间的关联。这种与现实建立的对应性，可以长久影响游戏者。

游戏中的互动语境

游戏设置的场景可以使游戏者在虚拟的社区中从容扮演独特个体，并长久地维持自己的游戏生存。游戏的走向和进程与游戏者的个性直接相关，游戏者的个性和游戏者的个人价值、思想等是游戏的组成部分。从这个意义来看，个体的游戏者不仅仅扮演着虚拟社会中的个人，更是独立的个性本身的直接呈现。

游戏的互动语境具有相对的封闭性。游戏者一旦投入游戏，就试图把游戏看作与自己的现实世界隔离的特殊事物，也希望通过加入多人在线游戏的一个部落、行会或者团队来强化这样的封闭交往语境。游戏本身对于现实生活而言具有隔绝的特征，游戏者一旦进入游戏环境，就需要扮演某个角色，通过特定的时间和假设的空间与现实隔绝，这一点可以在传统的纸牌和棋盘游戏中得到印证。

多人在线游戏是一个持久的游戏，哪怕当一个人决定退出时，游戏仍然在继续，因为其他人仍然在继续进行，他们的游戏活动仍然在持续不断地改变游戏的进程。在某种意义上这一虚拟的游戏世界的推进与现实社会的推进类似，这就意味着不同的游戏者的游戏环境以及与现实世界之间的关系是不完全相同

① 弗里德里：《在线游戏互动性理论》，陈宗斌译，北京：清华大学出版社，2006年版。

的。那么，这种网络游戏的特征仍然和传统游戏的隔离特征一致吗？在网络游戏中，对于任何一个刚进入的人，设计者都尽量保障游戏是容易的、即时的、易感知的，关于游戏的说明和注解引导也就显得异常重要。游戏者了解游戏如何开始，特别是如何结束游戏、如何进行游戏等，可以没有潜在的失败感或产生任何对现实后果的恐惧，尽管游戏与现实隔绝，但是一旦失败或者退出，他们仍然可以清晰感觉——这只是一个游戏。[①] 但是虚拟空间中失败的恐惧还是存在的。游戏的规则是十分重要的，它可以确保游戏者相信其他游戏者也在遵循这些规则，有可以感知的边界。

游戏中的交互叙事

驱使一个人去玩游戏的直接动力通常是游戏的情节。游戏活动本身是一个比较弱的因素，只是社会事件的发起者和场景。游戏情节的推动因素是社会化、交流、彼此见面、安排新的接触、讨论游戏的特定主题。多人在线游戏可以共享公共的虚拟游乐场，它通过把游戏作为社会事件而实际地产生这样的魅力。游戏者本身不需要再对游戏进行设置，例如组织同伴等，就可以达到社会化的要求。

在游戏中，游戏者的主动性体现为可以自主地加入新的场景和物品甚至生物。游戏中加入了时间因素，有昼夜的交替，主角状态也有了不同的设定：受伤、昏迷和死亡，这些内容来自游戏者的反馈。游戏中故事的讲授由游戏者进行，他们共同完成故事的开始、发展、高潮和结尾。这不仅需要游戏者心智的参与，也要求其身体即时参与。它与其他叙事的最大区别在于：交互叙事，游戏制作者和游戏者共同实施了叙事行为，而且这是个人化的叙事。

每个游戏者都是游戏世界中的主动部分，并且影响着其他游戏者的游戏体验。游戏者与游戏中的场景、地形等元素一样，都是游戏媒介的一个组成部分。游戏在设计中要把游戏者设计成团队中的一个角色，这样才能长期地满足游戏者的需要，这是互动式设计的核心。游戏者的主动性还体现在这些虚拟世界包含一个极其类似于阅读传统科幻小说的过程。游戏者在想象中完善环境的

---

① 弗里德里：《在线游戏互动性理论》，陈宗斌译，北京：清华大学出版社，2006 年版。

细节，依赖游戏的场景来填补遗漏的部分，例如声音、味觉等。

同样，在交互叙事层面，游戏者呈现出突出的互动特征。游戏者完成某一行为后必须进入另一个场景。互动叙事的技术基础是游戏引擎的控制，游戏引擎决定了游戏目标、游戏规则、角色以及角色任务，然后通过电脑的输入系统、虚拟模型和输出系统展开——游戏叙事由此展开；游戏者通过键盘和鼠标与所扮演的角色展开互动，赋予游戏角色躯体和心智，将自己的情感倾注在角色上。以下为游戏叙事的一些典型类型。[①]

首先，单纯线性叙事，如图 1，圆圈表明一个完整的事件过程，箭头是行动的流向。游戏者需要完成一个任务才能进入下一个环节，游戏的流向是单纯线性的。

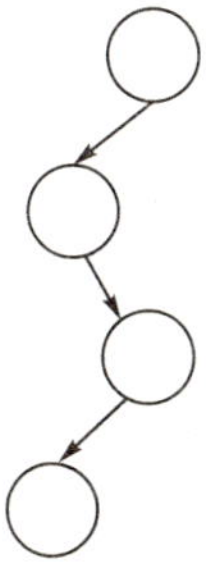

图 1

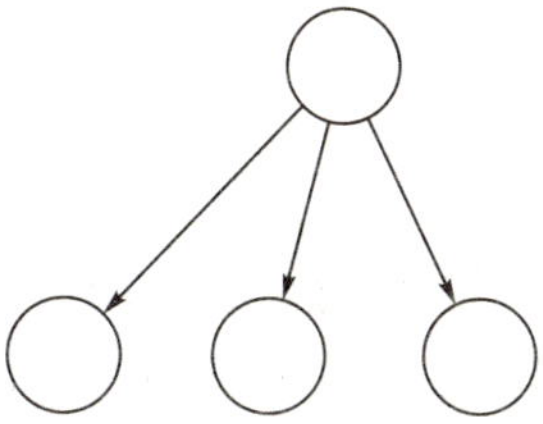

图 2

游戏者也是一个选择者，他的任何一次选择都会有一个相应的结果，没有游戏者的主动选择，就没有互动。在传统电影例如《罗拉快跑》（受到电子游戏的影响）中，事件的起点是同一的，罗拉要去挽救男朋友，站在这个原点，她的选择决定了接下来情节的发展以及接下来的命运。电影放映的时间是有限的，在有限的时间里，罗拉有代表性的几类选择和最终的结果被展现给观众，展现的思路如图 2。

但是它仍然是把故事扁平并有限地呈现给观众，编剧的预先设计取代了观众的自主选择。电影只是呈现了这样的可能，就像食客以前看不见后厨的情境，现在让观众隔着玻璃看见厨师烹饪的全过程，观众离亲自烹饪就差那么一

① 图标本身见于 Chris Crawford，“Flawed Methods for Interactive Storytelling”，*Interactive Entertainment Design* 7（1993－1994），http://www. erasmatazz. com / library/JCGD _ Volume _ 7 / Flawed _ Methods. html。个别分析的方面得益于该论文的启发。

层玻璃的距离。电影是经典艺术，是需要专业的技艺来完成的，电子游戏是个人化的一个游戏途径，更接近艺术之所以成为艺术之前的状态，游戏者享用的是这份自己动手操刀的快感。

如果把传统的单线故事和我们刚才的结构叠加在一起，就会出现一个新的结构框架，如图 3。

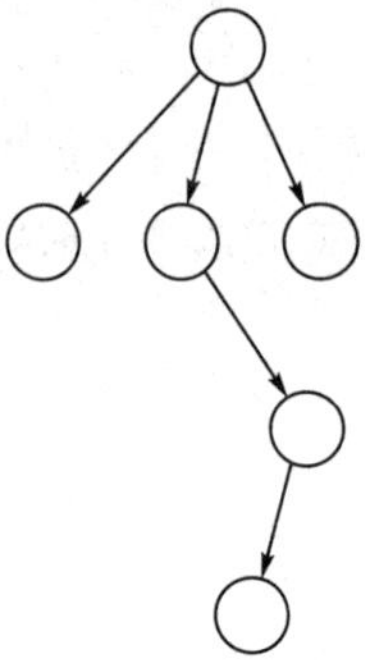

图 3

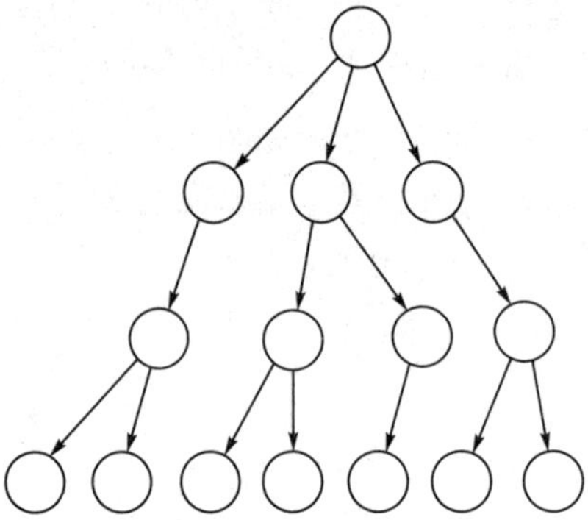

图 4

很明显，这个图标中能够较持久进行下去的只有一条路径，其他的则是错误的，或者持续的游戏行为是非常短暂的，以此来印证只有一个正确的选择，这离互动性也很远。但是游戏的思路不仅仅是按照这个思路进行下去，否则就变成了一个无限递增的过程，没有办法控制了，如图 4。

为了进行有效的控制，游戏设计者通过对不同路径给予不同的回报和奖励来限定故事线索的开展。此外，还有一种结构样式体现了游戏设计者的控制方式，如图 5。

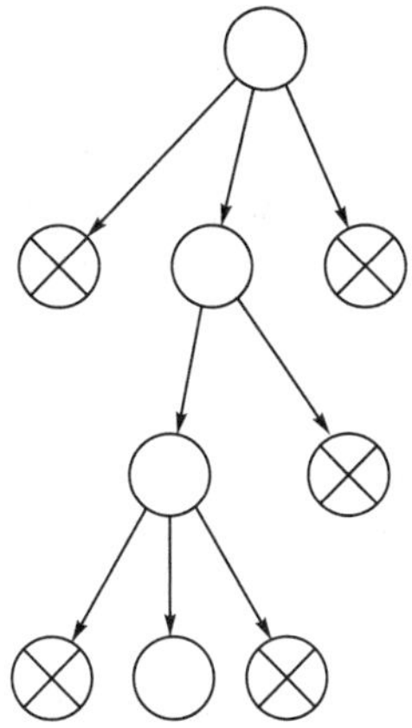

图 5

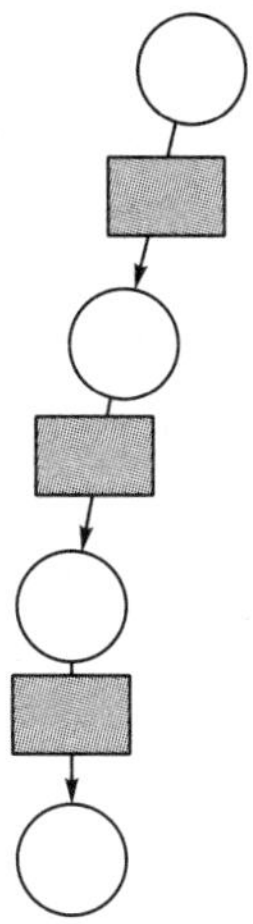

图 6

尽管本质上这样的结构似乎使游戏者增添了选择的可能性，但是往往只有一条路径可以使游戏继续进行并顺利完成。这样的故事线索实际上仍然是线性的。一些冒险游戏和谜题采用了这样的结构样式。

在闯关的游戏（如图 6）中，游戏者需要克服障碍才能进入下一关。本质上它是线性的，但是其中有游戏者的互动，因为游戏者可以通过这个难题进行体验式的活动。在这个意义上，游戏者与游戏中的障碍本身发生了互动——或者克服障碍通过了，或者失败，这样的尝试或者选择使游戏者有了强烈的参与感。但是游戏者与故事情节的发展没有什么互动的影响。

实际上，在最初的电子游戏设计中，设计者只是设计了有限的几条叙事的线索供游戏者选择，随着电子游戏的进一步开发，新的更加复杂而精妙的设计不断被设计者铺开。但是对于一个新手而言，他进入一个游戏之前，需要阅读大量的游戏手册或者是游戏攻略，游戏的复杂性增加了这个游戏攻略的难度，也增加了游戏入门的难度，这无疑会阻止更多的人参与到游戏中。

与传统的影视不同，游戏给定的任务并没有固定的完成模式，游戏者的路径是随机的。游戏者不必围绕一个任务的完成而展开行动，游戏者的多样性决定了通关方式是多样的，而游戏者的每一次游戏都是一个全新的版本。例如《仙剑奇侠传 3》在预告中说共有 8 种结局，游戏者在一些重要环节的选择决定了他最后的结果。而在多用户虚拟空间游戏（Multiple User Domain，简称 MUD）中大受欢迎的《网络创世纪》（UO）则是真正意义上的第一个大型图形 MUD，也是至今被认为最完善的网络游戏，游戏者只要喜欢，就可以专心做买卖，或到处游历，或什么事情也不做只是随便走走。与现在网络游戏中充斥着的对决、杀戮相比，UO 是纯粹的游戏者梦寐以求的一片圣土，依然是网络游戏的巅峰之作，在 UO 上发生的很多传奇故事至今仍广为流传。

美国学者弗雷德里克·詹姆逊认为，在后现代主义中，艺术作品“直接地展现客体，并使这一对象把自身所持有的无关紧要的和任意的特性展现出来”[①]。在电脑游戏中，整个故事情节是一系列片段的排列，它允许电脑游戏者随时中断游戏而不担心意义的缺损，屏幕被适当地切分从而把焦点分成几个部分，对话框、提示栏和菜单等不断地切割焦点或者游戏者的注意力，使游戏淡化对传统意义的追寻。《反恐精英》不存在任何传统的情节和故事之类的内容。对于影视作品而言，它重在展示创作者营造的完美的艺术世界，这个世界因为它的完整性而封闭地营造意义，这是传统影视的观众关注的重点；对于电子游戏而言，它的重点在于使游戏者沉浸其中，营造属于他们互动中的自主性。

游戏中游戏者的互动性集中体现为他们实现了积极的交锋，游戏设计者和游戏者的个体状态决定了特定的子目标以及实现目标的特定行为模式。游戏的基本目标也是游戏者所解决的一个子目标，这些目标构成了游戏者与游戏的某种交锋。在交锋中，游戏者试图通过解决内部冲突证明自己在游戏中的控制地位，而这些冲突是游戏规则及其设定的语境引发的。在游戏的过程中，游戏者会执行一些动作、解决特定的谜题、应付某些冲突等，这些子目标不断变化、相互关联、彼此推进，实现了互动的电子游戏娱乐过程。

（原文发表于《河南社会科学》2008 年第 3 期：89－91＋35）

---

① 阿莱斯·艾尔雅维茨：《图像时代》，胡菊兰、张云鹏译，长春：吉林人民出版社，2003 年版，第 269 页。

符号叙述学视角下的新闻游戏及其伦理反思

◎李俊欣[1]

新闻游戏是数字化语境下新闻与游戏的杂交形式，新闻业与游戏产业联姻的产物。新闻游戏这一概念由恭扎罗·弗拉斯卡（Gonzalo Frasca）在2003年创办新闻游戏网站Newsgaming. com时提出，并将其界定为基于新闻事件的视频游戏。随着《华盛顿邮报》《卫报》等新闻媒体加入新闻游戏的设计与开发，新闻游戏的理论研究出现了关于游戏为本还是新闻为本的争论。新闻游戏归属于新闻还是游戏尚无定论，无论是从新闻的角度还是游戏的角度定义新闻游戏都面临困境，新闻难以界定，而游戏边界模糊。新闻游戏作为一种人类活动的表意实践，在其解码过程中符号叙述学显示出强大的理论阐释力。从符号叙述学的角度看，新闻游戏处于纪实文本与虚构文本的中间状态，是符号标出中的“中项”，赵毅衡认为“在虚构叙述与实在叙述的对立中，虚构叙述是标出项”[2]，杂交叙述中的中项被归类为纪实，而非虚构。因此，新闻游戏是新闻纪实叙述与游戏虚构叙述的杂交，其主导品格依然是纪实性，以新闻为本质，以游戏为形式。

新闻游戏纪实与虚构结合的杂交叙述一方面体现的是新闻从“窄幅文化”走向“宽轴操作”，基于客观真实的新闻聚合轴操作幅度相对较小，因纳入了虚构叙述技巧等异质性因素形成新的叙述风格，变革为宽幅操作；另一方面体现的是新闻文本叙述方式从“经典叙述学”到“互动叙述学”的转变，“互动

① 李俊欣，四川大学符号学－传媒学研究所成员，研究方向为传播符号学。
② 赵毅衡：《广义叙述学》，成都：四川大学出版社，2013年版，第87页。

叙述学”以用户的体验和参与为主要特征，故事意义的延展通常采用非线性的或多线性的分叉结构，因此也使文本的意义具有了不确定性，进而影响新闻媒体的意图传达。新闻媒体的意图传达所依靠的游戏叙述框架则是对新闻报道的再符号化和媒介化。在这一叙述增殖过程中，新闻文本的客观真实面临挑战，新闻受众也处于更加被动的地位。

一、意义争夺：新闻游戏作为符号中项

新闻游戏自诞生以来，属性争议不断。无论是从新闻的角度还是游戏的角度定义新闻游戏都面临困境，新闻难以界定，而游戏边界模糊。从新闻游戏的内部特点来看，界定新闻游戏的概念首先需要解决两个重要的外延问题：一是何种游戏能被称作新闻游戏，新闻游戏是否等同于卷入事实的游戏；二是新闻游戏需要具备怎样的游戏形式特征，新闻游戏是否意味着新闻的游戏化。伊恩·博格斯特（Ian Bogost）在《新闻游戏：游戏中的新闻学》一书中提出：新闻游戏的本质是一种程序修辞（procedural rhetoric），一种通过计算结构具体化意识形态的方式。[①] 黄鸣奋认为新闻游戏“通过建模来呈现事件”[②]，这一观点可以理解为新闻游戏实质上是通过抽象的方式模拟整个新闻事件，尽管游戏的方式多样，游戏化程度不一，但新闻事件始终贯穿整个游戏进程，不同于卷入新闻事实的游戏，其必须针对某一新闻事件或公共议题而设计，或以其为叙述主线或背景，不能只作为其中的情节元素。在论及游戏的形式特征时，约翰·赫伊津哈（Johan Huizinga）在《游戏的人》一书中总结了游戏的几大特征，即独立于日常生活、无功利性、游戏规则及其时空界限。致力游戏叙述学研究的宗争在《游戏学：符号叙述学研究》中认为，“游戏是受规则制约，拥有不确定结局、具有竞争性、虚而非伪的人类活动”[③]。在总结学者归纳的游戏特征基础上，笔者认为新闻游戏作为数字游戏形式的一种，其具有三个必备

---

① Ian Bogost，Simon Ferrari，et al.，*News games：Journalism at Play*，Cambridge，MA：The MIT Press，2010.

② 黄鸣奋：《数字化语境中的新闻游戏》，《重庆邮电大学学报》（社会科学版）2014 年第 5 期，第 94～100 页。

③ 宗争：《游戏学：符号叙述学研究》，成都：四川大学出版社，2014 年版，第 40 页。

的游戏形式特征：规则制约、进程自由以及不确定性结果。新闻游戏不等同于新闻的游戏化。新闻的游戏化是新闻报道采取了部分的游戏元素与特征，如故事化报道、抽象化风格和互动沉浸体验等，其不一定具备游戏的完整形式特征。

当新闻游戏被置于文化语境中分析时，则不得不面临"游戏说"与"新闻说"两大概念的分歧。前者认为新闻游戏的本质是游戏，新闻游戏是独立的游戏门类，或作为严肃游戏的一种，是以新闻事实为题材的游戏；后者强调游戏对于新闻报道的价值，认为新闻游戏是新闻报道在呈现方式上的扩展。张超等学者认识到"游戏说"与"新闻说"概念分歧源于实践主体差异，因此认为"新闻游戏的边界之一是制作主体必须是新闻报道机构、公民记者和经过授权的游戏公司，这涉及新闻游戏生产的合法性问题"①。从游戏设计主体进行区分不得不面临新的问题，从理论上来讲，弗拉斯卡所宣称的新闻游戏不能称为新闻游戏，那么以新闻媒介为主体的新闻游戏概念源于何方？从实践上看，游戏设计师基于新闻爱好或对公共议题的关注而设计新闻游戏的可能性应予以排除。

新闻游戏应当归属于游戏还是归属于新闻，不仅体现实践主体的话语争夺，最关键的是其内部符号结构与文化语境中意义的争夺，这一意义的争夺实质上是新闻与游戏对符号中项权力的争夺，从而确立其正项地位。无论是博格斯特还是黄鸣奋都从新闻游戏的内部结构出发分析其特点，强调了游戏作为媒介或报道框架对于新闻的作用，但并没有解决新闻游戏的属性问题。从符号叙述学的角度看，新闻叙述要求叙述的内容有关事实，游戏叙述则不必以事实为基础，是典型的虚构型叙述，新闻游戏处于纪实与虚构的中间状态，是符号标出中的"中项"。"标出性"概念最早源于语言学，又被称作"标记性"，后被广泛运用于新闻、影视等文化研究。学者赵毅衡提出了文化研究的标出性理论，并通过中项、正项和异项的区隔分析文化中意义范畴的不平衡或对立现象。在标出性理论中，中项的特点在于无法自我界定，需要依靠非标出项完成意义的表达，"中项无法自我表达，甚至意义不独立，只能被二元对立范畴之

① 张超，丁园园：《作为游戏的新闻：新闻游戏的复兴、意义与争议》，《编辑之友》2017年第3期，第37～41页。

一裹卷携带，即是只能靠向正项才能获得文化意义”①。正项是携带中项的非标出项，被文化视为正常；中项排斥的异项便是标出项，标出项是异常、边缘化的文化意义。新闻游戏应当归属于新闻还是游戏，这一问题体现的是在新闻纪实叙述与游戏的虚构性叙述对立中，谁为非标出的正项？

以雅克·德里达（Jacques Derrida）为代表的解构主义观点认为虚构为非标出的符号正项，原因在于任何叙述都是人为的构造物，不可能存在本体的真实。这一论点遭到了艾布拉姆斯（Meyer Howard Abrams）、于尔根·哈贝马斯（Jürgen Habermas）等人的质疑，他们认为德里达及其他解构主义者混淆了事实话语与虚构话语之间的区别。哈贝马斯指出：“虚构空间（的膨胀），源于以言行事行为的约束力和沟通理想化的失效。”② 赵毅衡在分析虚构叙述与纪实叙述的对立时，认为虚构叙述是标出项，原因在于任何叙述都是以纪实型为底线：“当一个文本落在纪实与虚构之间，‘非此非彼’，‘亦此亦彼’，即成为文化符号学中所谓‘中项’的情况，或是区隔被有意忽视以至于很难确定纪实/虚构归属时，叙述往往被视为纪实，而不是视为虚构。”③ 因此，在虚构叙述与实在叙述的对立中，虚构叙述被标出，从而确立了新闻游戏的纪实偏向。在新闻游戏中，新闻的纪实叙述与游戏的虚构叙述对立，作为纪实型叙述的新闻是非标出的正项，游戏形式则被标出，新闻游戏作为符号中项靠向纪实新闻从而获得了文化意义，任何新闻游戏必然以新闻事实或公共议题为基础，指向的是有关事实的现实世界，而游戏作为媒介和意义形式服务于新闻报道。

二、宽幅操作：纪实与虚构的杂交叙述

叙述是人类认识世界的基本途径，叙述学有时也被称作叙事学，被广泛运用于文学创作，聚焦于如何讲故事。媒介技术的发展与文化实践推动了叙述的跨学科发展，其被广泛运用于新闻、电影、广告等领域，呈现为当代社会中的“叙述转向”。在新闻传播领域，这一叙述转向最具代表性的案例便是“新新闻

① 赵毅衡：《符号学：原理与推演》，南京：南京大学出版社，2016年版，第279页。

② 于尔根·哈贝马斯：《现代性的哲学话语》，曹卫东等译，南京：译林出版社，2004年版，第105页。

③ 赵毅衡：《广义叙述学》，成都：四川大学出版社，2013年版，第87页。

主义”的出现。1966年，杜鲁门·卡波特（Truman Capote）创作了一部名为《冷血》（*In Cold Blood*）的长篇纪实文学，该作品题材介于小说与新闻之间，通过完整的对话记录使读者身临其境，被认为是代表“新新闻主义”的经典之作。

新闻游戏是媒介融合语境中新闻与游戏的结合，新闻游戏的叙述体现为新闻纪实与游戏虚构的杂交。玛丽-劳尔·瑞安（Marie-Laure Ryan）在研究新媒介的叙述问题时，发现当代媒体纪实叙述面临“泛虚构化”的危机，纪实与虚构混合的“杂交叙述”在新媒介文本中大量出现。她在《故事的变身》一书中曾指出：“在过去几十年，虚构与非虚构之间的边界已屡遭侵犯，若非溅血之地，也是倾泻笔墨之所。”① 无论是文学中的虚构技巧与新闻中的纪实报道结合而生的事实小说，抑或是虚拟游戏与纪实报道融合而成的新闻游戏，无不体现后现代主义语境中“虚构与非虚构杂交”这一非常普遍的现象。从符号文本意义生成的双轴关系来看，新闻游戏是原本属于“窄幅文化”的新闻趋向“宽幅操作”的结果。

宽幅与窄幅是文本风格的体现，是组合与聚合双轴操作的结果。组合轴与聚合轴是符号文本展开的两个向度，瑞士语言学家费尔迪南·德·索绪尔认为组合与聚合是语言学各词项关系的两种不同展开方式，“横组合关系表现在言语中，是两个以上的词在所构成的一串言语里所显示的关系。与此相反，联想或纵聚合关系是把言语以外的词汇连接起来 成为凭记忆而组合的潜藏的系列”②。按照赵毅衡的观点，组合关系是符号组合成一个有意义的文本的方式，而聚合轴是可能代替被选中的各种成分。宽幅与窄幅是一组相对的概念，体现的是文本背后聚合段的宽窄不一。宽幅文化允许更多的选择，以新闻报道为例，传统媒体时代下新闻的传播主要通过电视、报纸、广播等媒体，互联网时代下各类新闻App、自媒体人都能成为新闻的传播者，可视化图表、新闻游戏、VR新闻等新报道形式颠覆了传统的图文报道模式，与传统媒体时代的新闻文化相比，新媒体时代的新闻文化是宽幅的，允许更多的传播主体和报道形式的选择。

---

① 玛丽-劳尔·瑞安：《故事的变身》，张新军译，南京：译林出版社，2014年版，第41页。

② 转引自赵毅衡：《前言：符号学的一个世纪》，载《符号学文学论文集》，天津：白花文艺出版社，2004年版，第18页。

从新闻文本内部发展来看，新闻作为一种纪实型文本，受制于外部现实与新闻的真实客观原理，因此聚合轴操作幅度小，属于一种窄幅文化。随着数字技术的发展，立足于现实世界，属于窄幅文化的新闻，融合了游戏的虚拟交互性，产生了新闻游戏。新闻游戏这一异质性新闻表达，无疑是对传统的新闻报道叙述方式的创新，是新闻文化吸收游戏元素走向宽幅操作的结果。新闻游戏采用了游戏的框架，甚至在游戏化程度较高的新闻游戏中，新闻文本作为底本一直停留在聚合轴中，读者通过玩游戏的过程实现新闻文本从底本到述本的转化，但其中存在一种可能性，即当读者无法领会游戏中的新闻事实时，新闻游戏便会沦为一种仅供娱乐的数字游戏，失去其作为新闻的意义，出现标出性翻转。因此王强提道："在当代媒介文本中，杂交叙述文本都处于真实与虚构连续体的某一点，具体偏向于哪一极，要根据纪实与虚构的混合比例以及存在于受众与文本之间的'文类规约'来决定。"①

新闻游戏，是行走在纪实与虚构边界之上的杂交叙述，新闻的纪实性与游戏的虚构性相互渗透，形成了其独特的叙述风格。新闻叙述以客观事实为基础，本质上是纪实型叙述，而游戏文本具有虚构性和交互性的特点，两者本质上应当是对立的，新闻游戏将新闻纪实和游戏虚拟这组二元对立融为一体，呈现出独特的特点：对于一般游戏文本而言，新闻游戏文本更加具有纪实性，游戏主题往往是对客观现实的反映，玩者在游戏过程中能够获取新闻信息，引发对现实世界的关注；对于一般新闻文本而言，新闻游戏文本具有虚拟性特点且呈现交互式叙述，玩家可以通过不同的操作行为形成不同的文本，形成对新闻报道和客观事实的不同认知，并在动态的叙述环境中以主角的身份进行交互性活动，主动选择和控制新闻事件的情节走向，实现从新闻报道中的"他者"到第一人称式参与者的身份转变。行走在纪实与虚拟边界之上的新闻游戏，应当是内容的纪实与呈现方式的虚拟结合，是对新闻事实的虚拟化表达，不能歪曲新闻事实或虚构新闻报道。新闻游戏以游戏化的叙述颠覆了旧有的新闻写作方式，生成了介乎游戏虚构与新闻纪实之间的文本。纪实与虚构杂交的聚合选择使新闻游戏融合了事实与想象，相对于传统的图文报道更具娱乐和审美意味，

---

① 王强：《"符号双轴"视域下当代新闻的"杂交叙述"》，《南昌大学学报》（人文社会科学版）2017年第2期，第106～110页。

丰富了新闻文体学的理论和实践。

三、伦理思考：游戏形式作为新闻异项

在新闻纪实与游戏虚构的叙述对立中，游戏的虚构叙述被标出，从而确立了新闻游戏的纪实偏向。新闻游戏作为新闻报道的一种呈现方式，以客观真实为基础内涵，实质上是纪实基础上的虚构。但在新闻报道中，首先，新闻游戏是被标出的异项，尽管游戏具有严肃意义，但其更多的作为一种娱乐形式，与新闻专业主义要求的客观真实、严肃性和服务于公共利益等正项品格有所冲突，娱乐性高于严肃性的新闻游戏无法成为新闻报道的主流形式。其次，新闻游戏是对新闻报道的再次符号化和媒介化，在这一过程中受众对新闻报道的内容和意义的解读会受到游戏形式的干扰，玩家以狂欢的方式解构了新闻报道原有的宏大叙述，新闻游戏中的虚构叙述存在被公众理解为正项的可能，当虚构文本获得受众的普遍认可时，就会出现意义的“标出性翻转”，新闻游戏沦为一种游戏形式。此外，新闻游戏能够通过程序修辞来传达设计者的理念并强化其说服效果，新闻受众看似在主动选择体验新闻，通过第一人称式参与解构原有新闻报道的叙述神话，但实质上程序中的意识形态与主观偏向以更加隐蔽的方式在影响受众，使受众处于更加被动的地位。

（一）新闻文本之真：新闻游戏的真实性标准

真实是新闻的生命，是不可动摇的新闻正项。新闻真实的理论研究经历了从客观再现论到符号真实论、从传播主体建构到受众认知统一的过程。杨保军在《新闻真实论》一书中认为，新闻真实的本质只能是认识论意义上的真实，新闻的传播者以真实再现事实为目标前提，新闻的接受者能够准确理解新闻，并相信其为真实的，这便是新闻的真实所在。新闻意义论上的真实是一种“符号真实”，强调的是新闻的传受多方主体对客观事实的认知和解释的一致性。新兴技术的发展改变了传统的媒介环境与生态结构，VR 新闻、新闻游戏、公民新闻的出现使新闻的真实判断出现了新的问题。新闻游戏是媒介融合下新闻与游戏的联姻，新闻游戏自产生以来，学界和业界的争论不断，其焦点在于新闻游戏是否会损害新闻真实，游戏的娱乐化基因与新闻专业主义是否存在矛

盾。学者张建中等人认为，“新闻游戏，就是在符合事实真相的原则下，用游戏来讲述新闻故事，让读者以角色扮演的真实互动方式，设身处地体验新闻报道里所要传达的某种想法、情感与氛围”①。但以游戏的方式讲述新闻，将使新闻报道更加真实，还是更加难辨真假？

游戏的虚构型叙述讲述的内容无关事实，新闻作为纪实型叙述则以事实为基础，游戏与新闻融合生成的新闻游戏的实质是对新闻事实的符号化，或者说是对新闻报道的再符号化，是在纪实基础上的虚构，新闻报道的再符号化以相关新闻报道或议题为蓝本，对事实和事件的进行二次加工。在再符号化的过程中，现实世界中的新闻事实与虚拟世界中的游戏感知混合在一起，受众能够以游戏的形式重新进入新闻现场，而这一新闻现场是经过加工和设计的模拟现场。在模拟现场的新闻体验中，对新闻意义的解读更加多样化和复杂化。在一些学者看来，游戏所具有的虚拟性与传统的新闻真实观念有冲突，“在诸多‘临场化新闻’样态背后，隐藏着各种可能的问题，仅就新闻报道真实的实现来说，支持这些新闻样态技术中的一些虚拟性，本身就与传统的新闻真实观念有冲突”②，但新闻的真实性、客观性等符号正项品格与游戏形式的虚拟性、主观性等异项特质之间并不完全是单纯的冲突，游戏的虚拟性会影响受众对新闻事实的解读，但不会影响新闻中的新闻事实本身。

从游戏本身的特性来看，游戏不仅能够娱乐，也能用于教育。娱乐重视的是受众的体验，教育往往是设计者的意图。自严肃游戏诞生以来，游戏在社会意义的建构中发挥着愈加重要的作用，因此，新闻游戏体裁本身并不必然损害新闻专业主义标准，新闻游戏是否真实取决于游戏设计者采用的新闻报道与社会事件本身，新闻游戏的真实是符号表意系统中的新闻文本真实。新闻文本真实即新闻游戏中的新闻事件是真实发生的，游戏中的故事基于现实中存在的社会问题，而非设计者编造的故事或虚假新闻。新闻游戏中的规则和图像采取游戏的形式，可以夸张与虚构，是对现实的拟真。与此同时，游戏的虚构叙述尽管不会必然影响新闻游戏中的新闻事实，但在游戏中，娱乐性作为正项，严肃性则被标出，而新闻游戏是以游戏形式传播的新闻，意味着其娱乐性往往高于

① 张建中，李建飞：《重启新闻叙事：本土化新闻游戏的创新与实践》，《当代传播》2016 年第 6 期，第 45～51 页。

② 杨保军：《论新媒介环境中新闻报道真实的实现》，《编辑之友》2017 年第 4 期，第 5～12 页。

严肃性。由此，新闻游戏作为新闻业中的异项，无法成为新闻报道的主流形式。

（二）标出性翻转：新闻游戏的意义危机

新闻游戏的有效传播离不开传受双方共同的意义空间，郭庆光在《传播学教程》中指出："传播成立的前提是双方有共同的意义空间。信息的传播要经过符号的中介，传播是一个符号化和符号解读的过程。"[①] 符号化是人类赋予其感知以意义的过程，在传播之际，人们会将自己要表达的意义转化成语言、声音、文字或者其他形式的符号，而符号解读是信息的接收者对接收到的符号意义加以解释和理解的活动。在符号的传播过程中具有三种不同的意义，如图 1：

发送者（意图意义）⟶ 符号信息（文本意义）⟶ 接收者（解释意义）

图 1　符号传播过程中的三种意义[②]

新闻游戏文本中既有新闻文本，又有由游戏程序和游戏图像组成的游戏文本。相较于新闻文本，新闻游戏文本的意义解读更加复杂。游戏设计者作为意图意义的发送者，希望游戏参与者解读出新闻事件和议题，取得良好的传播效果，但有可能参与者在游戏过程中解读出了新闻事件，也只将其当作游戏。弗拉斯卡在 2002 年设计了一款名为《喀布尔大爆炸》的新闻游戏（如图 2），该游戏中新闻意义的解码过程就相当复杂，新闻意义通过游戏画面中的四类符号：抱着死婴号啕大哭的母亲、汉堡、黑色炸弹、妇女头像表达出来，并通过接住汉堡和避开炸弹的游戏操作表达其价值观。

① 郭庆光：《传播学教程》，北京：中国人民大学出版社，2011 年版，第 5 页。

② 赵毅衡：《符号学：原理与推演》，南京：南京大学出版社，2016 年版，第 49 页。

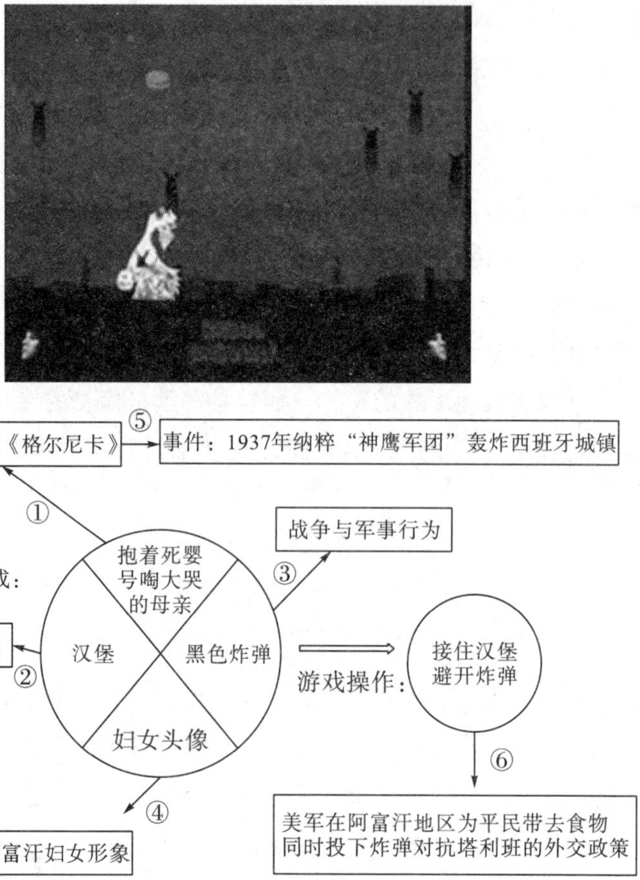

图 2　新闻游戏《喀布尔大爆炸》画面截图及其意义解读流程

在该新闻游戏中，关键意义⑥的解读需要游戏参与者综合理解游戏画面中的符号意义：首先了解号啕大哭的母亲这一人物来源于①毕加索的名画《格尔尼卡》，在此基础上解读出《格尔尼卡》这一前文本的意义⑤，指向 1937 年纳粹“神鹰军团”对西班牙城镇的轰炸及灾难中的人民，②③④的组合指向如今美国在阿富汗地区的军事行为，最后通过游戏操作理解该游戏指涉的新闻议题和设计者的意图意义：美国的地区军事政策和冷酷的极权主义。当参与者无法解释出①到⑥的意义时，设计者的意图意义便和解释者的意义不一致，甚至当参与者将其解释为“吃汉堡”“躲避炸弹”的得分游戏时，设计者的意图意义便会“落空”，新闻游戏就会“变质”：对于参与者而言其不是新闻，而是充满趣味的游戏，即当新闻游戏中的娱乐性与虚构性特征获得受众普遍认可，而新闻事实与议题被忽视时，便会出现“标出性翻转”现象，游戏夺得中项，获得意义权力，从而使新闻成为被标出的异项。当新闻游戏中的新闻事实让位于游戏文化，对公众而言游戏中的趣味比新闻事实更加重要时，新闻游戏沦为一种仅供娱乐的游戏。胡易容将标出性翻转的成因归为文化主导因素的转移机制，而“文化主导因素，有可能是社会制度要素，也可能是某种具体的技术因素”①。皮埃罗·斯加鲁菲（Piero Scaruffi）发布了《2017 未来媒体趋势报告》，报告提出：未来的新闻将不再是用来“读”的，而是用来“体验”的。这意味着未来以 VR 新闻、新闻游戏为代表的体验式新闻有可能成为新闻阅读的主流，体验式新闻文化成为正项，而阅读式新闻被标出。这一报告同时宣告未来新闻业的边界会更加模糊，当新闻报道融合虚拟现实技术、融合游戏形式后成为更加复杂的意义文本，受众甚至很难解码出新闻游戏中的新闻事实，引发新闻游戏的意义危机。

新闻游戏要实现有效的传播，被游戏受众解释为新闻，需要设计者制造共通的意义空间，并将其期盼的解释落在意图定点上。意图定点是设计者希望信息接收者解释的理想点，“符号发出者尽管无法控制所有人的解释，却可以设法让大部分接受者的解释落在这一点上，也就是说，让接受社群大致上接受发出者的意图意义”②。无法解读出新闻事件与议题的受众大多对毕加索画作的创作语境缺乏了解，《格尔尼卡》这一前文本没有发挥帮助解释的作用，或者受众没有对游戏中的符号做进一步的思考。因此，在新闻游戏的文本创作中，最直接有效的方式有两种：一是将新闻报道或议题以副文本的形式呈现，体现为游戏开始前的游戏说明或背景介绍；二是以链文本的形式作为参与者游戏前或游戏后的阅读材料，如提供新闻原文报道链接，为受众提供相关知识的补充。

（三）程序修辞：新闻游戏的客观性矛盾

从“魔弹论”到“选择性接触”，从“使用与满足”到大众传播的游戏理论，受众不再是信息的被动接收者，而是主动的传播者与意义的创造者，受众

① 胡易容：《论文化标出性翻转的成因与机制——对赵毅衡一个观点的扩展》，《江苏社会科学》2011 年第 5 期，第 138～142 页。

② 赵毅衡：《符号学：原理与推演》，南京：南京大学出版社，2016 年版，第 180 页。

在寻找与接收新闻信息时，将会如何选择？在全媒体时代下，每个人都加入新闻的生产和传播，形成了“人人都有麦克风，人人都是传播者”的新现象，与此同时同质化的新闻报道和假新闻充斥着人们的日常生活，选择和阅读新闻不再是一件轻松的事。当下新闻信息的泛滥也是意义的泛滥，受众陷入了如何高效阅读和利用有效信息的“符号危机”，“从符号学角度观察当代人的生活，可以发现，这对双轴关系在当代发生了畸变。应当说当代社会与传统社会相比，最大的特点是宽轴，给个人性的选择和解释以更大的余地，但是由于符号泛滥危机，当代社会的人受制于‘选择悖论’，越来越倾向于单轴行为，即是放弃选择，放弃聚合操作”①。

如果说“选择悖论”是因为选择太多而放弃选择的话，新闻游戏的悖论则表现为：为公众提供了自我思考的空间与选择的余地，但又极力控制公众的思考与选择。皮尔斯符号学主张“再现体－对象－解释项”的意指三分，“再现体”是符号的可感知部分，“对象”是符号所代替的，“解释项”是符号所引发的思考。强编码的符号文本能将自己与确定的对象相联系，从而划分解释者对符号文本的认知和理解范围。在新闻游戏文本中，游戏的程序和规则是强编码的符号，尽管作为解释者的游戏参与者可以有选择游戏进程的自由，但这一自由建立在新闻游戏的程序与规则之上，游戏的程序发挥了议程设置的作用，游戏设计者的意图意义需要通过游戏的规则与程序，即通过程序修辞结果来传达。修辞学，一般意义上的理解是“加强言辞或文句说服能力或艺术效果的手法”的学科；程序修辞，表现为通过规则和过程来传达作者的理念并强化说服效果。博格斯特认为游戏可以通过自己的方式来强力地阐述世界，这种阐述方式不是通过语言、措辞或者视觉效果来传达观点，而是通过游戏规则和流程来传达。他将程序修辞描述为“通过程序进行劝说”或“通过计算结构具体化意识形态的方式”，在这一过程中，玩家不仅能够了解游戏背后的新闻事实与结果，也通过程序了解使事实发生的潜在系统和可能性过程，不仅接受新闻报道，了解新闻事实，还对新闻事实的生产过程有了进一步的理解，甚至会引发深层次的情感和思考。

因此，新闻游戏既是神话的，又是去神话的，新闻游戏是传统新闻报道二

---

① 赵毅衡：《符号学：原理与推演》，南京：南京大学出版社，2016年版，第369页。

次加工的产物，是新闻报道的再神话化，即对原有的新闻报道所建构的神话进行解构，再重新建构一个带有设计者劝服意图的神话。新闻游戏通过游戏的程序传达游戏设计者的意图意义，意味着新闻游戏的制作者可以将意识形态与观点偏向嵌入游戏，无论公众对游戏的解释如何不同，都在一定程度上受到设计者意识形态的影响，这种影响比传统新闻报道的影响更具有隐蔽性。新闻专业主义倡导媒体应当扮演中立的把关人和客观的反映者角色，一般新闻报道立足于事件的客观性，尽管经过新闻从业者加工后的新闻事实不能完全脱离主观性，但新闻报道以陈述客观事实为主，尽可能地还原新闻现场，公众可在此基础上进行自由的思考与判断。而新闻游戏的社会讨论性较强。新闻游戏的程序被设计者固定下来，并嵌入了设计者的意识形态与主观偏向，从客观视角转向了主观视角，公众在此基础上的选择与判断，其所持的态度与观点就渗入了设计者的设计与引导。因此，相较于一般新闻报道，新闻游戏的读者在选择与判断上反而更加被动。新闻游戏提供了貌似开放与互动的形式，但读者的主体地位受到了挑战，其作为新闻阅读者的主体性地位面临危机。

（原文发表于《新闻界》2018 年第 9 期：34—40）

电子游戏审美研究的困境与游戏诗学的建构

◎吴玲玲[①]

电子游戏审美研究的必要性

美国媒介学家利文森曾以玩具、镜子（即工具功能）和艺术来比喻媒介发展的三个阶段。1958 年工程师威廉开发出第一个简单的电子游戏，只是为了让到他研究所来参观的访客玩；之后，游戏走向市场，但在相当长时间之内游戏的开发都只是为了“玩”。随着技术的进步、电子游戏本身叙述能力的提高以及严肃游戏的开发，电子游戏的镜子即教育工具与文化传播功能被认可。进入 20 世纪 90 年代后，尤其是 21 世纪，电子游戏开始被称为“第九艺术”。但对于电子游戏来说，玩具、镜子和艺术不仅是其媒介演进的三个阶段，更是其相互依存的三个文化身份——“玩具”是电子游戏的本体存在，“镜子”是电子游戏的社会存在，艺术与审美功能的发挥则是电子游戏本体存在与社会存在实现的基础，是电子游戏发展的内驱力之一。但是，作为一种新兴的艺术形态，电子游戏尚处于与早期电影类似的阶段，其艺术形态的成熟有赖于研究者从学术的角度，发展出适合电子游戏艺术与审美研究的理论话语与批评体系，以挖掘其艺术表现的潜力。

电子游戏经过近 50 年的发展，已成为一个可与好莱坞影视媲美的产业。

---

① 吴玲玲，成都广播电视大学文法学院副教授。

早在1998年，美国游戏产业就以63亿美元的总收入超过了当年美国电影产业的票房收入。2006年，美国的游戏总产值为73亿美元。在我国，游戏产业发展也十分迅速。自2002年8月“网络游戏产业与网络游戏研讨会”在北京举行之后，我国游戏产业的发展无论是在政策上还是资金上都获得了国家的强力支持。到2006年，我国网络游戏市场规模已达到65.4亿元人民币，至2009年1月，我国网络游戏经济规模上升为207.8亿元。但与欧美及日本等发达国家相比，我国由于数字技术与电子游戏的后发之势，电子游戏尽管在经济上取得了成功，但并没有形成成熟的游戏文化——游戏品种单一（主要是网络游戏），游戏内容同质化，缺乏对游戏审美发展与可能性的想象。游戏产业的健康发展与游戏文化的成熟，亟须得到游戏艺术、文化与审美理论的回应与支持。在文化上，电子游戏的产生与发展是当代文化审美化发展的重要动力与表征——电子游戏推动了数字电子的发展和应用，并渗入当代审美文化的各个方面：以电子游戏情景作为表演场景的“街舞”表演、电子音乐表演，以游戏为原型的游戏文学、服装、主题公园、玩具、电子竞技……而交互式电影、游戏化电影的产生，基于电子游戏平台的艺术创作等则是作为观念的“电子游戏”对当代文化影响的最突出的表征。同时，电子游戏消费者在人口特征上也发生了“主流化”，电子游戏不再是孩子们的“玩意儿”。早在2001年，在美国已有1.45亿人玩电子游戏，平均年龄为28岁，18岁以上的成年人占60％，50岁以上的占13％，女性消费者占43％。① 我国由于信息产业的相对落后，游戏群体年龄低于美国，50％集中于19～25岁之间。但无论是美国还是中国，随着“数字化土生土长一代”群体的成长与拓展，“电子游戏经验”将作为数字化时代一种基本的生活经验，在深层次上影响人们的消费方式、思维模式、审美趣味、文化认同以及自我身份的确认。

因此，对电子游戏的审美研究既是电子游戏艺术形态走向成熟和产业发展的理论所需，也是深入理解当代文化审美化的一个不可回避的领域。

---

① 雅克·埃诺：《电子游戏》，马彦华译，成都：四川文艺出版社，2005年版，第53页。

电子游戏文化审美研究的现状与困境

随着电子游戏在经济与文化上的成功，电子游戏的身份也发生了从作为道德批判对象的“魔机”“精神鸦片”开始向严肃的学术研究课题转变。同时，电子游戏的审美研究也获得了一定的学术关注。但在学界对游戏艺术与审美研究投以关注的同时，电子游戏审美研究也陷入了困境。

首先表现为理论的困惑。我国对电子游戏的审美研究，是从通过论证电子游戏的艺术性为电子游戏正名并确认其文化身份的合法性开始的。早在 1997 年，就有游戏从业者明确提出电子游戏是“一种新的艺术形式”；2003 年以后，一些学者开始从理论的角度论证电子游戏艺术身份的合法性。电子游戏是数字化时代“土生土长”的综合艺术形态与游戏相结合的产物，是新媒介文化审美形态最典型的代表。在无论是对数字艺术还是对游戏的研究都缺乏系统的理论建构的情势下，以康德、席勒、伽达默尔、康拉德·朗格、赫伊津哈等人为代表的“艺术游戏说”成为对电子游戏进行审美探讨的基本哲理根据。诚如有的学者所说，电子游戏是“从游戏精神到游戏艺术”的表现，“游戏说”不仅“是游戏作为艺术最有权威的根据”，把电子游戏置于审美话语体系之中，将游戏活动从单纯的娱乐活动升华为审美活动，还有利于处理好游戏的艺术性和商品性的关系。[①] 但是，审美精英主义话语下的“艺术游戏说”在论证电子游戏文化与艺术合法性的同时，也使电子游戏的研究陷入了理论困惑——以“游戏说”把电子游戏纳入审美话语之后，电子游戏的文本如何建构才能达到这一精英审美标准？这种精英式的话语，与作为大众文化的电子游戏如何才能在深层次上“和谐相处”？既有的游戏文本的成功是因为切合了这一精英审美标准，还是因为其建构了一种新的描述和理解生活与世界的文本形式？如果是后者，这一新的文化文本建构特点何在？电子游戏是什么样的艺术？其艺术性表现在什么地方？与传统的艺术尤其是与同样基于数字媒介产生的新媒介艺术，如交互电影、数码戏剧相比，在形式与内在审美机制上有何异同？不同类

① 汪代明：《全球化语境中的中国游戏艺术》，《西南民族大学学报》（人文社科版）2003 年第 12 期，第 474～476 页。

型电子游戏间有何审美差异？……对这一系列的具体问题的解决，都必须突破坐而论道的“艺术游戏说”，从抽象回到具体，在多种理论视野下对具体的游戏文本进行分析。

其次是技术主义式的“概念先行”。电子游戏作为信息媒体技术发展的一个典型成果，数字技术是它存在的基础。学界在对电子游戏艺术的特点、审美特征进行具体论述时，都把基于数字技术的“交互性、参与性、叙事的开放性、虚拟性”当作“先在”概念，或者说，把对电子游戏艺术特点、审美特征的论述，变成了对这一系列“先在”概念的证明。这一研究路径的偏失，往往使研究者忽视了电子游戏的审美特点，这不仅是缘于其媒介特性，也是在长期的历史文化语境中形成的。

以互动性为例，曼诺维奇认为“互动”不仅指人与媒介之间的实质性互动，同时也是一种心理上的互动，是一种认知与审美方式；所有的古典形式，如文学、戏剧、绘画等，以不同的方式，如叙述的省略、描绘物体时对细节的缺省等策略，要求使用者发挥想象、参与、假设、回忆、认同等心理机制来填充这些缺省的信息，以实现互动；现代媒介和现代艺术进一步发展这些互动机制，如产生于 20 世纪 20 年代的电影蒙太奇、达达主义和未来主义，通过提高对欣赏者心理认知与身体参与的要求，进一步推动了“互动”的发展。20 世纪 60 年代之后产生的新艺术形式，如偶发艺术、行为艺术、装置艺术，则把艺术本身变成一种交互活动。[①] 技术主义式“概念先行”忽视了电子游戏审美特点产生的历史文化语境，不仅限制了电子游戏审美研究的视域和对电子游戏审美发展与文化传承可能性的想象，也限制了通过电子游戏审美研究以深入探讨当代审美文化的可能性。

电子游戏审美研究困境的突破——游戏诗学建构

电子游戏审美研究困境的根本原因在于研究路径选择的偏失——忽视了对具体的电子游戏文本的分析；从理论到理论，从概念到概念，作为研究对象本体的电子游戏却被“悬置”了。因此，通过对“游戏文本”的“细读”，演绎

---

① M. Lev, *The Language of the New Media*, Cambridge: M IT Press, 2001, p. 56.

出电子游戏的基本构成要素及各要素之间的组建原理，建立一个基于电子游戏文本描述的游戏诗学，回答“电子游戏是什么”的问题，是突破研究困境和回答一系列具体疑惑的关键，同时也是从深度、广度、视界推动电子游戏审美发展与审美研究所必需的一个基础工作。美国加利福尼亚大学欧文校区游戏文化与技术实验室的西利亚·皮尔斯（Celia Pearce）认为，研究游戏就是：“游戏设计师创造和建立游戏惯例，研究者则对这些游戏惯例进行确认并把它们明白地表述出来，阐述其特性，理解其独有的表现力。”① 对游戏惯例的表述及其特性与表现力的阐述，就是一种诗学的研究方法。

对电子游戏文本的分析，主要围绕电子游戏的四个存在层面进行——游戏、大众文化产品、当代审美文化文本、在游戏者参与过程中最终完成的开放式文本。因此，游戏诗学的建构可以从以下四个方面切入。

首先是形式主义诗学。“游戏”是电子游戏存在的基本前提，只有电子游戏文本让游戏者享受到游戏的乐趣，游戏文本才能最终实现其文化承载的意义。“游戏是在某一固定时空中进行的自愿活动或事业，依照自觉接受并完全遵从的规则，有其自身的目标，并伴随紧张、愉悦的感受和有别于‘平常生活’的意识。”② 电子游戏的基本特点之一就在于它通过游戏元素与游戏规则，构建起一个在时间与空间上都与日常生活相隔绝的世界，让人在游戏的过程中获得愉悦的感受。但“隔绝”并不等于与现实生活“绝缘”，本质上它“反映了某个特定时期的现实生活以及由这种生活环境所营造的经验与活动，并以富有趣味的途径将其表达出来，或者说，它也是文化蕴藏的体现以及人类知识情趣化的表征与新的变异的传递方式”③。游戏文本这一特征与形式主义美学的基本特征有着诸多相通之处，因此，形式主义诗学的研究方法可以为电子游戏文本分析提供一些启示。

其次是类型诗学。电子游戏作为一种大众文化产品，类型化是基本的生产特点和美学特征之一。当前对电子游戏的分类主要是在游戏产业发展过程中自发形成的，公认的有以下几种类型：行动、历险、角色扮演、模拟、体育、战略、战争。巴赞在论述类型电影时曾指出：“类型影片的活力和丰富多彩‘是

① C. Pearce, “Into the Labyrinth: Defining Games Research”, *The Ivory Tower*, 2003 (4), p. 1.
② 约翰·赫伊津哈：《游戏的人》，多人译，北京：中国美术学院出版社，1996年版，第30页。
③ 张胤：《数字化之道与当代课程建构》，南京：东南大学出版社，2004年版，第104页。

来自一种始终与它的公众保持美妙的和谐一致的艺术演变’结果。”[①] 电子游戏的类型发展也同样是这种“艺术演变”的美学结果。因此，对电子游戏进行类型诗学的研究，就是要在具体、细致的文本分析基础上，对电子游戏的类型划分及各类型的美学特征进行总结。目标有两个：一是把在游戏设计过程中自发形成的游戏惯例与类型改造成更富理论性的自觉的审美类型；二是在不同类型游戏审美标准确立的基础上，建立一个基于游戏文本描述的经典体系，同时催生出新的游戏审美类型。

再者是文化诗学。麦克卢汉说游戏“是集体和社会对任何一种文化的主要趋势和运转机制的反应。和制度一样，游戏是社会人和政体的延伸”[②]，作为文化产品的电子游戏，则承担了比传统游戏更多的文化意义，它除了是“游戏”，更是当代社会一个开放的审美文化文本。这个文本直接与历史、宗教、社会、道德、经济、美学理论、工业技术、社会形态等文化范畴相互联系，对电子游戏的审美探讨，只有在把电子游戏文本置于当下和历史的文化语境中时，才能深入地进行。

最后是精神分析诗学。这主要是对游戏者的研究。电子游戏作为一个完整的“文本”是在游戏者游戏的过程中实现的，因此，对游戏过程中产生的各种文本进行分析把握游戏者在“游戏”过程中的审美体验，是电子游戏的诗学分析不可或缺的一个部分。由于“游戏”是一个动态的过程，游戏的过程与结果具有不可控性，因此，对电子游戏作精神分析诗学层面的分析可以从两个方面进行：首先是电子游戏系列产品之间的异同。电子游戏作为文化工业产品，系列化的出现不仅仅是出于对生产成本控制的考虑，也是产品与游戏者之间“协商”的产物。因此，同一系列不同产品之间的异同，往往反映的是游戏者的游戏与审美需求。其次是对游戏者依据自己的游戏体验写成的文字进行分析，包括游戏文学、游戏论坛中发表的各类帖子、游戏杂志等围绕电子游戏文本产生的一系列文字现象。从这种意义上说，“电子游戏文本”是一个泛文本概念。

① 托马斯·沙兹：《旧好莱坞/新好莱坞：仪式、艺术与工业》，周传基、周欢译，北京：中国广播电视出版社，1992 年版，第 5 页。

② 马歇尔·麦克卢汉：《理解媒介》，何道宽译，北京：商务印书馆，2000 年版，第 291 页。

结　语

电子游戏的审美研究在我国才开始起步，游戏诗学理论的建构不仅是把电子游戏当作一个独立的审美领域进行研究的前提，也是突破当前研究困境所需。正如亚瑟斯所说，电子游戏“是我们所见的最丰富的文化类型”，就其存在的媒介基础而言，它包括信息技术的各个方面（计算机技术、通信技术、信息存储技术、微电子技术、网络技术等）并推动了信息技术的发展；就其艺术形态而言，电子游戏融合了以往一切艺术形式的表现手段——小说、戏剧、影视、动漫、服装、音乐、文学、绘画、建筑等；就其文本生产与消费而言，文本的消费者同时也是文本的生产者，彻底打破了传统媒介的传受关系。电子游戏“以一种传统大众媒介如戏剧、电影、电视、小说所不可能的方式，把媒介的审美性与社会性相结合”，并“要求我们寻找适合的研究方法”[①]；电子游戏的审美研究需要借鉴多学科的理论，社会学、心理学、人类学、符号美学、电影理论、文学理论……更重要的是在这些传统学科的激发下创立一个专门研究电子游戏的学科。提出从形式主义、类型诗学、文化诗学、精神分析诗学四个层面对电子游戏进行文本分析和诗学建构，采取的是一种“视角主义”态度，并不是以其已成熟的概念对电子游戏进行框定，更不是说只能从这几个层面对电子游戏进行研究，其目的在于能起一个抛砖引玉的作用，希冀在提供一个基本思路的前提下，使更多的学者加入电子游戏的审美研究中来。

［原文发表于《东北大学学报（社会科学版）》2010 年第 1 期：91－94］

---

① E. Aarseth, “Computer Game Studies : Year One,” *Game Studies*, 2001 (1), p. 1 [2008－12－05], http://www.gamestudies.org/0101/editorial.htm l.

射何以成道

——游戏文化机制的符号学研究

◎宗　争[1]

射箭是一项特殊的人类活动。射箭并不天然地属于体育活动，在漫长的历史演变中，射箭活动最初所具有的狩猎取食的实用功能逐渐丧失，继而转变为一项符号功能凸显的体育活动。因此，对于射箭活动的研究，散布在考古学、社会学、人类学、民族志学、体育学等诸多研究领域。射箭活动的历史变化与丰富形态，也决定了对于其文化内涵的研究，不应也不能仅做某一向度的探索，而应尽可能多地占有更丰富的研究资源，以辩证地、全面地对待。

事实上，许多今天被归为“体育”的活动，在其发生发展的历史阶段，都曾经具有其他的活动形态以及文化属性，譬如搏击、射击、标枪等。对射箭活动的剖析和论证，则可以作为处理此类研究对象进行的另一种探索。

1. 射箭活动牵涉的几个范畴

仅在“射箭”这一领域内，存在彼此独立又具有密切关联的五个范畴：一是作为狩猎工具或战争武器的弓箭，二是以狩猎或战争攻击为目的的射箭行为，三是作为游戏或体育竞技的射箭比赛，四是作为礼乐教化载体的射礼，五是作为衍生娱乐活动的投壶等。而问题恰恰在于，在既往的有关射箭活动的研究中，这五个范畴并没有被明确地区分开来，其复杂的意义向度总是被通而观

---

① 宗争，文学博士，成都体育学院新闻与传播学院副教授，主要从事游戏学、体育文化传播、符号哲学研究。

之，统而论之，缺乏条分缕析的论证和分析。

第一，弓箭是射箭活动的载体，是射箭活动的器物层面。

弓箭是一种组合型的远程武器，通常由弓和箭两部分组成。弓的部分由有弹性的弓臂和有韧性的弓弦构成，箭则包括箭头、箭杆和箭羽，其中，箭头为铜或铁制，杆为竹或木制，羽为雕或鹰的羽毛。在枪、炮等热兵器出现并作为军队的基本装备之前，弓箭是人类最重要的狩猎工具和兵器之一。

据中国古代传说，黄帝之子少昊青阳氏的儿子“挥公”，始制弓矢，并任“弓正（长）”一职，子孙因此获赐姓为“张”。但实际上，弓箭的历史可以追溯至旧石器时代。1963 年，在中国山西朔县峙峪村的旧石器时代晚期遗址中，考古人员发现了一枚用燧石打制的箭镞，该遗址的年代约为距今 2.8 万年，足见弓箭的历史之久远。20 世纪初发现于德国汉堡的 Stellmoor 弓，距今约 1.1 万年，是迄今发现的世界上最早最古老的弓，可惜在第二次世界大战中毁于战火。

弓箭历史悠久，但毫无疑问，弓箭是人造物，它是经由人类设计、制造而成的工具，利用弹性势能与动能的转换原理，用以有效地击打远程目标。并且，弓箭的设计制作本身就是人类器物文化的一部分。

第二，射箭行为是射箭活动的主体。

弓箭须经人类使用才能发挥其作用。而要领会弓箭设计者的设计意图以及熟练地掌握射击的技术，需要经过反复的练习和琢磨。古语云：“兵器三十有六，而弓为其首；武艺一十有八，而射为第一。”人操作工具形成技艺，弓箭为人所用，即有“射艺”。熟能生巧，需要反复练习，射艺才能得心应手。

第三，射箭活动因目的和形态的差异，由实际狩猎活动逐渐过渡到体育竞技活动。

对相对自由的射箭练习活动加以规范，制定规则和奖惩方式，再通过具体的游戏活动进行广泛的交往、协调和调整，能够形成相对稳定的游戏形式。因此，各个使用弓箭的民族几乎都有自己独具特色的射箭游戏或射箭比赛。

如蒙古族视射箭为传统的“男儿三艺”之一，射箭活动随时随地都可以进行，同时也是那达慕大会的主要内容之一。“佤族的射箭主要是看参加者的箭谁射得更远。该民族使用的弓其制作材料主要是竹子和麻绳或者棕绳，箭是选择坚硬的芦苇并在前头加上一小节削尖的竹片制成。比赛时，在一片开阔的场地上选择好比赛地点后，画一条笔直的线作为比赛的开始线，以箭射得远的选手为获胜，有时侗族的射箭比赛也以射准比输赢。……布依族的射箭主要是以土墙、草人、食物为主，射土墙是以参赛者射中点箭头落点最集中者为取胜；射草人主要是要射中草人躯干、头部多着为取胜；射食物时则目标的放置随意性较强，但仍以射中更远处的食物或者是射中更多的食物为获胜。无论是哪一种形式，获胜者都会获得无上的光荣，受到父老乡亲的爱戴。……鄂温克族的射箭通常在节日'祭祀日'吉日进行，该族的射箭在目标靶位的选择上有活动靶与死靶之分，活动靶主要就是射箭参与者或者是当时的比赛方随机选择的目标，主要有鸟类、鼠类等，这对选手的能力是更大的考验；死靶主要就是固定的器物。"① 射箭也是藏族传统活动之一，据传已有 600 余年的历史。"如今西藏的传统骑射已经发展成了诸如响箭（即'碧秀'）、跑马射箭、射远、射靶、祭射，以及狩猎射箭（萨达、毒达）、射弩等体育活动项目。"②

通过上述人类学民族志向度上的描述，我们不难发现，虽然基本上都是以弓和箭作为活动的载体，但各民族的射箭活动本身还是具有相当大的差异。这种差异往往是根本性的，在规则的设定层面本身就存在不可通约性，但因为使用器物（弓箭）的同一性而被忽略。这种"忽略"在其他的体育竞技形式中倒并不是特别明显，譬如 1848 年所设定的足球"伦敦规则"中，并没有禁止以手触球，直到 1963 年英国足球协会成立以及新的足球比赛规则出台，才标志着现代足球运动的诞生，这也使得足球和橄榄球分道扬镳，明确地区分为两种运动形式。可见，规则而非使用的器物，是决定游戏（体育）形式的根本性区别。

而在国家对体育竞技赛事的设计层面，为了保证民族文化的多样性，赛事设计者则采用了同一性和多样性并存的方式。如我国自 1953 年起，由国家民族事务委员会和国家体育行政部门联合主办、地方承办，每四年举行一届的"少数民族传统体育运动会"中，将"竞赛"和"表演"分开，既保留了诸如藏族的"碧秀"这样独特的少数民族体育竞技方式，也设立了各民族运动员可共同参与的"射弩"等统一竞技赛事。

---

① 姜奎：《不同少数民族形成相同传统体育运动项目的原因研究》，《教育教学论坛》2013 年第 1 期，第 169～170 页。

② 巴桑次仁，索朗仁青：《西藏传统射箭初探》，《西藏艺术研究》2008 年第 4 期，第 71 页。

作为游戏或体育竞技活动的射箭比赛，无论其形式如何，通常会被视为具有明确的意义指向，或者说有明确的目的，即指向“真正”的以狩猎或战争攻击为目的的射箭行为。“古代藏族部落普遍通过竞技活动或狩猎实践提高士卒战斗力，而不是进行专门的军事训练，在向敌人发动进攻前或取得征服胜利后，对勇敢善战的勇士要论功行赏。”[①] 在这里，“提高士卒战斗力”乃是射箭比赛设计的原初目的。那么，是否就此可以推论，所有的射箭活动都具有此潜在的设计目的呢？显然并非如此。

第四，中华射礼是射箭活动的文化高级形态。

中华民族特有的射箭活动是“射礼”。3000多年前的西周时期，射礼成为平定天下之举国体制，有“大射礼”“宾射礼”“燕射礼”“乡射礼”等四种主要的射礼范式昌明于世。目前，我们仍能在古典文献中看到关于“大射仪”及“乡射礼”的确切记载。

《礼记·射义》曰：“是故古者天子，以射选诸侯卿大夫士。射者，男子之事也，因而饰之以礼乐也。故事之尽礼乐，而可数为，以立德行者，莫若射。故圣王务焉。”[②] 显然，射礼的设计目的并非训练兵卒，提高战斗力。作为西周时期士大夫阶层必须习学的“六艺”之一，“射”既是身体教育的有效途径，也兼具德行教育、礼仪教育等重要功能。而“射礼”，作为一种有明确组织形式的竞技活动，其目的则更为宏大。“故射者，各射己之鹄。故天子之大射，谓之射侯。射侯者，射为诸侯也，射中则得为诸侯，射不中则不得为诸侯。”[③] 这里所称的“侯”，是古代的箭靶，一般为兽皮所制。“侯”是专门为射礼而设计的，并不为射箭活动的另外两个功能——战争或狩猎所使用（这一点在少数民族的射箭活动研究中通常被忽略）。《考工记》上写：“梓人为侯，广与崇方，三分其广，而鹄居一焉。……张皮侯而栖鹄，则春以功；张五采之侯，则远国属；张兽侯，则王以息燕。”[④] “侯”本身就有等级区分，大射礼陈设皮侯，宾

① 殷生宝，李钟霖：《藏族射箭文化内涵研究》，《青海师范大学学报》2010年第3期，第85页。

② 《十三经注疏》整理委员会：《十三经注疏·礼记正义（下）》，北京：北京大学出版社，1999年版，第1643页。

③ 《十三经注疏》整理委员会：《十三经注疏·礼记正义（下）》，北京：北京大学出版社，1999年版，第1643页。

④ 《十三经注疏》整理委员会：《十三经注疏·周礼注疏（下）》，北京：北京大学出版社，1999年版，第1140~1143页。

射礼陈设五彩侯，燕射礼则用文绘动物的兽侯。在不同的场合使用不同的箭靶，是射礼文化通过设定“符号区隔”来构建更复杂的文化形态的独特例证。

“射礼”不仅是一种古代体育竞技项目，还是一种具有选拔、考核人才作用的政治活动。“射不中则不得为诸侯”，它的目的不在于选拔箭术超群者，而是通过射礼来观察人的健康状况、意志、品行和心智等，并借此作为甄别人才的标准。

第五，投壶游戏是射礼的简化形式，是与射箭活动相关的衍生游戏活动。

射礼的简化形式便是“投壶”。投壶，亦称射壶，是由射礼演化而来的一种投掷性竞赛游戏。春秋时期，贵族士大夫模仿射礼的规则制度，将射箭变为掷箭，以酒壶代替箭靶，在宴会酒席上竞赛。投壶在春秋时期礼仪烦琐，秦汉后逐渐演变为纯娱乐性的竞技游戏，汉代开始有了专用的壶和箭。南北朝时期，武风衰弱，这种游戏在士大夫阶层中盛行不衰，成为士族生活的特征。

由此看来，仅就中华传统射艺和少数民族的射箭活动的对比，从射箭活动自身设计所携带的意图意义与射箭活动所展现出的形态两方面来看，我们就已经很难取得一个共同的范式或标准。

2. 游戏文化机制的符号学研究

射箭活动的多重形式并不是彼此分离的，它们之间存在密切的关联。因此，对射箭活动各个范畴的区分，只是一种准备性的廓清，其目的和意义则在于重新回到对这一特殊文化现象的内在意义机制的分析上，从而也就获得了打通现有射箭活动研究各个领域的一种特殊路径。

射箭活动是一项意义活动，它包含丰富的意义诉求，并不是人类的本能活动，从利用自然物的物理属性所制作的远程打击武器，到据此而形成的礼制规范，无论哪一个范畴，均承载了诸多层面的意义。

穿透其意义机制的方式，是回到意义构成的原点，找到构成意义“语法系统”的基本元素，再逐层审视意义的构建过程，以此形成对射箭活动文化（意义）机制的系统性认知。因此，笔者借助在这项拆解工作中最有力的理论抓手——符号学理论。

“符号学是人文社会科学所有学科共同的方法论。”① 根据对具有明确组织形式的体育竞技活动和游戏的符号学考察②，笔者认为，从符号学基本理论出发，结合游戏文化自身传播方式的特点，能够将复杂的游戏文化机制进行系统的拆分，并借此来反哺我们对于体育-游戏文化的认识（如图1）。

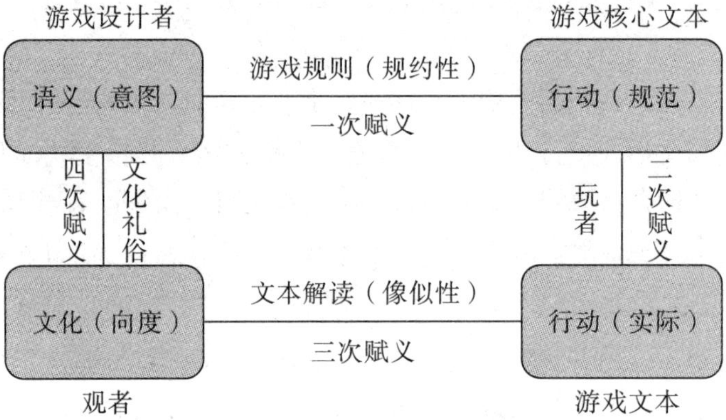

图1　游戏文化机制的符号学分析图

在游戏-体育中，总是存在着在“游戏设计者—玩者—观者”三个符号身份之间进行的双重交互式传播。游戏设计者设计以游戏规则和框架为核心的“游戏核心文本”，玩者通过读取“游戏核心文本”，遵循/违反游戏规则的方式来参与游戏，并借此形成具体的游戏活动文本；观者通过阅读和阐释“游戏活动文本”，形成对游戏的基本认识。

而从符号学的角度来看，游戏设计者抱持着具体的设计意图对游戏规则和框架进行设计，并由此形成了供游戏玩者“阅读”的游戏核心文本，这是游戏文本形成过程中的第一次赋义过程。在这一赋义过程中，无论设计者的意图具有何种“像似性”目的，其文本的形成基础必然是“规约性”的，因为游戏规则系统必须明晰且具有强制性，才能够令可能的参与者清楚地理解并有效地执行，它不可能凭借着模棱两可的感性认知来“模拟”另一种活动。正因为如此，竞速比赛就要设计跑道，铅球、铁饼、标枪等投掷运动竞赛就要设计固定的投掷区域，马拉松比赛要规定赛程为42.195公里……这都是“强制”要求

① 赵毅衡：《符号学：原理与推演》，南京：南京大学出版社，2011年版，第8页。
② 参见宗争：《游戏学——符号叙述学研究》，四川：四川大学出版社，2014年版。

游戏或体育竞赛要根据一定的规则，在一定的游戏框架内进行。

前文已述，射箭活动的载体是器物层面的弓与箭，射箭活动的主体是参与者的射箭行为。因此，在“语义”向“行为”的一次赋义过程中，射箭活动的自身设计意图决定了它以什么样的形态出现。以取食狩猎为意图的射箭活动，必然会走向趋于实用的狩猎活动；以提高射击技术为目的的射箭活动，则必然会走向另一条趋向竞技的体育活动。

而在大多数对射箭活动的论述中，这个“第一次赋义”的过程通常会被忽略，尤其是前文提到的一些少数民族射箭活动，亦有将小动物作为“活物靶”的情况。这看起来是一种原始狩猎活动的“复现”或“模拟”。其实，无论是已经符号化的箭靶，还是“活物靶”，与以食用为目的的狩猎和以射杀为目的的战争中的射箭行为相比，都已经具有了符号意义上的差别。在任何一种射箭比赛中，“射杀”的意义已经被更换为“射中目标”的数量（计数比赛）或准确性（计分比赛）。这一赋义过程不以标靶与实物的相似关系为基础，而是以设计者强制性的设计程序为准则，进言之，箭靶总是目标的“提喻”，其基础是二者的内在一致性，外在形式本身并不重要。

第二次赋义过程则是玩者通过个人行为形成游戏活动文本的过程。玩者用“行动”作为赋义的基础符号。

在这一过程中，第一次赋义的结果并不一定能够贯彻始终。游戏设计者不能保证游戏玩者的玩乐心态或目标一定秉承着他/她的设计意图，参与者可以贯彻设计者的意图，也可以完全忽略它，而这也恰恰是游戏之所以被称为“自由的游戏”的原因。规则所带来的约束效果与参与者的自由心态之间没有必然的联系。

第二次赋义恰恰解释了为什么对射箭活动（尤其是少数民族射箭活动）的考察，总是会回到一个人类学或民族志学的“原点”，总是会从其符号性重新回归到其实用性层面。规范的行为是由规则维系的，而实际行为则依靠参与者自身对游戏活动的认识。通过射箭竞技活动，参与者能够操练射箭技术，从而在狩猎行为中获得更好的收益。参与者的这种意义诉求，很容易令人忽略在射箭训练和射箭狩猎之间的这种转化。

游戏玩者通过“行动”带来效果和意义，进一步讲，“行动”才是游戏文本最重要的编码单元，而行动本身亦与玩者所携带的意图意义相互分离，玩者可以宣称自己要“好好玩”，却不一定真的能“玩得好”，反之亦然，“玩得好”的不一定真的在“用心玩”。行动的效果与玩者的能力有关，和意图无关。

以实际的游戏活动为例，这一点似乎更容易说清楚。譬如以竞速为目的的游泳比赛，经过长期专业训练的游泳比赛选手，并不一定能够完成水中搜救等任务。射击选手尽管精通射击技术，也并不一定就能够在战场上成为射杀敌人的“神枪手”。现代体育的发展本身，就已经体现了这种原始意图与实际效果之间的分离。而电子游戏竞技，则可以说走向了一种“反讽式”的表达，通过毋庸置疑的“虚拟性”，它切断了自己与现实世界之间的直接联系。

游戏文本需要观者进行“阅读”，才能够完成符号意义的落实，这一过程既是对第二次赋义结果的解释，同时也附加着观者自己的认知，并由此形成第三次赋义过程。第三次赋义似乎不是必需的，对于任何游戏活动或体育竞技活动而言，观众都不是必需的，因而这一层次也往往被忽略。观众是观者，但观者并不一定是观众，在没有实体观众的情况下，玩者本身就附带着“观者”的身份。玩者在参与过程中对于自己和对手的时时刻刻的审读，也可以视为一种“观者式”的意义接收。“内行看门道，外行看热闹”，但无论是门道还是热闹，都是一种有效的解读，第三次赋义允许观者个体做任何意义上的解读，并且保证了其绝对的阐释自由。

观者对于游戏文本的解读，对于玩者的认识，总是循着一种具有“像似性”意义的英雄式的解读方式。古希腊运动会上的获胜者将会获得无上的荣耀，其雕塑将会与神祇的雕塑并置。少数民族体育竞赛上的获胜者，亦会得到英雄式的赞扬。中国足球始终未能崛起，之所以成为中国人无法抹去的痛楚，也正是因为人们在对游戏活动文本的解读过程中掺杂了强烈的民族责任感和认同感。电子游戏的“反讽性”似乎也体现在此，它拒绝观者在现实世界对它进行这种“英雄式”的解读，而只在相对封闭的虚拟空间中获得意义和价值。

日本与韩国对射箭活动的关注远远超过中国，因为日本与韩国都延续了“射艺”或“射道”的传统；在中国许多少数民族那里，射箭是喜闻乐见的竞技形式，而汉族民众对于射箭活动的接触则相对较少。一项游戏或体育活动的传播，其根本在于意义的衍生，传播就是符号的无限衍义。而衍义的衰落或中断，则在根本上影响着传播效果。

完整的三次符号赋义过程，加上第三次赋义过程在社会文化心理上的长期沉淀和定型，就可以完成对某一类游戏-体育活动的文化构建。然而，这种文化构建本身是开放性的，它永远不会完结，文化礼俗的形成又会反哺游戏的设计，从而令其形成完整、自洽的游戏文化系统。中华“射礼”之所以能够成为一种仪式化的表达，原因也在于此。由射箭活动的设计和演习，进入观者对射箭文化的构建，最终又回到对射箭活动设计每一环节的符号意义的卯定上——“射侯者，射为诸侯也。”这种循环往复的意义生成和阐释，最终构建了动态的游戏文化机制。中华射礼，这种在历史上曾经发挥过重要作用的选拔活动形式，印证了符号意义衍义的高级形式。射礼依托的仍然是射箭竞技活动，但是，它将射箭行为本身赋予了检验“德行”的意义，从而将整个射箭活动改造为一种礼制文化系统，要求参与者遵循“进退周还必中礼”的严格仪式规范，对其过程中的每一个符号行为都给予规约性的赋义，并且阻断了参与者自由表现获义的可能性，从而使其成为一种文化仪式规范。也恰恰因为如此，一旦选拔系统本身出现了新的规定，譬如举孝廉或科举制的出现，射礼的仪式规范系统就将逐渐被束之高阁，成为一种无法复现其功能的衰亡形式。

3. 结　论

射箭活动包含着诸多联系紧密的形式范畴，而通过符号学理论，我们得以窥见其各个范畴之间相互转化的内在机制，并为类似活动形式的研究提供一条可资依凭的路径。体育-游戏文化机制包含复杂的符号及意义传播，三个符号传播者（设计者—玩者—观者）彼此之间交互传播，多个传播过程虽相对独立却彼此影响，四次赋义过程则逐渐累积，将更多的符号带入下一阶段的意义生成和阐释。这种复杂的符号传播过程和意义生成结构，是游戏-体育文化机制的基础，也是游戏作为一种与现实精神相对立的人类活动，能够获得庞大的意义效应的原因。

（原文发表于《成都体育学院学报》2017年第2期：37-41）

奇观体育与体育奇观：罗兰·巴尔特的符号体育观

◎任 文 魏 伟[1]

罗兰·巴尔特（另译罗兰·巴特）被公认为法国符号学和新批评的创始人，是20世纪法国乃至欧洲最杰出的思想家之一。他构建的符号学和结构主义体系的影响范围已触及西方当代文化的方方面面，并深刻影响着结构主义、符号学、后结构主义的研究。他“思考的问题远远超出其研究的专业领域，一切有关人类社会文化和人类命运的根本问题，都首先成为他反思的重点”[2]。巴尔特曾发表过数十部学术著作和散文集，其中《神话集》（*Mythologies*，另译《神话修辞术》）《S/Z》《流行体系——符号学与服饰符码》和《符号学原理》等都被认为是符号学发展历程中的经典著作。巴尔特的写作风格源出典型的法兰西式思维方式，多以由数篇微型文章组成的论文集构建起一套思想体系。在他的不少论文集中，各部分的谋篇布局看似杂乱无序，实则内部逻辑严密、前呼后应、自成体系。

生于巴黎长于巴黎的罗兰·巴尔特虽然很少亲历体育运动，但他对观赏性强、影响面大的奇观体育情有独钟，时常对其中展现出来的种种体育奇观提出新颖独到的见解，他在多篇论著中皆有对此类体育运动的描述和评论。尤其在他的代表作《神话集》中，以《摔角世界》（另译《自由式摔角的境地》）开篇，初步构建了至今仍令人惊叹的体育游戏的符号分析体系。环法自行车赛在

---

① 任文，北京外国语大学高级翻译学院教授，院长，博士生导师。
魏伟，北京外国语大学国际新闻与传播学院教授，国际新闻研究中心主任，博士生导师。

② 高宣扬：《当代法国思想五十年》，北京：中国人民大学出版社，2005年版，第222页。

法国是一个现象级的经典赛事，其影响力犹在法国网球公开赛之上。巴尔特在颇具传奇色彩的1955年环法大赛的背景下，撰写了《作为史诗的环法大赛》一文（后来也被收录在《神话集》中），集中论述了环法自行车赛乃至体育比赛的一般神话意义。不过，作为罗兰·巴尔特体育思想集中体现的，还是其为加拿大魁北克电视台的电视纪录片《体育与人类》撰写的台本《什么是体育》。在丝毫不显拖沓冗长的几千文字中，巴尔特通过对西班牙式斗牛、F-1赛车、环法自行车赛、加拿大冰球、英格兰足球等运动的内涵进行了高度提炼，将自己独特的体育思想淋漓尽致地挥洒出来。本文将从《摔角世界》《作为史诗的环法大赛》以及《什么是体育》等数篇文章中管窥巴尔特自成体系的符号体育观。

在本文中，“奇观体育”（sports-as-spectacle）特指观赏性强、观众参与度广、影响面大，具有现象学意义的运动项目，即“spectator sports”。这些体育运动是巴尔特本人格外关注的，而他在对这些运动的内涵进行符号学解读时也多次使用“史诗”（epic）、“传奇”（legend）和“奇观”（spectacle）等语词，以强化其宏大的诗学和现象学意义。“体育奇观”（sporting spectacle），则是指体育（特别是奇观体育）所展现的奇妙壮观、非同寻常、令人印象深刻的景象、人事或意义，因此“奇观”（spectacle）在这里是指其外延意义。此外，从词源学上讲，“spectacle”一词来自古法语，从17世纪起还时常被用于英语戏剧的剧场艺术中。[①] 而巴尔特也经常对现代运动场与古代剧场的性质进行比较分析，因此，我们认为“spectacle”应该被视为巴尔特符号体育观里的一个关键词。

1.《摔角世界》——体育游戏符号分析的开篇

《神话集》是罗兰·巴尔特有关意识形态批评和符号学解析的论文集，其中《摔角世界》是巴尔特早期对体育游戏进行符号分析的经典作品。巴尔特将其作为整部文集的开篇之作，同时是该书所有收录文章中篇幅最长的两篇文章之一（另一篇就是《作为史诗的环法大赛》），因而应该也是巴尔特本人在神话

① WIKIPEDIA. Spectacle [EB/OL]. http://en.wikipedia.org/wiki/Spectacle.

解读中非常看重的一篇。《神话集》运用了许多神话和符号分析理论。同时，由于巴尔特受索绪尔影响很深，用他自己的话说，他的思想是“从索绪尔走出来的”[①]，因此，他早期的语言与言语、组合与聚合以及共时与历时等符号学理论，几乎都肇始于语言学理论。

摔角运动是带有娱乐表演性质的摔打角力活动，不同于作为竞技体育项目的“摔跤”（比如作为奥运会项目的自由式摔跤或古典式摔跤），选手表演性强、观众参与度高，是一项奇观运动，在巴尔特看来，具有十分典型的符号学意义。同时，也正是由于它表演多于竞技的属性，因此应该将巴尔特对此项目的研究界定为体育游戏的符号学分析。

1.1 摔角手的身型符号与痛苦消费

巴尔特在对摔角手的介绍中，令人咋舌地从他们一进场就开始进行事无巨细的符号解析，认为这里的“每个符号都具有彻底明晰的特性，因为人们总是须立刻理解一切”；即使是摔角手的身型也不例外：“五十岁了，肥胖，松塌塌的，这种粗陋而毫无性感的类型，总是激起念头来给他取女人特有的绰号，他的肉体展示了卑劣的特性，因为他的任务就是依对‘卑劣的家伙’一词（一切自由式摔角比赛的关键概念）的传统理解，表现令人厌恶的身体这一形象。”[②]似乎摔角手的每一个动作都是因这个第一眼就能辨认的符码而为，随之而来的一切场面不过是这个符号的种种注解。他的身体“确立了一个基本符号，这符号以胚原基的方式包孕了全部比赛内涵”[③]。在这里，巴尔特随心所欲地构建起一个复杂的身体符号系统，这个系统中的每个元素几乎都直接或间接地服务于他对摔角手的刻画。

除了身体以外，摔角手还需要营造出一整套复杂的符码系统，使观众明白摔角手永远在扮演难以共处者的娱人形象。“把好选手抵在自己膝下的时候，卑劣地咧嘴强笑以示胜利；他或者向人群投以自负的微笑，预示着即将施行的

---

① Roland Barthes. *Mythologies* , Paris: Seuil, 1957, p. 7.

② 罗兰·巴特:《神话修辞术》，屠友祥、温晋仪译，上海：上海人民出版社，2009年版，第32～43页。

③ 罗兰·巴特:《神话修辞术》，屠友祥、温晋仪译，上海：上海人民出版社，2009年版，第32～43页。

报复；如果倒在地上没法动弹，就用胳膊用力击打地面，以示自身处境完全不堪忍受的性状。”[①] 在这一套复杂的符码系统中，摔角手带给观众的痛苦消费是必不可少的。因为观众在这里来消费的，正好是他人的“痛苦、败北和正当的夸大表演”，摔角手根本无须掩饰和克制自己的痛苦，因为“克制是不恰当的，与表演的有意夸示相悖，也与痛苦的展示相左，呈示痛苦正是比赛的最终目的”[②]。因此，巴尔特明确地指出：“摔角手的功能就不是赢，而是精确地完成人们所期盼的姿势。”[③] 这也正是摔角运动展示的一种奇观。

1.2 摔角比赛能指与所指的脱节

在符号系统明确之后，巴尔特着意在文字中彰显能指与所指的反差。显然，摔角比赛要凸显的是它的能指部分。不管是比赛的场景、运动员的外形，还是比赛过程中夸张到极致的各种表情、动作、语言，无不极力炫耀能指的威力。所指在这场与能指的较量中彻底败下阵来，因为“恶”是摔角比赛的“自然氛围，合乎规则的比赛则主要呈现出非常态的价值。这使消费此价值的观众惊愕不已，将之视为遥远年代情事的转瞬即逝的复现而欢呼”[④]。习惯了摔角比赛解码过程的受众根本就不在意比赛最终的胜负，更不在意摔角手某个阴险或夸张的动作会伤害到对手，因为比赛就是一场彻头彻尾的表演，哪怕过程再曲折，也不过是为观众提供一次又一次的狂欢。摔角手必须要以极度夸张的表情和动作以及种种卑劣的感觉制造出大狂欢的局面，在完成了人们所期盼的种种姿势以后也带给了观众无限的快感，否则观众就会大失所望、百无聊赖、倍感失落。因此，在意指过程中，能指与所指的脱节是摔角比赛作为一个符号系统的重要标识。

摔角手在下台之后与在台上截然不同的表现几乎切断了能指与所指的一切

① 罗兰·巴特：《神话修辞术》，屠友祥、温晋仪译，上海：上海人民出版社，2009年版，第32～43页。

② 罗兰·巴特：《神话修辞术》，屠友祥、温晋仪译，上海：上海人民出版社，2009年版，第32～43页。

③ 罗兰·巴特：《神话修辞术》，屠友祥、温晋仪译，上海：上海人民出版社，2009年版，第32～43页。

④ 罗兰·巴特：《神话修辞术》，屠友祥、温晋仪译，上海：上海人民出版社，2009年版，第32～43页。

关联。表演结束之后他们的去符号化过程在片刻间就能完成："戏剧中的英雄或卑劣家伙，几分钟前还受发自道义的盛怒的左右，且放大到形而上符号的尺寸，几分钟后他离开摔角场，面无表情，毫无个性，手提小皮箱，与妻子相携而行……"① 由此可见，符号化和去符号化的摔角世界里到处留下了符号学的印迹。所以，在这里，"符号学战胜了社会学"②。

1.3 摔角比赛的共时系统与聚合轴

一场摔角比赛的用时可长可短，因此它当然可以被看作历时性的。但如果将其作为一个系统来考察的话，那么摔角世界呈现给我们的是一个共时的状态。在这里，根本没有也不需要历史，正如巴尔特所言："每个环节都即刻明白可解，没有持续性……摔角是表演的总和，其中任何一个表演都起不到功能作用：每个时刻（环节）都硬让人接受对一种痛苦的全部认知，这种痛苦直接而孤立地突然出现，绝不延展到最后的结局。"③ 这个共时系统的意义是绝对的，它决定了摔角比赛可以被视为由一个文本展开的符号学研究。

但摔角比赛这个共时文本又是特殊的。由于它不像其他体育比赛有着严密的规则，因而缺乏相对稳定的组合轴。它拥有具备无限可能的聚合轴，一个投影浓厚的宽幅聚合轴。这里的摔角比赛与有据可循的古典式摔跤和自由式摔跤比赛几乎毫不相干。摔角手只接受于己有利，可以受其庇护的规则；一旦规则于己无利，就即刻摒弃，甚至反其道而行之。因而，这一比赛的场景与场景之间、情节与情节之间都是"孤立""直接"和坦露的。"在摔角世界里，只有完全彻底的存在，没有任何象征、暗示，一切都是毫无含蕴地赤裸裸地呈现出来；一切姿势都没有留在阴影里，没有隐藏，他们切除一切寄生意义，并且按照仪式向观众展示纯粹而完满自足的意义，完满如自然。"④ 这个弥漫着浓郁聚合情节的比赛在因摔角手的过分与夸张变得生动新颖、引人入胜的同时，也

① 罗兰·巴特：《神话修辞术》，屠友祥、温晋仪译，上海：上海人民出版社，2009年版，第32～43页。

② 汪民安：《谁是罗兰·巴特》，南京：江苏人民出版社，2005年版，第60页。

③ 罗兰·巴特：《神话修辞术》，屠友祥、温晋仪译，上海：上海人民出版社，2009年版，第32～43页。

④ 罗兰·巴特：《神话修辞术》，屠友祥、温晋仪译，上海：上海人民出版社，2009年版，第32～43页。

由此成为一种表演、一个奇观。

《摔角世界》只是一个开端，它与《神话集》后半部分中的《现代神话》（另译《今日之神话》）一道，让体育游戏的符号分析有了较明确的研究范式和框架。在它之后，也有研究者沿着这条道路继续前行。[①②③] 但摔角比赛毕竟不能等同于严格意义上的竞技比赛，它的受众还难称大众，无从引发大面积的群体狂欢。巴尔特将其界定为有别于一般（竞技）体育的奇观运动。[④] 因此，巴尔特还需要努力寻找更加普适的体育符号文本。这为他后续的体育符号研究埋下了伏笔。

2.《作为史诗的环法大赛》——体育符号研究的奠基作品

《摔角世界》让罗兰·巴尔特构建了较成型的体育游戏的符号学分析范式，但他并不甘心纠结于这一种模式，而是继续以自己敏锐的嗅觉，在游戏和体育世界中寻找下一个神话。1955 年的环法自行车赛写满了各种不确定的因素，比赛的过程和最终的结果充满戏剧效果。受到媒体连续报道影响的巴尔特摒弃了自己书写精练小散文的习惯，十分罕见地不吝笔墨写就了一篇长文《作为史诗的环法大赛》，论述了环法大赛的神话学意义，同时为一门将来可能出现的学科——体育符号学进行了理论体系的初步建构。

2.1 运动员的符义学研究视角

如果将环法自行车赛这一奇观体育赛事作为一部史诗来考量的话，运动员在这篇史诗中起到的核心作用是不言而喻的，这也是环法大赛能够成为史诗的原因之一。巴尔特首先对参赛运动员的姓名进行了人类学的分析和唯名论的解释，认为绝大多数优秀车手的名字（比如 Brankart，Bobet，Robic，Ruiz，Darrigade）都来自古老的民族，而且这些名字在历史上反复出现，成为诸如

① Garry Whannel. "Sport and Popular Culture: The Temporary Triumph of Process over Product". *Innovation in Social Sciences Research*. 1993，6（3），pp. 341－349.

② 魏伟：《解读神话：南非世界杯电视转播的符号学研究》，《中国体育科技》2011 年第 2 期。

③ David Ogden. "Major League Baseball and Myth Making: Roland Barthes's Semiology and the Maintenance of Image". *Nine: A Journal of Baseball History and Culture*. 2007，15（2），pp. 66－78.

④ Michael Moriarty. *Roland Barthes*. Stanford: Stanford University Press，1991，pp. 20－21.

毅力、忠诚、叛逆，或是虚无淡薄等性格品质的稳定的指代符号。[①] 巴尔特认为，环法大赛是由诸多稳定的性格本质决定的世界，是"特定本质之间的一种不确定的冲突"；自然、习俗、文学和规则使这些本质相互摩擦、相互牵绊，又相互排斥，而正是这种相互作用使史诗得以产生。[②]

然而，尽管赛车手是宏大的环法史诗奇观中的核心要素，他们在成为史诗的过程中却常常是以昵称为媒体和公众所认知的，比如波贝被称为路易森（Louison Bobet），劳热迪被唤作内罗（Nello Lauredi），拉法埃尔·热米尼亚尼（Raphael Geminiani）则时而被称作拉夫（Raph），时而被称作热姆（Gem）。这些带着几分温情、几分卑微的昵称，将超人的价值与普通人之间的亲密感融为一体，以记者所熟悉的方式进入媒体和公众的视野。事实上，在西方社会学体系下，媒体对运动员的姓或名的单独使用都难免陷入某种偏见的认知中[③]，因此这种能够得到媒体和公众双重认同的命名是"免疫"符码。

在论文的结尾，巴尔特选取了环法大赛中具有典型意义的 14 名运动员，提供了他所谓的车手特征词汇表，对那些"至少是已经获得了可靠的符义学价值的车手的特征"进行描述，并且认为这种类型描述值得信赖，因为类型的本质是稳定的，而"我们确实在与本质打交道"[④]。在巴尔特列举的运动员中，有环法大赛的牺牲品，有普罗米修斯式的英雄，有沉默寡言的孤独车手，有目空一切的青年才俊，有人幽默，有人优雅，有人好斗而自负，有人则成为环法的叛徒和恶棍，当然也有兼而有之者，他们都是史诗的一部分。在对不同运动员的叙述和评论中，巴尔特展示出自己的睿智、幽默和理性，对部分运动员的解读明显采用了隐喻和反讽等修辞手法，令人回味。

在谈到运动员在比赛中表现出的各种关系时，巴尔特表示"环法大赛呈现出的是一种错误的个人生活的荣耀，这其中的当众侮辱和赞扬都是人际关系被

---

① Roland Barthes. *The Eiffel Tower and Other Mythologies*. Translated by Richard Howard. Berkeley: University of California Press, 1997, pp. 79—90.

② Roland Barthes. *The Eiffel Tower and Other Mythologies*. Translated by Richard Howard. Berkeley: University of California Press, 1997, pp. 79—90.

③ Toni Bruce. "Marking the Boundaries of the 'Normal' in Televised Sports: The Play-by-play of Race". *Media, Culture & Society*. 2004, 26 (6), pp. 861—879.

④ Roland Barthes. *The Eiffel Tower and Other Mythologies*. Translated by Richard Howard. Berkeley: University of California Press, 1997, pp. 79—90.

放大了的形式”；一些运动员之间的争执和互相的吹捧都成了荷马史诗般的表演；对比赛获胜选手的赞美之词是英雄在完美谢幕时必然要经历的巨大喜悦感的表达，但切不可把这种兄弟般的喜悦之情视为同一个车队所有成员的集体情绪，因为众人的情绪通常是阴暗而隐晦的。巴尔特清醒地认识到这种被演绎的人际关系完全无法等同于运动员之间真实的关系，因为完美的人际关系只可能存在于舞台上的巨星之间，一旦同一个车队里兄弟阋墙之事被公之于众，那么“史诗马上就降格为小说了”①。

2.2 自然符码

在媒体和公众以往对环法大赛的认知里，复杂的地理和美好的风光是这项赛事的重要符号，然而巴尔特对环法大赛中呈现出的自然符码的解读却似乎与此不尽相同。巴尔特首先对环法大赛中的地理学符码进行了梳理，认为环法大赛的地理复杂性完全符合史诗中对于磨炼（ordeal）的要求。赛道坡度邪恶而难以驾驭，每一个赛段都像史诗中的一个篇章，危机四伏，如同一个接一个在形态和道德上被个性化了的敌人：“人因此是被自然化了，而自然之神则是被人性化了。”② 史诗中很重要的一点就是，战斗必须在具有平等和相同属性的人或神之间进行，车手只有对复杂的自然地形进行拟人化或人神同性化的处理，才可以激励自己去与之搏斗。环法自行车赛中的某些路段人迹罕至、光秃崎岖，条件异常艰苦，如同《奥德赛》中尤利西斯数次去过的世界尽头一般，具有典型的“荷马史诗般的地理学意义”③。

除了地理学上的符码，环法大赛中呈现出来的气候符码同样十分明显。比赛不时会遭遇严寒与酷热等极端天气，尤其是某些赛段的干燥令人难以忍受。车手对种种困难的征服要么依靠纯粹的普罗米修斯式精神，要么借助神的力量，要么将自然之神人性化，要么将自己变成更冷酷的魔鬼，从而使自己可以更充分、更彻底地与邪恶之神（即令人诅咒的地形和天气）进行直接的对抗和

① Roland Barthes. *The Eiffel Tower and Other Mythologies*. Translated by Richard Howard. Berkeley：University of California Press，1997，pp. 79—90.

② Roland Barthes. *The Eiffel Tower and Other Mythologies*. Translated by Richard Howard. Berkeley：University of California Press，1997，pp. 79—90.

③ Roland Barthes. *The Eiffel Tower and Other Mythologies*. Translated by Richard Howard. Berkeley：University of California Press，1997，pp. 79—90.

较量。这种种的磨难是对英雄的测试，它定义了环法大赛的真谛[1]，当然，也呈现着这一赛事的奇观。

巴尔特指出，车手对自然进行拟人化或人神同性化的处理，只能通过所谓“半真实”的方式。为此，车手需要具备两种能力：一是形式（form），一种超越冲动的状态，需要在肌肉的质量、智力的敏锐、个性的力量之间寻求平衡；另一个是跃动（jump），一种激发车手使之完成超人类技能的电流；这是一种超自然的神谕。一旦神进入了车手的体内，车手就会表现神勇；一旦神抛弃了他，他就会在比赛中精疲力竭。[2] 在这里，巴尔特将这种“半真实”的方式与传统的神话学相连，是一种试图将体育神话研究与体育符号研究结合起来的视角。

巴尔特还特别提到，跃动有一个可怕的拙劣模仿者：服用兴奋剂。运动员试图通过服用禁药去模仿上帝，这实际上是对上帝的亵渎，是一种想从上帝那里窃取电光石火般灵感的特权的可耻行为，上帝知道如何惩罚他，会将他置于疯狂之门。[3] 巴尔特在这里准确地预言了几十年后环法大赛的禁约丑闻。不过，他永远无法预料的是，“拙劣模仿者”的比例之大，几乎足以毁掉他眼中的这部史诗。

2.3 体育运动的功能与行为符码

人们常常把体育比作和平年代的战争，换言之，战争是日常生活中体育运动功能的（延宕的）所指。罗兰·巴尔特也在本文中把环法大赛比作一场特殊对抗的战斗，并不是因其带来的种种惊心动魄的震撼，而在于其装配的复杂程度和向前推进的方式。在巴尔特看来，环法自行车赛可以与一支现代军队进行类比，它们都是由装备的重要性和服役人员的数量所定义的。赛场如战场，会遭遇“谋杀”，也会有懦夫出现，而真正的英雄会以恺撒般的姿态，一种类似

---

① Roland Barthes. *The Eiffel Tower and Other Mythologies*. Translated by Richard Howard. Berkeley: University of California Press, 1997, pp. 79−90.

② Roland Barthes. *The Eiffel Tower and Other Mythologies*. Translated by Richard Howard. Berkeley: University of California Press, 1997, pp. 79−90.

③ Roland Barthes. *The Eiffel Tower and Other Mythologies*. Translated by Richard Howard. Berkeley: University of California Press, 1997, pp. 79−90.

雨果笔下的拿破仑式的镇定应对磨难。[①]

在对环法大赛的战争功能进行解读的基础上，巴尔特进而梳理出环法大赛参赛者的四种行为："领先、跟随、逃避和崩溃。领先是最坚强的行为，但也是最徒劳无益的，因为领先总是意味着牺牲个人，是纯粹的英雄主义行为"，注定只是展现性格而非确保获胜的结果。而"跟随"则是带着一点儿怯懦和背叛的行为；带有挑衅意味的过度跟随就成为邪恶的一部分，这与一种无涉荣誉的野心有关。"逃避"是一个诗学篇章，意味着在比赛中自愿享受孤独；但由于逃避的结果是内心反受其扰，因而并不见得是有效的方式。"崩溃"预示着放弃，会像灾难一样让公众悲哀。在最艰难的赛段，崩溃呈现出"广岛式的"性格。[②] 显然，巴尔特总结的这四种行为不仅限于环法大赛，而是几乎适用于一切体育运动项目，即便是对抗并不十分激烈的项目。这种具有结构主义特征的划分方式几乎容纳了运动员所有可能的心理状态和行为方式，而所有这些行为都在比赛过程中被戏剧化地呈现，成为这部史诗奇观中的一部分。

2.4 体育道德的符号悖论

从比赛中的行为符号继续延展，巴尔特归纳了环法大赛在道德规范层面的符号特征：这是一种含混的道德规范，里面既有骑士般的高尚品质，也有纯粹追求成功的功利精神。因此，它看上去像是一个悖论，很难在对奉献精神的赞扬以及对经验主义必要性的理解之间做出非此即彼的选择。车手为了队友的胜利做出的（无论是自我选择的还是被迫的）骑士般的牺牲虽然总是受到赞扬，但也常常饱受争议。尽管一个车队里必然需要有人牺牲，扮演高尚的骑士角色，展现团队项目的道德风范，体现一种情感价值，但这种牺牲又与比赛的另一种价值相违背——现实主义，而这恰恰是环法作为一部完整传奇的价值呈现，因为环法大赛不相信情感。骑士般的道德会被认为是向命运的屈服，它会提前消解战斗的残酷性和危险性，降低比赛由于不确定性而带来的消费快感，而这种不确定性恰恰可能是受众最看重的因素。记者也在试图强化这种不确定

① Roland Barthes. *The Eiffel Tower and Other Mythologies*. Translated by Richard Howard. Berkeley: University of California Press, 1997, pp. 79－90.

② Roland Barthes. *The Eiffel Tower and Other Mythologies*. Translated by Richard Howard. Berkeley: University of California Press, 1997, pp. 79－90.

性，因为一旦某位车手赛前就被确定为夺冠大热，那么史诗就失去了存在的必要。巴尔特正确地指出，在勇于牺牲的纯粹道德与一心求胜的严酷法则之间，在理想主义的悲剧伦理与现代竞技的现实主义需求之间，是体育道德的混杂与悖论；他进而一针见血地指出：在两种看似高尚的道德托词的掩盖下，隐藏着环法大赛作为一个伟大史诗的经济决定论。①

最后，巴尔特总结出了环法自行车赛的符号意指去向，认为环法大赛是他见过的完整的，因而是模糊不清的神话中最典型的例证，既是表达又是投射的神话，同时呈现乌托邦式的道德理想与现实主义的竞赛需求。大赛通过一个特殊的寓言表达和释放了法国人的特性。在这个故事里既有传统的欺骗手段，也夹杂着积极因素。对于环法大赛伤害最大的是经济动机、比赛的盈利至上和意识形态领域的辩解。然而，这并不妨碍环法大赛成为法国一种令人着迷的奇观体育，一种带有民族身份性质的国家现象，因为它是对历史的脆弱瞬间史诗般的表达；在这一瞬间，作为车手的男人，无论如何笨拙，如何受到蒙蔽，都可以在这个并不单纯的寓言里，于沉思中在个人、集体和宇宙间获得平衡与满足。②

特别值得一提的是，巴尔特在本文中使用了大量的古希腊罗马神话中的喻指，并反复将整个环法大赛比作一场磨炼，在强化了环法大赛史诗性的同时，也迫使读者在阅读过程中必须拥有足够的前文本知识，才能充分体会这一史诗的宏大与复杂，并解读出这一奇观运动呈现出来的种种符号意义。

《作为史诗的环法大赛》绝不仅仅是“摔角世界”在体育神话领域的简单延续，它将万众瞩目奇观体育和体育奇观与人类学和神话学相联系，提出了其中的符码和符义学概念，并且将神话的意指关系放大，建构了一套比较清晰的体育符号分析系统。但由于环法大赛毕竟只是法国人的狂欢，所以此时将其确立为巴尔特较成熟完整的体育观为时尚早。

---

① Roland Barthes. *The Eiffel Tower and Other Mythologies*. Translated by Richard Howard. Berkeley：University of California Press，1997，pp. 79－90.

② Roland Barthes. *The Eiffel Tower and Other Mythologies*. Translated by Richard Howard. Berkeley：University of California Press，1997，pp. 79－90.

3.《什么是体育》——体育观体系的成熟

《什么是体育》这篇长文其实是加拿大电影纪录片《体育与人类》的解说词。1960年，罗兰·巴尔特接受加拿大魁北克作家兼电影制作人乌贝尔·阿甘（Hubert Aquin）的邀请，在巴黎和蒙特利尔先后两次与阿甘讨论了有关体育“作为一种社会与诗学的现象”① 这一话题，之后成文。这部由巴尔特撰稿、阿甘担任编辑的影片于1961年6月1日在加拿大电台的电视网播出，1962年获得了意大利科尔蒂娜·丹佩佐（Cortina d'Ampezzo）电影节的制作奖。吉耶·杜普伊（Gilles Dupuis）认为，巴尔特在此间展示的是将体育视作神话甚或是超越神话的解读，在深层次的哲学层面探讨了现代社会里体育的作用，因此应当被界定为“新神话学”。② 由于巴尔特在此重点讨论的西班牙斗牛、赛车、环法自行车赛、加拿大冰球和英格兰足球都是具有国家身份性质的奇观体育，其间展现的种种体育奇观令巴尔特着迷，也引发他的深思，因此《什么是体育》无疑将成为研究巴尔特体育观的重要依据。由于巴尔特在该文中对环法大赛史诗性特点的归纳与《作为史诗的环法大赛》如出一辙，这在上一节已有详解，故本文此处不再赘述，只对巴尔特对其他四种运动的内涵解读进行逐一分析。

3.1 死亡之悲喜剧：西班牙式斗牛的内涵

西班牙式斗牛很难被界定为正式的体育比赛，但巴尔特认为它具备了几乎一切体育运动的范式和边界：“对抗中严格的规则、对手的力量、人的知识与勇气”，这是古老的宗教祭祀仪式传承至今的现代奇观。③ 从这一层意义上讲，西班牙式斗牛与赛马比赛有类似之处，但也有本质上的区别，因为“这个剧场

---

① Roland Barthes. *What is Sport*? Translated by Richard Howard. New Haven: Yale University Press, 2007.

② Roland Barthes. *What is Sport*? Translated by Richard Howard. New Haven: Yale University Press, 2007.

③ Roland Barthes. *What is Sport*? Translated by Richard Howard. New Haven: Yale University Press, 2007.

是一个错误的剧场：这里有真正的死亡"[①]。当去符号化残酷到死亡的程度时，已非体育比赛所能承受之重。因此，西班牙式斗牛比赛的终极符号是"悲剧"，公牛最终死亡的厄运几乎是不可逆转的。

巴尔特对西班牙式斗牛四个步骤的描述依然是结构主义风格的。第一步披肩的移动包含了斗牛士对公牛的戏弄、挑逗、闪躲和灵巧的搅动，是同公牛搏斗的前戏；第二步是斗牛士在马背上与公牛周旋，目的是让公牛消耗体力，使其在应对斗牛士时已经精疲力竭；第三步是斗牛士用一根根修长的且带有饰物的扎刀，一次次优雅地将它插到公牛的身体上；第四步便是公牛的死去。[②] 步步堪称奇观。

在与公牛的斗法中，斗牛士可以尽情展示自己的"风格"。巴尔特认为，风格体现在"将一个艰难的动作转变为一个优雅的手势，将节奏带入死亡"[③]。西班牙式斗牛明白无误地告诉人们男人是最棒的，勇气、智慧和优雅是男人在征服动物时必备的要素，而公牛之死则是奖励给他们在经历磨难之后的战利品。作为胜利的附加物，现场观众的掌声、尖叫声、投下的鲜花和礼物也必不可少。在观众看来，这场较量的结果不仅是斗牛士对公牛的胜利，也是人类对无知、恐惧和困难的战胜，更重要的是人们从斗牛士身上看到了自己的影子。[④] 于是，公牛死亡的悲剧奇观被人们视作自己在生活中获取胜利的宏大喜剧。

3.2 多重悖论：赛车比赛的内涵

如果说西班牙式斗牛是人与动物之间的博弈的话，那么在意大利、摩纳哥、美国等国广受关注的奇观体育赛车比赛则是人与机械之间的对话，其间展现的种种奇观里蕴含着多重悖论。

---

① Roland Barthes. *What is Sport?* Translated by Richard Howard. New Haven: Yale University Press, 2007.

② Roland Barthes. *What is Sport?* Translated by Richard Howard. New Haven: Yale University Press, 2007.

③ Roland Barthes. *What is Sport?* Translated by Richard Howard. New Haven: Yale University Press, 2007.

④ Roland Barthes. *What is Sport?* Translated by Richard Howard. New Haven: Yale University Press, 2007.

首先，人与机械之间的较量本身就是一个悖论："人可以征服机械，也可能被机械置于死地"，"那些飙起来非常快的家伙却要以非常慢的速度来检查，因为没有细致入微的审慎作为补偿，速度永远都无从谈起"[①]。同时，一名伟大的车手并不是要征服机械，而是要驯服它；而且在这场较量中，真正的获胜者应该是让机械无所损伤的车手。[②]

在车手与车队之间同样存在一个悖论。在直道上行驶时，表面看上去车手的努力最重要，但数十个工作人员的劳动力、创造性和精心呵护，他们对最复杂的方程（即最大的动力与由重量和风速带来的最小的阻力两者之间的关系）的准备、完善和检查等因素绝对不可忽视。而在弯道行驶时，"机械基本处于悬置状态，这时车手能决定一切。在这里，空间与时间展开较量。车手必须要能够欺骗空间，决定是否尚存可利用的空间……或者是否可以猛烈地压缩空间，他要用勇气将这一赌注推向几无可能的边缘"[③]。

这里甚至存在第三个悖论：极快的速度来自极强的动力，但动力越大的机械重量也就越大，而要获得高速就只能减重。因此在赛车里并没有安装起动器，尽可能地降低几公斤重量就可以赢得几秒钟的时间，因而赛车比赛就是对重量和惯性的对抗。当赛车处于休息状态时，它们是笨重、被动、难于驾驭的机械；而一旦比赛开始，赛车立刻就会变得轻盈、敏捷，动力十足，风驰电掣般的速度仿佛要把整个世界挟裹起来。纽伯格伦赛道的危险、摩纳哥赛道的曲折、蒙扎赛道的折磨、斯帕赛道的极速，这些不过是车手们征服 F1、征服全世界的符号。由此，巴尔特将一场伟大的赛车比赛的意义归结为"最快速的力量来自不同种类的耐心、测量、细节、无比精确和严苛行为的总和"[④]。

在巴尔特看来，赛车比赛中还存在不少悖论。比如车手取得的胜利不是在与对手的较量中获得的，相反是在对手的帮助下获得的，他们战胜的是坚如磐

---

① Roland Barthes. *What is Sport*? Translated by Richard Howard. New Haven: Yale University Press, 2007.

② Roland Barthes. *What is Sport*? Translated by Richard Howard. New Haven: Yale University Press, 2007.

③ Roland Barthes. *What is Sport*? Translated by Richard Howard. New Haven: Yale University Press, 2007.

④ Roland Barthes. *What is Sport*? Translated by Richard Howard. New Haven: Yale University Press, 2007.

石的物体。“这是一项最危险的运动，但同时也是收获最丰盛的运动”[①]，这是巴尔特对这项奇观体育和体育奇观深入浅出的诠释。

3.3 体育的力量：加拿大国球的内涵

体育的力量在于它不仅是我们生活的一部分，还可以改变我们的日常生活，而一项全民参与的奇观运动可以决定一个国家的生活方式，定义一个国家与它的人民之间的关系。这在冰球这项作为加拿大国球的运动中体现得尤为明显。

冰球在加拿大的盛行，使巴尔特情不自禁地对“国家运动”进行了界定。什么是国家运动？巴尔特认为这是“缘起于国家的实质，缘起于这片土壤和这里的气候的一项运动”[②]。在加拿大这个国家，漫长寂寥的冬季、坚硬无比的土壤、一成不变的生活，因为冰球而变得快捷、精力充沛和富有激情。在这里，冰球运动的力量可以把一切事物推向它的反面。人们自小学习冰球，也是为了学习在这个国家生存的方式。“只要有一点儿冰，就可以打冰球”[③]；而一旦有冰球可打，生活立刻就变得生动起来。

冰球的力量与价值还在于它是一项进攻性运动，带给球手和观众悲喜交加的震撼。攻击所带来的快感仿佛使任何冒险都显得合情合理，每打进一球就是一次了不起的胜利，而射失的冰球就像是手枪里射出的子弹，给球员带来深深的伤痛。其间，现场观众山呼海啸般的呐喊则是对比赛进程和球员表现的及时评点。在巴尔特看来，这项运动还隐含了“体育运动的道德价值：耐力、镇静、英勇、果敢。因此，伟大的运动员不是球星，而是英雄”[④]。

另一方面，由于冰球运动强大的力量，比赛过程中一直存在不合法性的潜在威胁。职业冰球的规则始终存在争议，例如规则允许两名运动员合法地有限

---

① Roland Barthes. *What is Sport*? Translated by Richard Howard. New Haven: Yale University Press, 2007.

② Roland Barthes. *What is Sport*? Translated by Richard Howard. New Haven: Yale University Press, 2007.

③ Roland Barthes. *What is Sport*? Translated by Richard Howard. New Haven: Yale University Press, 2007.

④ Roland Barthes. *What is Sport*? Translated by Richard Howard. New Haven: Yale University Press, 2007.

度地进行身体攻击，这就可能使一场比赛演变成一个不折不扣的体育丑闻。当冰球推进的速度超越甚至是淹没了意识，横亘于体育里的对抗和生活中的争斗这两者之间的障碍就会瞬间崩溃。失去了中介空间，没有了球杆和规则，球员之间开始了零距离的贴身肢体打斗；而没有了标志着文明与秩序的距离，人类社会也就不复存在。于是，本应是两个球队之间展开的一场符号战役演变成了运动员之间真正的冲突，体育立马回归到由激情和攻击构成的世界，观众也卷入其中，场面一片混乱。体育本应是“区分对抗和骚乱的完整轨道”[①]，却由于奇观体育的力量对于强大，使“冰球赛中具有仪式化性质的暴力”[②] 对观众世界产生了溢出效应，这同样也是体育的奇观。

3.4 跨越：英格兰足球的内涵

或许是受制于纪录片有限的时间与篇幅，相比于其他运动，巴尔特对英格兰足球这一节着墨不多。不过，由于足球并非局限于某一地域，而是全球热衷的奇观运动，其自身就拥有非同凡响的魅力，因此这并不影响我们对足球丰富内涵的多元解读。

英格兰足球的影响力显然不只是区域性的，因此巴尔特将英格兰的足球看作一个提喻。“英格兰在下雨，然而所有英格兰人都在室外”，这仅仅是因为在温布利球场有一场足球比赛，而且与所有奇观体育一样，足球比赛的开场具有很强的仪式感，正式而庄重。[③] 在现代的足球场与过去的剧场之间的类比中，巴尔特解读了足球场的特殊意义：在古时，剧场的一个主要社会功能在于，它将整个城市聚集在共享的经历之中，这一经历就是有关自身激情的知识。而在今天则要由体育来实现这个功能，只不过如今这个“城市”的概念已被放大，远非一般城镇所能承载，它可以指一个国家，甚至常常是指全世界。因此，体

---

① Roland Barthes. *What is Sport*? Translated by Richard Howard. New Haven: Yale University Press, 2007.

② Scott Mackenzie. “The Missing Mythology: Barthes in Québec”. *Canadian Journal of Film Studies*. 1997, 6 (2). pp. 65-74.

③ Roland Barthes. *What is Sport*? Translated by Richard Howard. New Haven: Yale University Press, 2007.

育是“浇注于远古时期奇观形式里的一种伟大的现代机制”[1]，它跨越了时代，跨越了区域，甚至也跨越了体育本身，成为现代社会的奇观。

3.5 体育的实质

罗兰·巴尔特在用符号学的视角先后考察了斗牛、赛车、环法大赛、冰球和足球以后，开始对体育的本质展开追问。体育究竟是什么？为什么人类如此迷恋体育？

巴尔特给出的第一种解读是体育运动的主动性和参与性。“发生在运动员身上的每件事也会发生在观众身上。如果说剧场里的观众只是偷窥者的话，那么在体育运动中观众则是参与者、表演者。”[2] 这种主动和投入的感觉绝非剧场模式的观众可以比拟。他认为，在体育比赛中，运动员们并不需要彼此直接对抗，而是要用扎枪、机械、冰球、足球等器物作为中介，于是，这个物体本身就成为一个符号：人们恰恰是因为想要占有它、把握它，他们才在这一过程中变得强壮、灵巧和英勇。[3] 对于这个符号的驾驭程度直接体现了人对世界、对大自然的驾驭能力。因此，观众在赛场上看到的比赛便被无形中借喻为欣赏人类如何征服自然的过程。“在这里，观看比赛不仅仅是为了生存，为了承受，为了希望，为了理解，也特别需要用声音、用手势、用面部表情来纵情表达。体育号召全世界来共同见证：一言以蔽之，体育就是交流。”“人们懂得某种力量、某种冲突、欢愉和痛苦，而体育在不需要摧毁任何事物的前提下就可以对这一切进行表达、释放和消费。”[4]

其次是体育千百次地与战争的隐喻相连。人们总是不知疲倦地将重要的比赛与战斗、战役和战争发生联系，但体育承载不起这样的隐喻。巴尔特指出，体育世界里的人们直面的所谓致命的战斗，“总被奇观隔离开来，降格为一种

---

① Roland Barthes. *What is Sport*? Translated by Richard Howard. New Haven: Yale University Press, 2007.

② Roland Barthes. *What is Sport*? Translated by Richard Howard. New Haven: Yale University Press, 2007.

③ Roland Barthes. *What is Sport*? Translated by Richard Howard. New Haven: Yale University Press, 2007.

④ Roland Barthes. *What is Sport*? Translated by Richard Howard. New Haven: Yale University Press, 2007.

形式，其效果、危险性和耻辱几乎荡然无存，失去的是它的毒性，而不是它的光彩与意义”[①]。

于是，对体育本质的探索常常落到另一个问题上，那就是：谁是最棒的？对于这个在古代决斗中提出的问题，现代体育赋予了它新的意义。巴尔特认为：“人类追求的卓越只是与特定的事物发生联系。谁是最棒的那个克服事物障碍、动摇一成不变的大自然的人？谁是最棒的那个征服世界，并将其展示给全人类的人？这就是体育所要讲述的。”[②] 最终，罗兰·巴尔特通过一连串发人深思的问题对体育的本质进行了追问：这些人需要进攻的究竟是什么？为什么人们会受到这一奇观的困扰？为什么他们对这一奇观如此迷恋？为什么要展开这样一场无用的战斗？什么是体育？人们带进体育的究竟是什么？随后巴尔特对这一系列的问题给出了自己的解答：是人把自己、把人类世界带进了体育，体育的出现是为了讲述人类的契约。[③] 巴尔特对奇观体育这一诗学和社会现象进行的符号学分析，如此精练、如此深刻，前所未见，这本身就是一个奇观。

需要特别强调的是，巴尔特在该文中对体育的描写与叙述已经呈现出偏离传统的结构主义的倾向。在他看来，体育仪式化地呈现了人与自然的关系，在这一仪式中，观众将自己与选手认同，与各种场景和关系认同，深深浸淫其中。于是，体育运动中的各种神话意指变得丰富多元，已经开始打破结构主义符号学中能指与所指之间传统的二元对立，符号传递意义的能力被重新定义。

4. 巴尔特的其他理论对体育学研究的启示

除了上述几篇直接论述体育观的作品，罗兰·巴尔特的不少理论也被他人运用于体育及相关领域的研究。在《符号学原理》中，巴尔特在索绪尔的理论基础上发展了组合轴和聚合轴的观点，进而提出了共时系统和历时系统两种研

---

① Roland Barthes. *What is Sport*? Translated by Richard Howard. New Haven: Yale University Press, 2007.

② Roland Barthes. *What is Sport*? Translated by Richard Howard. New Haven: Yale University Press, 2007.

③ Roland Barthes. *What is Sport*? Translated by Richard Howard. New Haven: Yale University Press, 2007.

究态度。[①] 这一理论被运用到了一些体育学研究中。[②③]

巴尔特在其叙述理论最重要的一部作品《叙述结构分析导论》中，用结构主义的观点将叙述结构进行了类别、功能和情节的分层，构建了较完整的叙述体系。[④] 这种叙述体系为后续研究提供了范式，丰富了相关体育传播研究的理论价值。[⑤]

巴尔特在生前最后一部著作《明室：摄影纵横谈》中提出了“刺点”（punctum）与“展面”（studium）的关系，他提出“刺点”是一种“偶然刺痛了我的东西”[⑥]。这一观点也被运用到体育传播，尤其是电视体育传播的研究中。[⑦]

巴尔特在《文之悦》中探讨了文之“悦”（plaisir）与文之“醉”（jouissance）的差异。他提出文之悦是欢愉的、灵性的，文之醉是碎片式的，甚至溢出悦的终极性。[⑧] 这一观点被体育研究者用来描述体育赛事给受众带来的不同感受，其中“醉”可能带来的是一种“痛并快乐着”的感受。[⑨] 这为受众欣赏体育赛事的动机提供了一个全新的视角。[⑩]

此外，巴尔特在《符号帝国》中提及的日本“弹球戏”和相扑运动为后人提供了厘清体育与游戏界限的一种方法。尤其是相扑，“比赛仅是瞬间的事：只要让对手倒下，就结束了赛事。没有危险，没有戏剧性，没有大量消耗。总之，根本不是运动：不是争斗的亢进，而是某种体重的符号”[⑪]。在他看来，

---

① 罗兰·巴尔特：《符号学原理》，李幼蒸译，北京：中国人民大学出版社，2008年版，第42～67页。

② 魏伟：《网络体育传播的符号学透视》，载张玉田：《新媒体时代的体育新闻传播与教育》，北京：北京体育大学出版社，2010年版，第50～57页。

③ Eileen Kennedy, Laura Hills. *Sport, Media and Society*. Oxford: Berg, 2009: 13-32.

④ Roland Barthes. *Image-Music-Text*. Translated by Stephen Heath. New York: Hill and Wang, 1977: 79-124.

⑤ 魏伟：《2011年亚洲杯足球赛电视转播的图像叙述研究》，《电视研究》2011年第5期。

⑥ 罗兰·巴特：《明室：摄影纵横谈》，赵克非译，北京：文化艺术出版社，2003年版，第39～41页。

⑦ 魏伟：《3D技术对电视体育转播的影响研究》，《电视研究》2010年第6期。

⑧ 罗兰·巴特：《文之悦》，屠友祥译，上海：上海人民出版社，2009年版，第64～65页。

⑨ Garry Whannel. “Sport and Popular Culture: The Temporary Triumph of Process over Product”. *Innovation in Social Sciences Research*. 1993, 6 (3), pp. 341-349.

⑩ 魏伟：《体育赛事电视转播的受众收视动机分析》，《北京体育大学学报》2011年第5期。

⑪ 罗兰·巴尔特：《符号帝国》，孙乃修译，北京：商务印书馆，1994年版，第41～63页。

“真正的游戏不在于掩盖主体，而在于掩盖游戏本身”①。

5. 结　语

在当代符号学体系中，罗兰·巴尔特的早期理论直接承继于索绪尔二元封闭的结构主义符号学体系，但在后期已向三元开放的符号学方向发展。② 其间，他对体育特别是奇观体育所进行的符号学研究的贡献是毋庸置疑的。

在巴尔特的体育思想体系中，从微观的体育游戏的符号学分析，到中观的一般体育符号研究，再到后期相对宏观的符号体育观，无一不对后来的体育符号研究起到抛砖引玉的作用。尽管由于时间的推移，他早期的部分观点可能有些过时，由他提供的方法论却是研究体育符号意义的重要途径。正如巴尔特研究者所言：“罗兰·巴尔特是当代文学与文化理论最重要的奠基人之一。”③ 如果不了解他庞大的理论体系，对他的有关体育符号思想的了解就几乎无从谈起；而对他深邃的、奇观式的体育思想的解读，我们尚需进一步深入。

（原文发表于《体育科学》2011 年第 11 期：85—93）

① 罗兰·巴尔特：《罗兰·巴尔特自述》，怀宇译，北京：中国人民大学出版社，2010 年版，第 201 页。

② 罗兰·巴尔特：《文艺批评文集》，怀宇译，北京：中国人民大学出版社，2010 年版，第 246～253 页。

③ Garry Whannel, *Roland Barthes*, London and New York: Routledge, 2003: 1.

游戏“沉迷”的文化符号学解读

◎宗　争①

游戏与沉迷

西方最早关于游戏的记载出自希罗多德的《历史》，据称，是吕底亚（Lydia）人发明了游戏：“在玛涅斯的儿子阿杜斯王当政的时代，吕底亚的全国发生了严重的饥馑。起初的一段时期，吕底亚人十分耐心地忍受这种痛苦，但是当他们看到饥馑持续下去毫无减轻的迹象时，他们便开始筹划对策来对付这种灾难。不同的人想出了不同的方法。骰子、阿斯特拉伽洛斯（羊蹠骨，俗称羊拐子）、球戏以及其他所有各种各样的游戏全都发明出来了，只有象棋这一项，吕底亚人说不是他们发明出来的。他们便用这些发明来缓和饥馑。他们在一天当中埋头于游戏之中，以致不想吃东西，而第二天则只是吃东西而不游戏。他们就这样过了十八年。”② 吕底亚人通过参与及沉迷于游戏来忘却饥饿，逃避饥荒。至少在历史的记述中，他们成功了。

“沉迷”（addicted）或曰“上瘾”是一种生理－心理现象，是产生在主体与对象之间的一种持续性吸引的特殊关系。“游戏沉迷”由于涉及人群广，容易诱发，产生了一定的社会危害，已经成为一种社会问题，受到媒体和各个领

① 宗争，文学博士，成都体育学院新闻与传播学院副教授，主要从事游戏学、体育文化传播、符号哲学研究。

② 希罗多德：《历史》，王以铸译，北京：商务印书馆，1997年版，第49～50页。

域研究者的关注。

教育学家们视游戏尤其是电子游戏为“精神鸦片”，反复强调其对青少年的危害，甚至要求教育实践应当阻断青少年与电子游戏的关系。这种“因噎废食”的做法固然能够起效，却没有真正地面对现实并解决问题。“沉迷游戏”之所以成为“问题”，是因为它可能诱发不良的社会效果，譬如对正常生活时间的褫夺、对青少年专注力的影响、犯罪率的提高等。“游戏”之反常是与日常之“正常”相对应的——这种判断本身就带有一定的价值倾向（譬如对于吕底亚人来说，沉迷游戏绝对有正向的价值），包含着对“正常”生活秩序的预设。因此，也出现了一些极端性的抗争，譬如一些青少年将游戏作为“职业”，从游戏中获取利益等。抛开道德和价值判断，“沉迷”已然成为当代游戏文化的一个重要的组成部分，这是无法回避的事实。

何为“沉迷”?“沉迷”实际上是一系列心理反应的综合过程，它始自“吸引”，成形于“依赖”，得自对时间的霸占。然而，“沉迷游戏”只是个笼统的说法，沉迷必然是玩者对游戏着迷，游戏必然有令人沉迷的因素。事实上，它拥有两个不可或缺的维度：一是“玩者”的主动参与，他/她自愿进入游戏场，并在游戏中保持持续的时间投入。二是游戏框架本身具有足够的时间容量或是可重复性，保证玩者可以持续驻留在游戏世界之中，或是吸引玩者反复进入游戏场。

笔者认为，在游戏活动中，存在一个“游戏文本的双重互动结构”，可以概括为如下的样态：

游戏设计者—（游戏内文本）—玩者—（游戏文本）—观者

在一个游戏文本中，具有两重信息发送者和接收者，分别与不同的符号文本相联系。第一重是“游戏设计者”与“玩者”，玩者接收游戏设计者所提供的“游戏内文本”，对其进行理解和反馈；第二重是“玩者”与“观者”，玩者进入具体的游戏形成，在游戏中，他/她的行为和选择形成不断变化的游戏文本。游戏内文本包含了游戏文本形成的核心机制，游戏文本是游戏内文本的具体衍化。只有棋盘、棋子和游戏规则，无法形成对弈；只有设定好的计算机程序，无人进行操作，也不成其为电子游戏。简言之，必须有玩者的参与，游戏才能成立。游戏内文本是游戏设计者对游戏规则和游戏框架的预先设定，它决定了游戏之间的根本性差异，通俗意义上对于游戏的区分也就是游戏内文本的区别，譬如篮球、足球、排球竞赛之间有所区别，就是因为它们分别拥有不同的规则、场地和竞技要求。

“沉迷游戏”并不仅仅是指在游戏中耗费时间，它与玩者、游戏内文本、游戏文本皆有关联，因此，这一现象至少有三种呈现方式，尽管这三种方式都可以通过同一句话来进行表述——“一直玩游戏”。

1. 一直停留在一个游戏之中，始终根据一个游戏内文本参与书写一个游戏文本；

2. 重复参与一个游戏，不断根据同一个游戏内文本来构建相似但绝不相同的多个游戏文本；

3. 使用大量时间，单次或重复参与多个游戏，形成多个游戏文本。

第一种情况要求游戏内文本必须具有足够的容量。简单说，就是此游戏内文本在游戏时间的设定上趋于无限，一场游戏始终在进行之中，但无法分出胜负，能一直被“玩”下去。

网络游戏［尤其是那些大型的在线 RPG（角色扮演游戏）］当然是拥有这种“延续”能力的游戏中最好的例证。我们通常认为，电子计算机的存储技术是使游戏在时间上得以绵延的最重要契机，事实上，决定游戏“长短”的并非技术因素，而是存储媒介本身，“文字”“图表”甚至“记忆”“约定”都可以作为游戏的存储媒介而存在，只要游戏中的玩者认同，游戏进程就可以通过某种方式暂时封存，在适当的时候继续，这并不是电子游戏的专利。在电子游戏出现之前，就有很多“不会结束的游戏”或“玩不完的游戏”：我们今天仍能看到不少“残局”棋谱（注意：它们并没有完成，胜负仍悬而未决，玩者仍然可以尝试去破解它），即通过文字和图表对游戏进行存储，等待自己或其他玩者继续参与，如金庸的武侠小说《天龙八部》中，逍遥派掌门人无崖子创立的“珍珑棋局”，几十年间无人能破，就是没有完结的游戏。再如古典小说中经常有“阵前大战三百回合，胜负未分”“易地再战”等说法，无非都是在无法得到结果的情况下将游戏暂时“存储”起来，在“玩者”方便的时候再次进行。

第二种情况则要求游戏内文本具有足够的“弹性”。前文已经论证过，所有的游戏内文本都具有能够被重复“阅读”和反复“书写”的特性，也就是说，游戏内文本都是可重复的，而游戏文本又都是不可重复的。

内文本虽然具有可重复性，但它的内在稳定性保证了游戏的基本样态不会改变，正如国际象棋不会因重复而变成跳棋或扑克；而每次玩要形成的游戏进程都略有区别，则意味着即便是针对同一款游戏，多次参与也不可能形成完全相同的游戏文本。

第三种情况关乎玩者的心态。玩与不玩，这个选择是由玩者自己做出的。吕底亚人为了忘却饥饿而“游戏”，但倘若游戏中没有那些令人废寝忘食的力量，真实的生理反应会立刻战胜虚拟的心理反应。吕底亚人依靠游戏抵御饥饿长达十八年，游戏一定提供了一些与现实世界与众不同的东西才令玩者沉迷其中，无法自拔。

“人为何会沉迷游戏”与“游戏如何能百玩不厌”是“一个硬币的两面”，但对于不同的人群而言，具有完全不同的意义。教育学家希望玩者能理性对待游戏，不再“沉迷”，明确区分虚拟世界与现实世界的差别，不再因混淆二者而扰乱社会秩序，甚至造成有违人伦的惨剧（近年来许多青少年犯罪都直接或间接地与含有色情、暴力成分的电子游戏有关）。游戏设计者则希望自己的作品能被广大的玩者接受，“百玩不厌”。

游戏中的“身份”

卡西尔称：“人之为人的特性就在于他的本性的丰富性、微妙性、多样性和多面性。因此，数学绝不可能成为一个真正的人的学说、一个哲学人类学的工具。把人说成仿佛也是一个几何学命题，这是荒谬的。”[①] 符号学经常被比拟为文科中的数学，似乎对应着卡西尔的嘲讽对象。但实际上，“符号就是意义，无符号即无意义，符号学即意义学”[②]。人需要意义，需要符号，需要通过解读符号来认识自己，因此也就在自觉或不自觉的情况下使用符号学。因而，卡西尔另一个著名的论断是：“所有这些文化形式都是符号形式。因此，我们应当把人定义为符号的动物（animal symbolicum）来取代把人定义为理

① 恩斯特·卡西尔：《人论》，甘阳译，上海：上海译文出版社，1985年版，第15页。
② 赵毅衡：《符号学：原理与推演》，南京：南京大学出版社，2011年版，第3页。

性的动物。只有这样，我们才能指明人的独特之处，也才能理解对人开放的新路——通向文化之路。”①

关于“人”是否是符号的争论由来已久。

我们都不能否定：“人不再生活在一个单纯的物理宇宙之中，而是生活在一个符号宇宙之中。”② 这个世界充满了意义，意义不会自己显现出来，必然需要通过符号，人必须通过理解、熟悉、应用这些符号才能够在世界上生存。“没有符号给予人的世界以意义，我们就无法作为人存在于世。符号就是我们的存在。”③

“符号是携带意义的感知：意义必须用符号才能表达，符号的用途是表达意义。”④ 询问人是否是符号，就是问人是否能够携带意义，能否被感知。苏珊·朗格称：“没有符号，人就不能思维，就只能是一个动物，因此符号是人的本质……符号创造了远离感觉的人的世界。”⑤ 我们能够感知他人，能够解读他人所携带的意义，对于“我”而言，他人就是符号；但是，“人”却往往不愿意承认自己是个符号（确定的），不愿意成为某个确定意义的载体，更不愿意自己被曲解。

称人的本质是符号或人的存在是符号，并不是指“人”的全部都是符号。如同对“物”的符号判定一样，“人”在生存层面的事实、人的本能行为等，如果不被特别地审视，也很难称其为符号，或只能称为“潜在符号”。

但无论如何，人都具有被符号化的潜质，人的身体、人的言语、人的思想都可以在某些特定的条件下转化为符号。在具体的人类活动中，人要被理解，要理解他人，就需要将自己和他人作为意义的载体来看待，因而，也就必须将自己或至少是部分的自己进行“符号化”，而这种“符号化”就会形成一种特定的“身份”。

游戏是个符号活动，意欲参与游戏的人只有通过将自己符号化才能够进入这个符号文本。而一旦人进入游戏，那些没有被刻意符号化的行为也会被因此

① 恩斯特·卡西尔：《人论》，甘阳译，上海：上海译文出版社，1985年版，第34页。
② 恩斯特·卡西尔：《人论》，甘阳译，上海：上海译文出版社，1985年版，第33页。
③ 赵毅衡：《符号学：原理与推演》，南京：南京大学出版社，2011年版，第5页。
④ 赵毅衡：《符号学：原理与推演》，南京：南京大学出版社，2011年版，第1页。
⑤ 苏珊·朗格：《哲学新解》，北京：北京广播学院出版社，2002年版，第28页。

当作一个符号文本，为人所接收和解读。赵毅衡称：“任何符号活动，都有相应身份。身份不是孤立存在的，它必须得到对方的认可，如果无法做到这一点，表意活动就会失败。”[①] 人们同时指责那些“沉迷游戏的人”和“令人沉迷的游戏”，这种指责拥有它内在的合理性，因为人只有在与游戏的互动中才会“沉迷”。塞伦和泽尔曼称：“一个游戏的语境会通过游戏空间、对象、叙事过程，以及各种行为等方式来表现。……玩家就是游戏的参与者。他们借助游戏过程来寄身、开拓和操纵这些语境。……游戏中的‘意义’指的是‘我们已经开始探索’。在游戏中，有意义的玩乐指的是玩家在游戏过程中的行为结果。”[②] 游戏中充满了符号，玩者会选择适当的方式来凝聚符号，取得“意义”，在具体的游戏中，玩者与玩者之间，随着游戏参与经验的丰富，通过大量的互动进行符号和意义交换，也会形成符合游戏期待的符号“身份”。

在游戏中，“身份”有两个维度上的意义。一是根据游戏内文本，通过游戏规则等，对可能参与游戏的人的符号性约束。笔者称其为“游戏者”（gamer），以与“玩者”（player）相区别。

游戏者是游戏内文本的一部分，是一个可以被度量、设计、规范甚至更改的符号值，是游戏中的符号预设。游戏者并不是现实中的人，这一身份并不是一个有血有肉的组成，大部分游戏对于参与者的体貌特征、生活习惯没有任何要求，游戏者只是游戏框架对参与者的最低要求，不同的游戏对游戏者的要求是不一样的。当然，它们大致上有一些相同的特点，如必须理解游戏规则，接受违规惩罚，保证投入游戏的时间等。游戏者身份的这种灵活性也决定了，玩者在游戏中能够具有相对意义上的自由发挥的空间。想玩游戏，首先要符合游戏对游戏者的设定，至于之后如何玩，能否形成自己的游戏风格，是玩者自己的事情。

游戏中“身份”的另一维度则是：玩者根据游戏进程，对游戏内文本和游戏文本的个人理解所形成的行为选择上的相对稳定的趋向。

麦克卢汉曾经列举过这样的例子：“游戏可以给人多种多样的满足。我们在此考察的，是游戏在社会中用作传播媒介的总体情况。因此，人们常常以扑

---

① 赵毅衡：《符号学：原理与推演》，南京：南京大学出版社，2011 年版，第 346 页。

② Katie Salen & Eric Zimmerman, *Rules of Play: Game Design Fundamentals*, Cambridge and London: The MIT Press, 2004, p. 131.

克为例，说它表现了竞争性社会中的一切复杂态度和未经说明的价值观念。它要求精明机敏、咄咄逼人、玩弄花招、不奉承人。据说女士们打不好扑克，因为扑克牌激起她们的好奇心，而好奇心又是打好扑克的致命伤。扑克是高度个人主义的东西，容不得丝毫的温情和体贴，只允许最高数字的最大好处——第一名。”① “身份”亦与即时参与游戏的玩者有直接的关系，与玩者之间的互动关系有关，与“争胜”的心态和方式有关。游戏学家里维斯·普斯弗（Lewis Pulsipher）称：“通常来说，完全基于信息的游戏都会鼓励长线规划，而当不确定性因素增加时，随机应变就变得比规划更重要了。基于各种原因，随机应变在电子游戏中可能更为常见和常用。”② 在游戏中，玩者的选择与游戏本身的特征有关，为了取得游戏的胜利，玩者可以制定个人策略，选择游戏的方式。媒体经常用“打法硬朗”“短平快”等词汇来形容体育竞技中一些选手或团队的表现，这其实无非是对游戏的参与者一贯的行为风格所作出的归纳，是对玩者身份特征的一种描述。

玩者符号身份凝聚，最典型的例子就是“职业运动员”。事实上，职业不仅仅代表着游戏已经成为一种工作，也表明了玩者要接受更为严苛的规则约定。“身份不仅是表达任何符号意义所必须，也是接收符号文本的基本条件，而接收身份几乎是强加给我们的。”③ 一名职业运动员，必须在规定的场地、时间，以相对来说比较固定的方式参与游戏，并且要遵从一系列维护游戏进程的规则；他/她要尽可能地积极投入游戏，消极应战会被视为“违背游戏精神”甚至“缺乏职业素养”；他/她的先天条件和后天努力程度是他/她是否能够被职业游戏体系接纳的最重要条件，简言之，他/她必须是个游戏“高手”，或至少有极大的可能性成长为一个“高手”；一场游戏的胜与负则直接关系到他/她的生计问题，一旦接受这种身份，他/她就基本上失去了在游戏中自由选择的机会。

“职业”身份令游戏至少是游戏的准备过程，变成了枯燥乏味的工作。越是服从这样一个身份设定，在游戏中所能获得的乐趣就越少，游戏中的目标

---

① 马歇尔·麦克卢汉：《理解媒介——论人的延伸》，何道宽译，北京：商务印书馆，2000年版，第298页。

② Lewis Pulsipher, *Why We Play*, from: http://gamecareerguide.com/features/625/why_we_.php.

③ 赵毅衡：《符号学：原理与推演》，南京：南京大学出版社，2011年版，第347页。

（取胜）与游戏外的目标（获取高额的报酬）相联系，令游戏“虚拟作假”的因素只存在于最基本的形式中。

普通的玩者当然不会像职业玩者一样，他/她拥有更多选择的自由。“职业”是游戏中“身份”最严苛的显现。它至少表明，游戏中的身份可以凝结为一个强有力的、具有约束性的形式。

人：为何沉迷？

游戏是虚拟的，但体验本身是真实的。游戏令人沉迷，很大程度上是依赖于游戏赋予人的这种身份，会令人产生一种“找回自我”的感觉。

自我是身份集合而成的，赵毅衡称：“所谓自我，是隐身在身份背后的意识，对他人来说不可捉摸，对自己来说也不一定很自觉。自我是一个人各种变动不居的身份累加而成，却是一个复合整体。”① 复合整体意味着自我并不是身份的简单机械累加，而是经由自觉的反思之后逐渐融合而成的。“只有一部分身份，倾向于加强自觉意识，对保持自我有利。其余有不少是无可奈何采取的。”②

利奥塔说：“‘自我’是微不足道的，但它并不孤立，它处在比过去任何时候都更复杂、更多变的关系网中。”③ 自我并不是一个拥有谜面，等待被破解的谜题，它随着身份的变化、反思的程度等不断变化。自我永远是构建中的自我。“自我必须在与他人，与社会的符号交流中确定自身。自我是一个社会构成、人际构成。而确定自我的途径，是通过身份。自我的任何社会活动，不管是作为思索主体的表意与解释，还是作为行为主体的行为与反应，都必须从一个个具体身份出发才能进行。”④ 人们在游戏中流连忘返，很大程度上是因为游戏给予其特殊的体验，并使其在体验中获得了成就自我的快感。

第一，游戏身份最稳定。游戏提供了一个稳定的互动环境，为玩者提供了

---

① 赵毅衡：《符号学：原理与推演》，南京：南京大学出版社，2011 年版，第 352 页。

② 赵毅衡：《符号学：原理与推演》，南京：南京大学出版社，2011 年版，第 352 页。

③ 让・弗朗索瓦・利奥塔尔：《后现代状态：关于知识的报告》，车槿山译，北京：生活・读书・新知三联书店，1997 年版，第 32 页。

④ 赵毅衡：《符号学：原理与推演》，南京：南京大学出版社，2011 年版，第 346 页。

人际交往的空间。游戏需要占据一定的时间，在发既定时间段之内，玩者需要遵循一致的规则。人是在完全无压迫的前提下自愿参与游戏，游戏者并没有规定地位、权势等外部条件，只要符合基本的游戏要求，所有人都可以平等地参与游戏，为玩者自我身份的塑造提供一个良好的基础。游戏中的身份是玩者自己确定的，是平等的，无必然的尊卑关系，最能为玩者自己所认同。

第二，游戏身份认同感最强。游戏提供了竞争或目标，同时也提供了“虚拟作假”的环境。游戏隔绝出“虚拟作假”的环境，允许人们以“虚假”的身份参与到游戏中来，掩盖“真实”，无论是在竞争环境还是合作环境下，玩者与玩者之间并无实际的利益冲突，游戏中的胜负结果不会影响到现实生活。故而，游戏中所形成的身份与玩者的其他身份不构成冲突。游戏提供了明确的胜负判定标准，并给予了明确的价值观。在游戏中，取胜是最重要的目标之一，胜者能够获得满足与愉悦，这不仅仅是一种个人的心理感受，它也由游戏框架本身予以确定。借由游戏经验的累积，玩者可以得到一个相当稳定的身份。

第三，游戏身份容量最大。理论上讲，游戏身份具有无限的容量。游戏所提供的互动环境是极其宽松的，在游戏中，玩者之间不仅可以通过言语或动作进行竞争性的互动，也可以交流游戏外的经验与体悟。玩者可以最大限度地将自己的“个性”带入游戏身份的建构。四川人酷爱打麻将，不是因为麻将之中包含的“智斗”因素，更多的是，在麻将桌上，玩者们可以倾心交谈，交流生活见闻。

“假作真时真亦假”，“身份”犹如一把双刃剑，在“找回自我”“建构自我”的同时，也会“破坏自我”。游戏对身份没有过多的硬性要求，也就意味着：玩者可以选择这一身份的最低标准，甚至彻底沦为一个符号化的游戏者。而这种沉沦并不影响他在游戏中获得取胜后的愉悦和快感。一旦玩者将此身份视为其自我的全部内容，他/她就会舍弃其他身份对于自我的构建，忽视社会环境（法律、道德）对他的基本约束，从而成为社会基本秩序的破坏者。

然而，游戏身份所面临的最大危险就是：它随时可能被破解和拆穿，而沉迷游戏的问题所在，就是玩者拒绝对游戏虚构性的拆穿，执意地活在游戏世界中。

詹明信在《晚期资本主义的文化逻辑》一文中描述了一种文化上的“精神分裂”现象：“一个意符在移向另一个意符时会产生特殊的效果，而这种活动最后便构成所谓‘意义’的诞生了。我们也可以说这是一种‘意义的效果’——即由不同意符之间的相互关系所投射及衍生出来的客观化的一种表意幻景。这种意符之间的关系一旦分解了，表意的锁链一旦折断了，呈现在我们眼前的就只能是一堆支离破碎、形式独特而互不相关的意符；这种情形一旦出现，所谓精神分裂的感觉便由此而生。”① 玩者在与游戏的互动中，一方面满足于电子游戏制造的巨大的“表意幻景”；一方面又要清楚地认识到，一旦退出游戏，表意的链条就断裂了。他/她不可能通过在现实生活中与他人（没玩过这款游戏的人）的交往来重构这种意义。一旦这个意义对于玩者过于重要以致难以割舍，他/她就要承受“精神分裂”的压力。

然而，现代游戏产业的发展似乎给了类似的玩者一个继续延续其表意链条的机会，通过不断生产的游戏产品，这种幻觉得以维系，而后果则是，世界被数字化、虚拟化了，与真实“隔了很多层”。波德里亚说：“事物本身并不真在。这些事物有其形而无其实，一切都在自己的表象后面退隐，因此从来不与自身一致，这就是世界上具体的幻觉。而此幻觉实际上仍是一大觅，它使我们陷入恐惧之中，而我们则对以实情表象产生的幻觉来避免自己恐惧。”② 但是，吊诡的是，“影像不再能让人想象现实，因为它就是现实。影像也不再能让人幻想实在的东西，因为它就是虚拟的实在”③。

在消费社会，游戏与现实的界限正在逐渐模糊，因为两者都是幻境，也同时都是“真实”，或者，如波德里亚所说：“真实是从微观化的装置中产生的，是从铸型、存储体和控制模型中产生的——通过这些，真实可以无限次地被复制出来。它不再必须是合理的，因为它不再被作为反对理想的或否定性事实的尺度。它只不过就是一种操作。实际上，因为它不再被意象包裹着，它根本就不再是真实的。它是超真实。”④ 波德里亚洞悉到“拟真”的两个层次：第一级的仿象拥有一个清晰的对象，还能够激起真实与虚构的论争；而第二级仿象则是对符号的再制作，其间，已无真假之辩，有的只是痛恨或狂喜。这之中包

---

① 詹明信：《晚期资本主义的文化逻辑》，张旭东编，陈清侨等译，北京：生活·读书·新知三联书店，1997 年版，第 471 页。

② 让·博德里亚尔：《完美罪行》，王为民译，北京：商务印书馆，2002 年版，第 7 页。

③ 让·博德里亚尔：《完美罪行》，王为民译，北京：商务印书馆，2002 年版，第 8 页。

④ 参见鲍德里亚：《生产之镜》，仰海峰译，北京：中央编译出版社，2005 年版。

含着人们对曾经可以触碰到的真实生活的遗忘，亦包含着对强大符号帝国的屈从。

人们不能允许“无意义”，因此，在投身进那巨大的符号世界的时候，人们总是试图制造另一个“解释项”的世界来使意义得以呈现。人们也不能允许意义无限衍生下去，因而，总要在某个“解释项”上停留下来，停留的理由是多种多样的，但总有一个理由与“交往”相关，因为人并非生活在真空中，不能仅仅借由自己来确定意义。无论是在游戏中还是在现实中，只要存在互动、对话与交往，真假之争就永远不会停止。“幻象并不单纯处于想象的一边；幻象是一小块想象，只有通过它我们才能接近现实，它是保证我们能够接近现实的框架，是我们获得‘现实感’的框架（一旦我们的基本幻象破碎了，我们就会体验到‘丧失现实’）。”[①] 正因为如此，游戏“身份”也许可以帮助人们认清“自我”，在游戏中获得具有“现实感”的体验。但只要现实与虚拟这两个表意层面无法合一，游戏就永远无法替代现实。因此，只要参与游戏仍然出于自愿，退出游戏仍然具有自由，就大可不必过分担忧。

［原文发表于《湘潭大学学报（哲学社会科学版）》2015 年第 3 期：106－110］

① 斯拉沃热·齐泽克：《实在界的面庞——齐泽克自选集》，季广茂译，北京：中央编译出版社，2004 年版，第 298 页。